Wanderführer Schwäbische Alb

W0299961

Die schönsten Wanderungen

- Rundwanderungen
- Streckenwanderungen

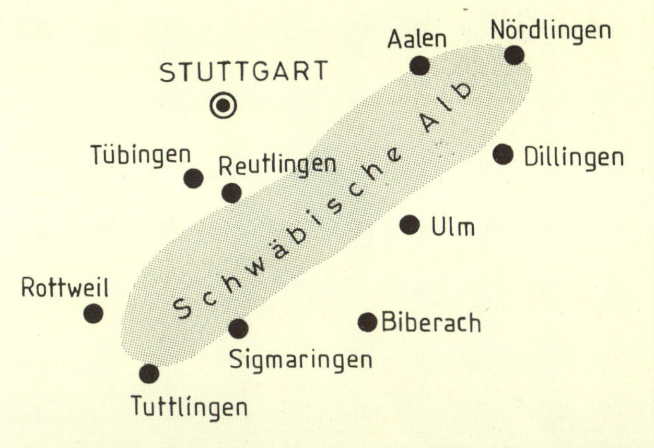

In Zusammenarbeit mit dem Deutschen Jugendherbergswerk

Kompass Wanderführer

Wanderführer Schwäbische Alb

Ausgewählt, begangen
und beschrieben
von Julius Viel

mit einem Geleitwort von
Hermann Schaufler MdL
Minister für Verkehr
und
Präsident des Landesfremdenverkehrsverbands
Baden-Württemberg e.V.

Deutscher Wanderverlag
Dr. Mair & Schnabel & Co. · Stuttgart

wandern+
radwandern

Die große Wanderbuch-Reihe
für grenzenloses Wandern

Gesamte Kartographie:
Ing.-Büro Adolf Benjes

Umschlagbild:
Burg Teck
(*Foto:* Ulrich Schnabel, Archiv DWV)
und Bild auf Seite 2:
Ruine Rechberg
(*Foto:* Ulrich Rund)

7., korrigierte Auflage 1994

ISBN 3-8134-0284-3

Satz: Gerda Kaul, D-73240 Wendlingen
Druck: Siegfried Roth, D-73277 Owen/Teck
Printed in Germany

Gedruckt auf 100% chlorfrei gebleichtes Papier

INHALT

Rundwanderungen

Wasserfall bei Neidlingen (Foto: Klaus Puntschuh)

Streckenwanderungen

Orts- und Sachverzeichnis

Mit Nummern-Angaben der betreffenden Wanderungen; *schräg*-gedruckte Zahlen weisen auf Kurzbeschreibungen im Text hin.

Zu Tour 24 **Kloster Lorch** (Foto: Ulrich Rund)

Zu Tour 24 Lorch, **Römischer Wachturm,** Rekonstruktion (Foto: Ulrich Rund)

Bilderverzeichnis

Mit Seiten-Angaben

STUTTGART
Esslingen
Fils
A 8
NECKAR
Ochsen-
wang
Unterlenningen 35
34
Tübingen
Metzingen
41
Ober-
lenningen 36 39 37
Schlattstall 38
Reutlingen
Bad Urach 40 42
A 81
Pfullingen 51
Wittlingen 43
60 Gönningen
Mössingen
Münsingen 44
61 Belsen
Hechingen 64
Jungingen
62
Trochtelfingen
54
49 Oberstetten
Balingen
Onstmettingen
63
56
Burladingen
Erbstetten 46
Stockenhausen 66
65 Pfeffingen
55 Gammertingen
50
Zwiefalten
67
Albstadt
Tieringen 68
Lautlingen
Wehingen
69
Gosheim
70
Reichenbach
71
Bärenthal
77
Hausen
58
Sigmaringen
52 53
72
73 74 75 76
Spaichingen
Kolbingen
78
79
57
Gutenstein
Beuron
59 Leibertingen
80 Tuttlingen

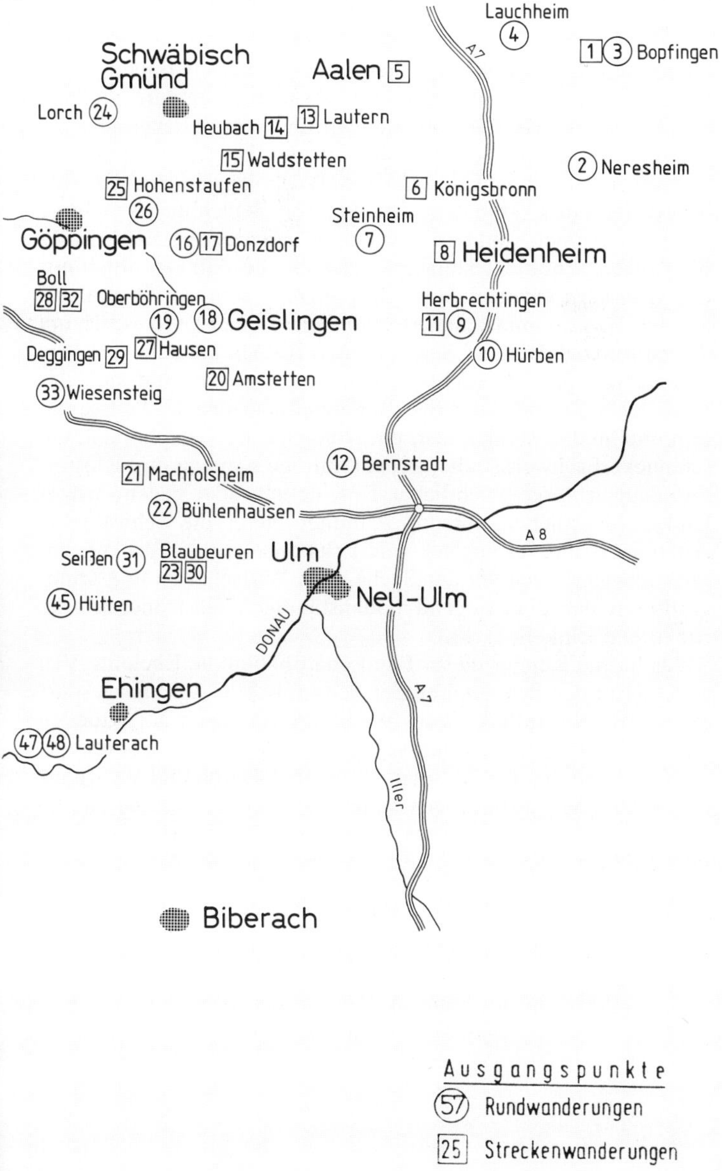
Lauchheim
4
1 3 Bopfingen
Schwäbisch Gmünd
Aalen 5
A7
Lorch 24
Heubach 14
13 Lautern
15 Waldstetten
2 Neresheim
25 Hohenstaufen
26
6 Königsbronn
Steinheim
7
Göppingen
16 17 Donzdorf
8 Heidenheim
Boll
28 32
Oberböhringen
Herbrechtingen
19
18 Geislingen
11 9
Deggingen 29
27 Hausen
10 Hürben
20 Amstetten
33 Wiesensteig
12 Bernstadt
21 Machtolsheim
22 Bühlenhausen
A 8
Seißen 31
Blaubeuren
23 30
Ulm
Neu-Ulm
45 Hütten
DONAU
Ehingen
A7
47 48 Lauterach
Iller
Biberach
Ausgangspunkte
57 Rundwanderungen
25 Streckenwanderungen

Geleitwort

Unter den völlig unterschiedlichen Landschaften Baden-Württembergs nimmt die Schwäbische Alb eine besondere Stellung ein. Mit ihren schroffen Steilhängen und den tiefeingeschnittenen Tälern am westlichen Rand, mit den kargen, weitläufigen Hochflächen und den geschützten Wacholderheiden, mit den Kalktürmen und Tropfsteinhöhlen erschließt sich dieses Gebirge nicht auf Anhieb, sondern erst bei gründlichem Erleben. In ihrer ganzen Schönheit kann die Schwäbische Alb eigentlich nur der Wanderer erfassen, der sein Fahrzeug stehen läßt und sich auf den Weg zu immer neuen Schönheiten macht. Ob es sich um die zahlreichen Burgen, Schlösser und Ruinen handelt, um Aussichtstürme und Aussichtspunkte am Albtrauf und auf der Hochfläche, um eigenwillige Landschaftsformen in Trockentälern und an den Steilhängen, um Dolinen oder Schauhöhlen, um schmucke Fachwerkstädtchen, ehrwürdige Kirchen und Klöster, um Zeugen vorgeschichtlicher Besiedelung oder gegenwärtiger landwirtschaftlicher Nutzung – immer bietet die Schwäbische Alb dem Wanderer beglückende Erlebnisse und Entdeckungen. Dies übrigens auch bei der Suche nach Wirtschaften und Landgasthöfen der überwiegend bodenständigen Gastronomie, die zur urigen Einkehr lockt.

Als intime Kenner dieser Landschaft haben die Eheleute Viel seit Jahren den Schönheiten der Schwäbischen Alb nachgespürt und in der Neuauflage dieses Wanderführers auch die aktuellen Entwicklungen, neue oder veränderte Wege und Tourenvorschläge eingearbeitet. Mit dem Dank an Autoren und Verlag für die Neuauflage verbinde ich meine herzlichen Wünsche an alle Wanderer und Nutzer dieses Wanderführers für erlebnisreiche, unvergeßliche Wandertage auf der Schwäbischen Alb.

Hermann Schaufler, MdL
Minister für Verkehr
und
Präsident des Landesfremdenverkehrsverbands
Baden-Württemberg e. V.

Vorwort

Wandern ist mehr als Spazierengehen, Wandern bedeutet nicht nur, einen Fuß vor den anderen zu setzen auf asphaltierten Wegen oder einer Kur- und Strandpromenade, wo es fürs erste darauf ankommt, sehen und gesehen zu werden. Wandern heißt vielmehr, mit Schritt und Tritt die Landschaft, die Natur rundherum in sich aufnehmen, sich vollzusaugen mit allem was sich bietet. Wandern heißt aber nicht, eine bestimmte Wegstrecke in bestimmter Zeit hinter sich zu bringen, womöglich schneller sein als andere. Es soll dem Körper ein gewisses, zuträgliches Maß von Leistung abverlangen, ohne dabei Anstrengungen zu fordern, die der Gesundheit abträglich sind. Jeder muß hier wissen, was er sich selbst zumuten kann und darf.

Diese Wandervorschläge sind so angelegt, daß sie nicht zu viel von Menschen verlangen, die wochentags im Büro sitzen müssen. Die Wanderzeit ist grundsätzlich nach der Faustregel bemessen: Vier Kilometer in der Stunde. Dabei ist einkalkuliert, daß es bergauf und bergab geht, daß die Pfade schmal und steinig sind, daß man streckenweise bequeme Feld- und Waldwege vorfindet und daß auch Kinder dieses Tempo mithalten können. Eine andere Faustregel besagt: Für 300 Meter Höhenunterschied braucht man eine Stunde Gehzeit.

In einigen Fällen können sich die Routen verschiedener Wanderungen überschneiden, da sie einmal als Rundweg für Autofahrer, zum andern für reine Fußwanderer gedacht sind, die mit öffentlichen Verkehrsmitteln an- und abreisen. Die Vorschläge sind so ausgewählt, daß unterwegs besondere Aussichtspunkte oder Naturschönheiten, Täler, Wälder, Höhlen und Felsen berührt werden. Bei den Wanderzeiten sind Aufenthalte bei Besichtigungen, beim Einkehren, Grillen oder Vespern bei der Zeitangabe nicht mit eingerechnet.

Besonderer Dank gebührt der Forstverwaltung des Landes Baden-Württemberg und dem Schwäbischen Albverein mit seinen tausend freiwilligen Helfern, den Wegwarten. Beide zusammen haben auf der Schwäbischen Alb ein geradezu vorbildliches Wandergebiet geschaffen. Wegemarkierungen über fast 20000 Kilometer, Rastplätze mit sicheren Feuerstellen, Wanderparkplätze, Aussichtspunkte und -türme. Der Verfasser dankt vor allem für die Anregungen und Vorschläge aus dem Leserkreis, die nach wie vor willkommen sind.

Julius Viel

Das Waldgesetz räumt Rechte, aber auch Pflichten ein

Mehr denn je wird der Wald heute als Erholungsgebiet aufgesucht. Er ist schon lange nicht mehr nur Holzlieferant und Tummelplatz für Förster und Jäger. Besonders an Wochenenden ziehen bei gutem Wetter Tausende hinaus in Gottes freie Natur, um von den Strapazen des Alltags ein wenig Abstand zu gewinnen. Sie suchen Ruhe und frische Luft, abseits von Lärm und Hektik.

Ordnung und Sauberkeit ist aber oberstes Gebot. Da nicht jeder durch die gleiche Kinderstube gegangen ist und daher diese Begriffe sehr verschieden ausgelegt werden, ist eine gewisse Grundlegung unerläßlich. Sie findet sich in dem *Waldgesetz,* das seit dem 10. Februar 1988 in Kraft ist. Jedes Ge- und Verbot ist aber nach alter Erfahrung nur so viel wert wie seine Überwachung oder besser gesagt, wie die Konsequenzen, die seiner Übertretung unweigerlich folgen.

Das Waldgesetz der Landesregierung in Baden-Württemberg hat dem einzelnen Bürger – oft gegen den erklärten Willen vieler Forstleute – große Rechte eingeräumt; andererseits aber auch Pflichten auferlegt. Das Betreten der Wälder ist grundsätzlich jedermann zu jeder Zeit auch außerhalb der Waldwege und der bezeichneten Wanderwege gestattet. Daß man dabei allerdings nicht in Schonungen und Pflanzenkulturen herumtrampeln darf, sollte eigentlich keiner besonderen Erwähnung bedürfen. Daß man sich aber auch bei Holzfällerarbeiten in gebührender Entfernung halten sollte, dient in erster Linie der eigenen Sicherheit. Das Anzünden von Feuer oder offenem Licht sowie das Rauchen im Wald und in einer Entfernung von weniger als hundert Meter vom Waldrand ist ebenfalls grundsätzlich verboten. Ausnahmen sind gekennzeichnet und genehmigte Feuerstellen sowie das Rauchen zwischen dem 31. Oktober und dem 1. März. Wer hiergegen verstößt, muß mit einer gebührenpflichtigen Verwarnung von 10 bis 40 Mark rechnen; bei Übertreten des Rauchverbots in Dürrezeiten sogar mit einem Bußgeld von 50 bis 100 Mark. Die Forstbeamten, die ähnlich wie Polizeibeamte einen Quittungsblock bei sich haben, sind berechtigt, Bagatellverstöße als Ordnungswiderigkeiten an Ort und Stelle zu ahnden. Dies dient in erster Linie dazu, den Papierkrieg und die Verwaltungsarbeit zu vereinfachen. Man sollte, um allen Unannehmlichkeiten von vornherein aus dem Wege zu gehen, den

Wald und seine Einrichtungen aber so sauber wieder verlassen, wie man sie anzutreffen wünscht.

Der Verwarnungskatalog sieht im einzelnen vor, daß für das unberechtigte Befahren von Waldwegen 20 bis 50 Mark zu bezahlen sind. Der Forstbeamte hat allerdings die Möglichkeit, bei schwereren Verstößen 50 bis 200 Mark zu verlangen. Dies gilt vor allem bei der Benutzung von Waldwegen mit Motor-Fahrrädern, im Sprachgebrauch als Mofas bekannt. Hier sind ohnehin einige Unklarheiten auszuräumen. Lärmen, das heißt schreien, grölen und übermäßig lauter Gebrauch von Musikapparaten aller Art, kann auch mit einer Verwarnung zwischen 10 und 50 Mark geahndet werden (Bußgeld bis 200 Mark). Wer einen Ameisenhaufen mutwillig beschädigt, muß 10 bis 20 Mark berappen; wer unberechtigt ein Zelt aufschlägt, einen Wohnwagen aufstellt, zahlt ebenfalls 20 bis 50 Mark. Reiten auf nicht zugelassenen Waldwegen kostet bis 40 Mark; außerhalb dieser Wege ist auch mit einem Bußgeld zu rechnen. Wer Erholungseinrichtungen mißbraucht oder veruneinigt, kann ebenfalls mit 10 bis 40 Mark zur Kasse gebeten werden.

Wesentlich härter wird die Verunreinigung der Landschaft als Verstoß gegen die Umweltschutzgesetze bestraft. Das Liegenlassen von Bierdosen und anderen Abfällen nach einem ausgedehnten Waldvesper kostet in der Regel 20 bis 40 Mark. Wenn das Gewicht jedoch zwei Kilogramm übersteigt, muß man schon auf einen Bußgeldbescheid zwischen 50 und 400 Mark gefaßt sein; mit einer gebührenpflichtigen Verwarnung ist es hier nicht mehr getan. Weggeworfene oder vergessene Bier-, Wein- und Schnapsflaschen werden ebenfalls höher eingestuft und können je nach Menge zwischen 20 und 50 Mark kosten. Nebenbei sei noch vermerkt, daß für die Ablagerung von Bauschutt bis zu 3000 Mark Buße zulässig sind. Das widerrechtliche Abstellen eines Autowracks ist nicht viel billiger.

Mit der Verwarnung oder dem Bußgeld allein ist es oft nicht getan. Den Verursacher des Schadens kann die zivilrechtliche Haftung noch zusätzlich ganz empfindlich treffen. Gegen einen Bußgeldbescheid gibt es Einspruchsmöglichkeiten, die dann vor einem Amtsgericht verhandelt werden. Wer allerdings im Augenblick nicht in der Lage ist, ein Verwarnungsgeld bis zu 20 Mark zu zahlen, der kann, ähnlich wie bei der Polizei, den Beträg auch während einer angemessenen Frist überweisen. Einen Eintrag in die Flensburger Verkehrssünder-Kartei gibt es bei der Forstverwaltung glücklicherweise nicht.

1 Bopfingen – Ipf – Goldburghausen – Baldingen – Nördlingen

Verkehrsmöglichkeiten Bahn bis Bopfingen, Bahn ab Nördlingen.
Wegmarkierungen Beschildert, keine Wanderwegmarkierung.
Tourenlänge 17 km.
Wanderzeit 4½ Stunden.
Höhenunterschiede Insgesamt 420 m; Aufstieg auf den Ipf, teilweise steil 180 m, langsamer Abstieg nach Nördlingen 240 m.
Wanderkarten 1:50 000 Blatt L 7118 Nördlingen.
Anmerkung Einkehrmöglichkeiten: Bopfingen, Nördlingen.
Wissenswertes Bopfingen wurde schon im 8. Jahrhundert genannt, war eine Zeitlang Stauferbesitz, ab 1241 freie Reichsstadt; es kam 1802 an Bayern und 1810 an Württemberg. Die ehemals romanische, frühgotisch umgebaute Blasiuskirche und das Rathaus von 1585 sind besonders sehenswert. Der Ipf war in der Hallstattzeit (750–500 v. Chr.) eine Volksburg. Die Aussicht ist von dort umfassend in allen Richtungen. Das Ries ist ein Krater, der mit seinem »Mondgestein« für die Weltraumforscher interessant war. Nördlingen: wurde schon um 900 genannt und wurde zur Stauferzeit freie Reichsstadt; es kam 1803 an Bayern. Der mittelalterliche Stadtkern mit dem kreisrunden Wehrgang ist besonders gut erhalten. Die St.-Georgs-Kirche mit dem 90 Meter hohen Turm, dem »Daniel«, die Salvatorkirche, das Rathaus, das Hohe Haus und das Reichsstadtmuseum sind besonders sehenswert.
Tourenbeschreibung Vom Bahnhof *Bopfingen* an der Strecke Aalen – Nördlingen folgt man der roten Raute nach links aus der ringförmig angelegten Altstadt. Nach der Kirche an der Bundesstraße 29 biegt man rechts auf den Fußweg an der *Hahnenmühle* vorbei nach *Oberdorf* ein. Durch den Egerweg und die Ipfstraße kommt man auf den durch den Wald führenden Ipf-Nordweg und gelangt so auf den 668 Meter hohen Aussichtsberg mit seiner vorgeschichtlichen Wallanlage. Man steigt abwärts in der Richtung nach Nördlingen durch die eigens für König Wilhelm gepflanzte Allee zum Wanderparkplatz.

Man geht weiter auf dem Sträßchen nach links, läßt den Weiler Kalkofen rechts liegen und biegt erst beim *Grenzstein* nach rechts ab, um nach etwa einem Kilometer auf halber Höhe die Landstraße von Bopfingen nach Kirchheim zu erreichen. Man wandert einige Meter nach links weiter und schlägt gleich den Feldweg nach rechts auf der Höhe ein. Nach einem weiteren Ki-

Schneidheimer
Sechta
Kirchheim
am Ries
Brühlgraben
N
Ipf
668 m
Kalkofen
P
NSG
Oberdorf
am Ipf
Goldbach
Goldburghausen
Osterholz
Goldberg
Bahnhof
Flochberg
BOPFINGEN
Schloßberg
B 29
Trochtelfingen
Pflaumloch
0
0,5
2 km

lometer – Kirchheim links – fällt der Weg von der Dunglege an leicht ab. Der schlechte Feldweg mündet in einen geteerten Weg, dem man ungefähr 200 Meter nach rechts folgt. Links ab führt ein ebenfalls schlechter Weg auf die Straße nach *Goldburghausen.* Geradeaus durch die Ortschaft gelangt man auf einen Wirtschaftsweg.

Bei einer Wegegabel an einem trigonometrischen Punkt hält man rechts und erreicht beim Brühlgraben die *Landesgrenze* zwischen Baden-Württemberg und dem Freistaat Bayern. Dem Goldbach entlang zieht sich dann ein Feldweg nach Baldingen. Nun ist es nur noch ein Katzensprung zum Zielort Nördlingen.

In Nördlingen selbst lohnt sich zunächst ein Stadtrundgang auf der mittelalterlichen Stadtmauer. Anschließend sollte man nicht versäumen, den Kirchturm zu besteigen und die Aussicht vom »Daniel« über das Ries mit der vom Ipf zu vergleichen.

2 Neresheim – Maria Buch – Frickingen – Katzenstein –Schrezheim – Härtsfeldsee – Neresheim

Verkehrsmöglichkeiten Bahn bis Aalen, Bus bis Neresheim.
Parkmöglichkeiten Wanderparkplatz an der Straße Neresheim – Dischingen und Parkplatz bei der kleinen Kirche am Bach.
Wegmarkierungen Meist ohne, in Katzenstein roter Dreiblock.
Tourenlänge 21 km. **Wanderzeit** Gute 5 Stunden.
Abkürzung Direkt von Frickingen nach Iggenhausen (5 km weniger).
Höhenunterschiede Insgesamt etwa 250 m; Aufstieg auf die Höhe hinter dem Kloster 100 m, 30 m Abstieg nach Frickingen, 70 m Aufstieg Katzenstein, etwa 50 m wieder nach Neresheim auf und ab.
Wanderkarten 1:50 000 Blatt L 7328 Höchstädt.
Anmerkung Man kann von Iggenhausen aus auch durch das Tiefental zurückwandern, das vor Maria Buch wieder auf die Straße zum Kloster Neresheim trifft, dann sind es etwa drei Kilometer mehr.
Wissenswertes Neresheim ist durch sein barockes Kloster bekannt, das jetzt wieder sehr schön restauriert wurde; Pfarrkirche spätgotisch. – Von Turm der Klosterkirche hat man eine herrliche Sicht. – Das Tiefental ist eines der Trockentäler, an denen besonders das Härtsfeld reich ist. – Die Burg Katzenstein mit ihren Buckelquadern stammt aus romanischer Zeit.
Tourenbeschreibung Vom ehemaligen Bahnhof *Neresheim* mit der Denkmal-Dampflok steigt man zunächst auf dem Alleeweg hinauf zum *Kloster.* Auf dem Gehweg an der Klostermauer entlang wandert man weiter bergauf und hält dann am Waldrand links. Wegweiser zeigen den Weg durch den Wald zur *Kapelle Maria Buch.* Bei der Kapelle gelangt man dann wieder auf die Fahrstraße. Man wandert zunächst nach rechts etwa 200 Meter leicht ansteigend und trifft in der Kurve auf einen Forstweg, der im spitzen Winkel scharf links abwärts führt. Am Waldrand beim Pumpwerk und wenig später an der Kläranlage verläuft der Wanderweg nach rechts am Bach entlang. Der rote Dreiblock weist dann links aufwärts aus Tal und Wald heraus zur Römerstraße, die man bei einem Feldkreuz erreicht. Ihr folgt man rechts nach *Frickingen.* Beim »Hirsch« biegt man wieder rechts ab bis zur Hummelgasse, auf der man links nach *Katzenstein* weiterwandert Der Wanderweg zur Burg ist mit einem roten Dreiblock markiert. Auf der Höhe schlägt man den Weg nach

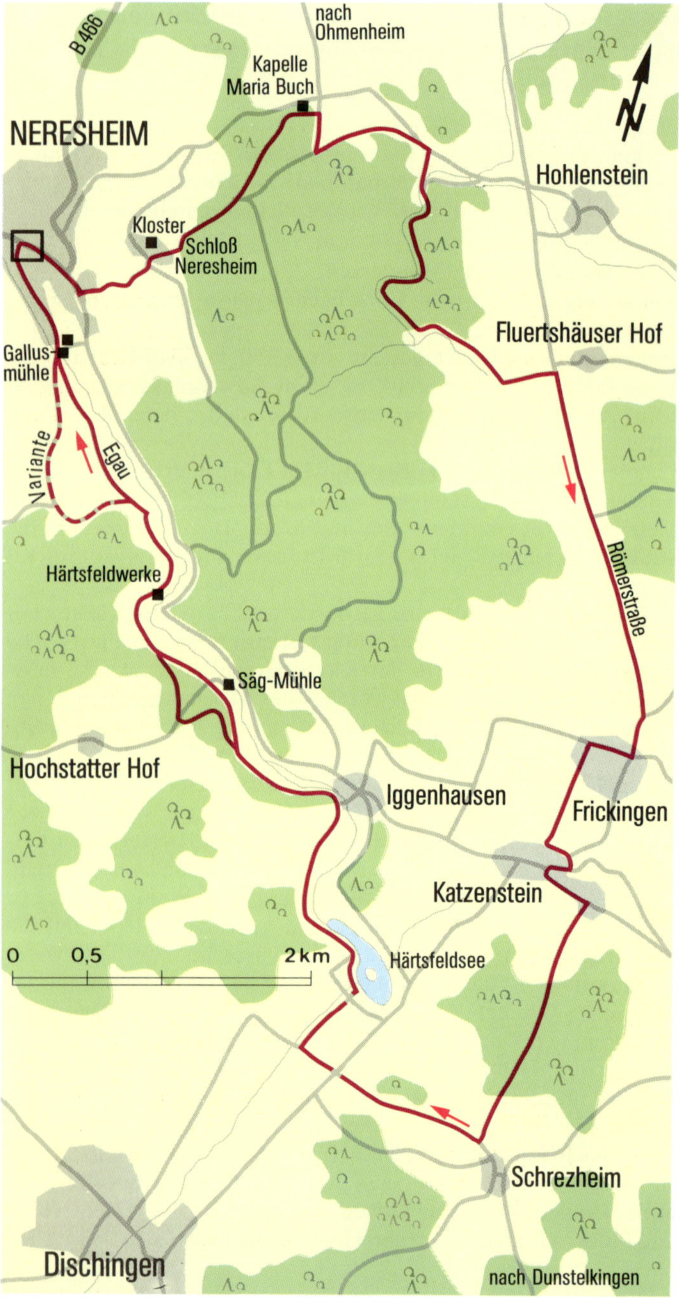
B 466
nach Ohmenheim
Kapelle Maria Buch
NERESHEIM
Hohlenstein
Kloster
Schloß Neresheim
Gallus-mühle
Fluertshäuser Hof
Variante
Egau
Römerstraße
Härtsfeldwerke
Säg-Mühle
Hochstatter Hof
Iggenhausen
Frickingen
Katzenstein
0
0,5
2 km
Härtsfeldsee
Schrezheim
Dischingen
nach Dunstelkingen

Schrezheim, immer dem roten Dreiblock nach, ein. Vor der Ortschaft, beim Landschaftsschutzgebiet, geht man rechts abwärts, kreuzt im Tal die Straße Dischingen – Neresheim und bleibt vor der Brücke am Bachufer rechts bis zum Parkplatz am *Härtsfeldsee*. Der geteerte Weg führt links am See entlang nach *Iggenhausen*. Hier benützt man den Feldweg neben der ehemaligen Bahnlinie nach Neresheim.

Nach einem kurzen Anstieg durch den Wald kommt man zum ehemaligen Haltepunkt Sägmühle. Wer diesen Anstieg vermeiden will und festes Schuhwerk hat, kann auch auf dem Schotter der ehemaligen Bahnlinie im Tal weitergehen. An Schotterwerken vorbei gelangt man auf den Rundwanderweg 1 und zu einem Wanderparkplatz. Man kann nun entweder auf der Fahrstraße zum Bahnhof Neresheim zurückkehren oder vom Wanderparkplatz auf Feldwegen rechts der Egau über die Gallusmühle den Ausgangspunkt erreichen.

Zu Tour 3 **Schloß Baldern** (Foto: Bürgermeisteramt Bopfingen)

3 Bopfingen – Schloß Baldern – Oberdorf – Bopfingen

Verkehrsmöglichkeiten Bahn bis Bopfingen.
Parkmöglichkeiten An der Eger außerhalb der Altstadt.
Wegmarkierungen Rote Raute, roter Dreiblock bis Baldern, Rückweg nur teilweise markiert.
Tourenlänge 15 km; mit Besuch des Schlosses 1 km mehr.
Wanderzeit 4 Stunden
Höhenunterschiede 50 m auf- und abwärts bis zum Edelbach, 75 m bis nach Baldern, 50 m höher bis zum Schloß, nach Abstieg (75 m) wieder etwa 70 m Steigung und Gefälle nach Oberdorf.
Wanderkarten 1:50 000 Blätter L 7128 Nördlingen und L 7126 Aalen.
Wissenswertes Sehenswerte Altstadt in Bopfingen (Rathäuser, Blasiuskirche). Im 12. Jahrhundert haben die Edlen von Baldern den kegelförmigen Berg für den Bau eines Schlosses ausgewählt. Der Stammsitz derer von Baldern kam später in den Besitz des Klosters Ellwangen und der Grafen von Öttingen. Seit 1798 gehört es dem Fürsten Öttingen-Wallerstein. Gabriel de Gabrielis baute es im 18. Jahrhundert in den Barockstil um. Neben einer Schloßbesichtigung lohnt auch ein Besuch des 40 Meter hohen Turmes wegen der umfassenden Aussicht und bedeutenden Waffensammlung.
Tourenbeschreibung Vom Bahnhof *Bopfingen* folgt man der roten Raute nach links durch die Altstadt bis zur Bundesstraße 29, auf der man in der Richtung nach Aalen bis zur Kirche bleibt und dort rechts abbiegt zur Hahnenmühle. Vor der *Mühle* zweigt der Fußweg an der Eger nach Oberdorf links ab. Im »Vogelsang« geht man geradeaus weiter bis zur Ellwanger Straße. Auf ihr wandert man rechts weiter bis zur *Kastellstraße,* der man links aufwärts bis zum Waldrand, einige hundert Meter nach den letzten Häusern, folgt. Der rote Dreiblock kennzeichnet weiterhin den Wanderweg. Am Waldrand muß man zunächst einige Meter links aufwärts, bis dann der Weg in den Wald hineinführt. Am Ende des Waldes bleibt man am Waldrand; Schild nach Baldern. Nach kurzer Strecke wandert man auf der Straße bis zum Fuß des *Schloßbergs.* Dort zweigt ein Fußweg beim Feldkreuz rechts zum Schloßpark und Schloß ab.

Nach dem Besuch des Schlosses geht man nach *Baldern* und folgt gleich nach der Kirche links steil abwärts der ungeteerten *Weilerstraße* (roter Dreiblock). Im Tal vor den *Blankenhöfen* wendet man sich nach rechts – zweiter Weg, geteert – über den

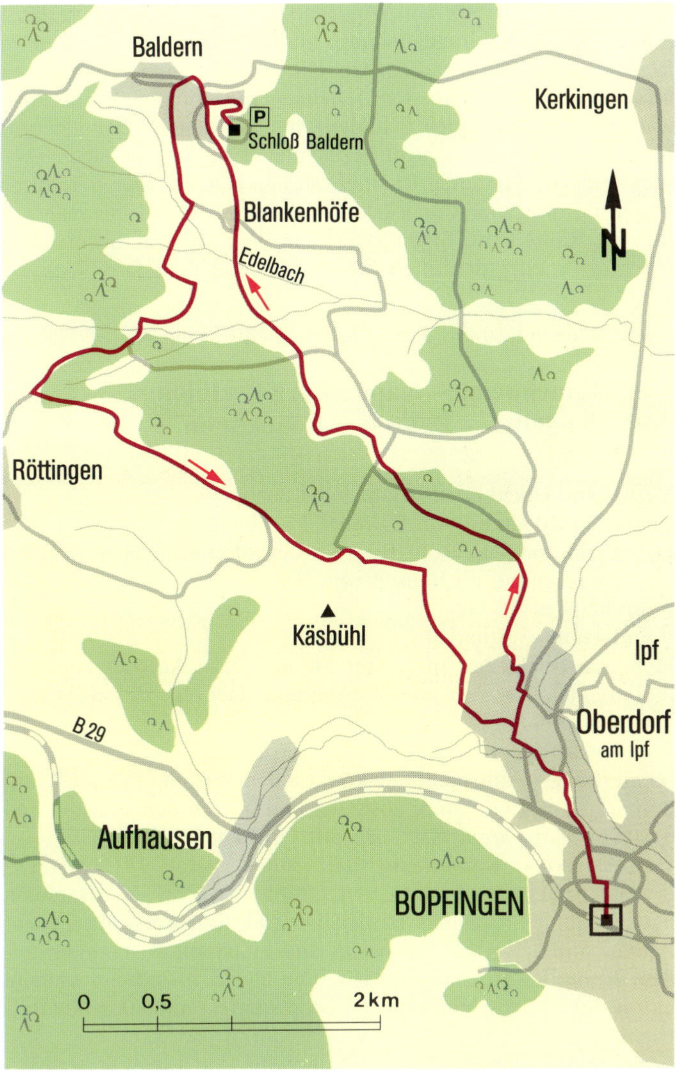

Baldern
Schloß Baldern
Kerkingen
Blankenhöfe
Edelbach
Röttingen
Käsbühl
Ipf
Oberdorf
am Ipf
B 29
Aufhausen
BOPFINGEN
0
0,5
2 km

Bach zum Feldkreuz am Waldrand. Der Wanderweg verläuft nun links am Waldrand entlang, bald darauf rechts abwärts im Bogen zur Talsenke. Bei der Gabelung schlägt man den Fahrweg links in den Wald ein. Am *Schelmenhau* hält man rechts aufwärts bis zu den neuen Schuppen am Waldende. Der geteerte Höhenweg links ab ist nicht bezeichnet. Er führt in einigem Abstand am Wald entlang. In einem weiten Rechtsbogen verläßt er den Wald; hier bleibt man geradeaus am Waldrand, bis man auf die rote Raute trifft. Sie markiert den Weg abwärts, bis man vor *Oberdorf* wieder den alten Wanderweg mit dem Dreiblock erreicht.

4 Lauchheim – Kapfenburg – Hülen – Kugeltal – Beuren – Lauchheim

Verkehrsmöglichkeiten Bahn bis Lauchheim.
Parkmöglichkeiten Am Bahnhof Lauchheim.
Wegmarkierungen Rote Raute bis Kapfenburg, blauer Rundweg ins Kugeltal, ab Beuren rote Raute.
Tourenlänge 10 km.
Wanderzeit 3 Stunden.
Höhenunterschiede Insgesamt 340 m; 120 m Aufstieg zur Kapfenburg, je 50 m Auf- und Abweg nach Beuren, 120 m Abstieg nach Lauchheim.
Wanderkarten 1:50 000 Blatt L 7126 Aalen.
Anmerkung Autowanderer können den Wagen auch am Wanderparkplatz Kapfenburg abstellen und so sich den steilsten Teil des Weges ersparen. Rastplatz mit Grill am Hochschloß.
Wissenswertes Kapfenburg über dem Jagsttal; 1311 erstmals erwähnt; nach den Grafen von Öttingen wurde sie zusammen mit der Stadt Lauchheim an den Deutschritterorden übergeben. Altbau mittelalterlich. Torbastei und Hochschloß stammen aus dem Ende des 16. Jahrhunderts. Die alte Amtstadt Lauchheim hat in der historischen Altstadt interessante Baudenkmale (Barbarakapelle, Farbhaus), Heimatmuseum im Torturm.
Tourenbeschreibung Vom Bahnhof an der Linie Stuttgart – Aalen – Nördlingen kreuzt man die Gleise durch die Bahnunterführung und folgt dem mit roter Raute markierten Wanderweg auf der Straße in Richtung Kapfenburg – Hülen bergauf bis zum Beginn des Waldes. Anschließend biegt man links in eine alte Steige ein und geht, vorbei an der »Kreuzigungsgruppe«, bis zur *Kapfenburg*. Wiederum auf der Straße in Richtung Hülen, vor-

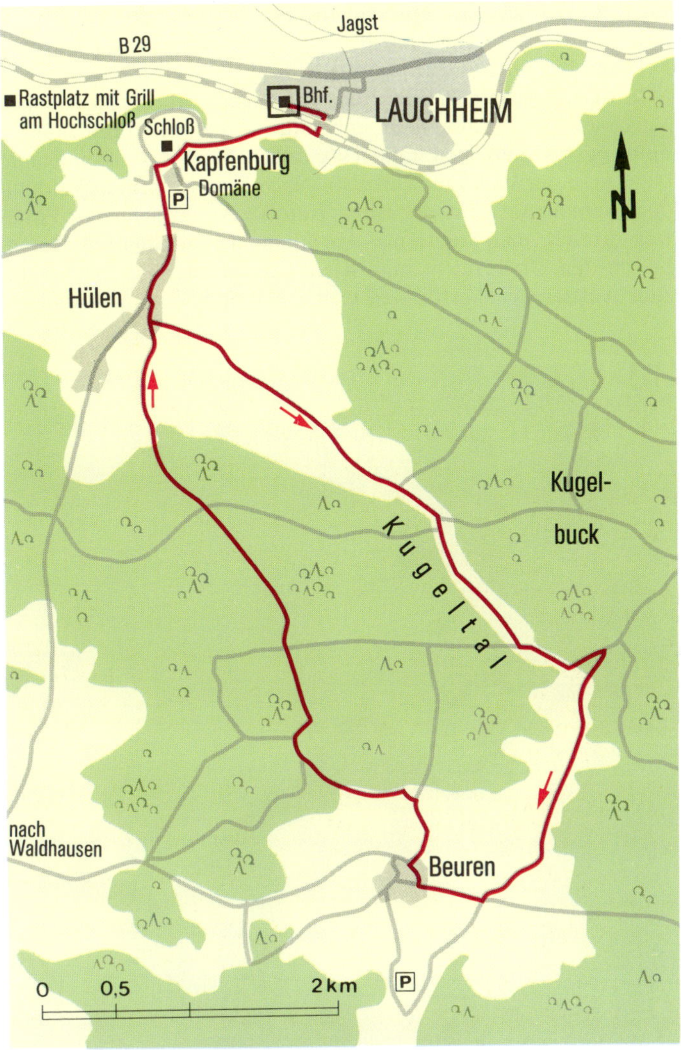

bei an der Domäne und jetzigen Justizvollzugsanstalt, erreicht man am Ortseingang von Hülen einen Wanderparkplatz. Durch die Ortschaft Hülen geht man vorbei am Gasthaus »Alte Post« und Friedhof hinunter ins *Kugeltal.*

Die am rechten Waldrand verlaufende Straße ist am Anfang des Waldes durch ein Fahrrad als Radwanderweg ausgeschildert.

Die Straße wechselt dann vom rechten an den linken Waldrand und mündet dann vor Eintritt in den Wald auf einen befestigten Feldweg bis zur Landstraße in Richtung Beuren.

In der Ortschaft *Beuren* biegt man rechts ab und folgt nach Verlassen der Straße dem mit roter Raute gekennzeichneten Feldweg bis zum Waldrand. Weiterhin nach der roten Raute biegt man am Waldrand links ab. Nach Eintritt in den Wald auf dem immer noch mit der roten Raute gekennzeichneten Forstweg erreicht man wiederum den Lauchheimer Stadtteil Hülen. Durch den Ort erreicht man wieder die Kapfenburg und wählt zum Abstieg ins Jagsttal den gleichen Weg wie beim Aufstieg.

Zu Tour 4, 5 Lauchheim, das **Obere Tor mit Torturm** und eingerichtetem Heimatmuseum (Foto: Bürgermeisteramt Lauchheim)

5 Aalen – Braunenberg – Kapfenburg – Lauchheim

Verkehrsmöglichkeiten Bahn bis Aalen, Bahn oder Bus ab Lauchheim.
Wegmarkierungen Zuerst blaues Dreieck, auf den Braunenberg blauer Dreiblock, blaues Dreieck, dann rotes Dreieck bis Kapfenburg, rote Raute bis Lauchheim.
Tourenlänge 14 km.
Wanderzeit 3½ Stunden.
Höhenunterschiede Insgesamt 530 m; 300 m teilweise steiler Anstieg auf den Braunenberg, 90 m leicht abwärts zur Kapfenburg, 140 m steiler Abstieg nach Lauchheim.
Wanderkarten 1:50 000 Blatt L 7126 Aalen.
Anmerkung Unterwegs keine Einkehrmöglichkeit bis Hülen.
Wissenswertes Aalen war schon zur Römerzeit besiedelt und hat ein Limesmuseum. Es besitzt seit neuestem die Limes-Thermen, in denen man wie die alten Römer baden kann. Die Stadt wurde im 13. Jahrhundert von den Staufern gegründet, war freie Reichsstadt und kam 1802 an Württemberg. – Die Kapfenburg war Sitz des Deutschordenskomturs und ist hauptsächlich aus der Renaissancezeit. – Lauchheim gehörte zur Kapfenburg als Deutschordensstadt; sehenswert die Barbarakapelle.
Tourenbeschreibung Am Bahnhof Aalen geht man durch die Unterführung und folgt dem mit dem blauen Dreieck markierten Wanderweg im Zuge der Hirschbachstraße. Vorbei am Freibad und dem Sportgelände geht es dem *Hirschbach* entlang, bis es an einem Querweg endet: Auf diesem Querweg geht es links sehr steil bergauf in den Aalener Stadtteil *Röthardt.*

Man durchquert den Ort und kommt dann zu einem Wanderparkplatz mit einem Kriegerdenkmal. Hier geht man am Waldrand entlang geradeaus weiter bis zu einer Hochspannungsleitung. Dann führt der mit blauem Dreiblock markierte Weg im Zickzack auf den *Braunenberg*. Am Braunenbäumle vorbei führt der Weg zum Fernsehturm und Sender auf dem 725 Meter hohen Berg. Auf einem Forstweg weist das blaue Dreieck zu einer Wegekreuzung. Ab hier folgt man dem roten Dreieck und der Bezeichnung »Kapfenburg«. Bei einer Hütte erreicht man die Autobahn und kann sie auf einer Brücke überqueren. Man kommt dann an den Waldrand und folgt dem Sträßchen nach *Hülen.* Auf dem Sträßchen gelangt man zu einem Aussiedlungshof und läßt den Ort Hülen rechts liegen. Man überquert die Straße, hält links und geht zum Deutschherrenschloß *Kapfen-*

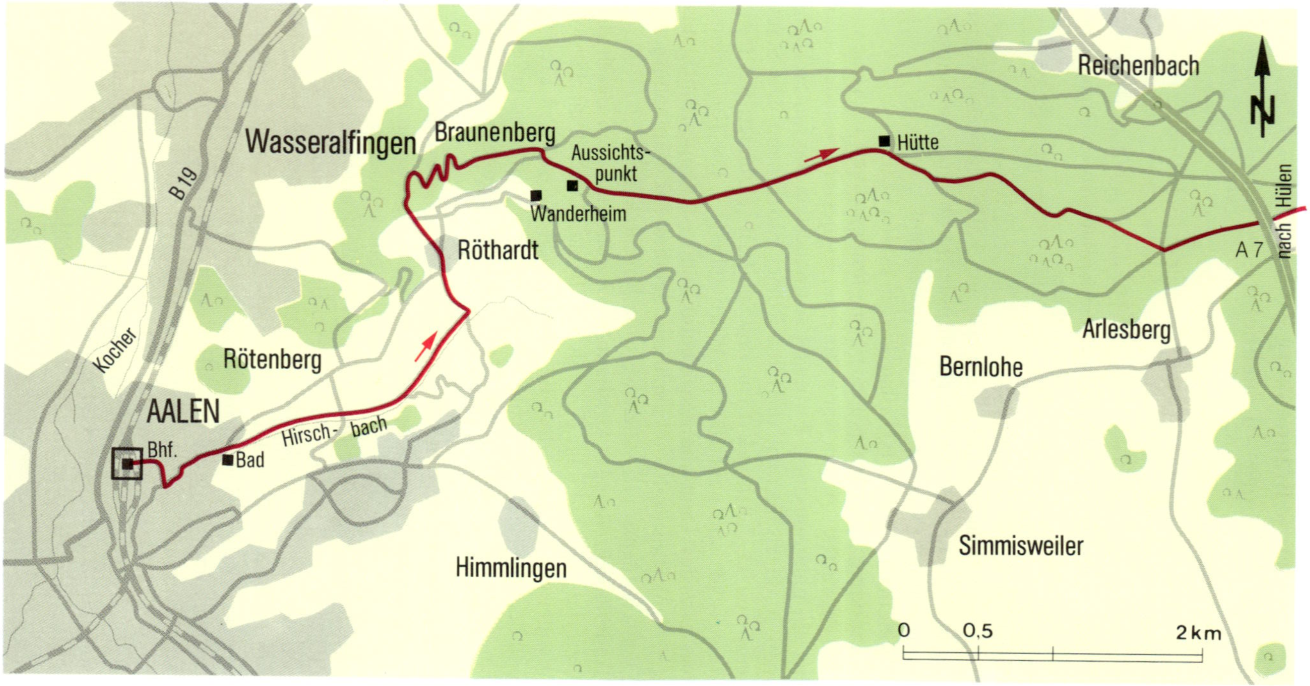
Reichenbach
Wasseralfingen
Braunenberg
Aussichts-
punkt
Wanderheim
Hütte
Röthardt
nach Hülen
A 7
B 19
Kocher
Rötenberg
AALEN
Bhf.
Bad
Hirsch- bach
Arlesberg
Bernlohe
Simmisweiler
Himmlingen
0
0,5
2 km

burg. Eine rote Raute führt steil durch den Wald bergab, vom Wanderparkplatz vor dem Schloß aus. Am Waldrand kommt man auf die Fahrstraße und erreicht bald den Bahnhof und die Stadt *Lauchheim.*

6 Königsbronn – Brenzelhof – Wollenloch – Volkmarsberg – Wolfertstal – Aalen

Verkehrsmöglichkeiten Bahn bis Königsbronn (an der Strecke Aalen – Ulm) und ab Aalen.
Wegmarkierungen Gelbes Dreieck bis Brenzelhof, gelber Dreiblock in Tiefes Tal, roter Dreiblock bis Hagental, rote Raute bis Weggabelung oberhalb der Bilzhütte, rotes Dreieck über den Volkmarsberg bis zum Aalbäumle, dann blaues Dreieck bis zum Bahnhof Aalen.
Tourenlänge 18 km.
Wanderzeit Etwa 5 Stunden.
Höhenunterschiede Insgesamt 1050 m; steiler Anstieg zum Wollenberg 210 m, steiler Abstieg ins Tiefental 160 m, Aufstieg zum Volkmarsberg 200 m, Abstieg ins Wolfertstal 210 m, Aufstieg zur Zeppelinhütte 90 m, Abstieg nach Aalen 180 m.
Wanderkarten 1:50 000 Blätter L 7326 Heidenheim/Brenz und L 7126 Aalen.
Anmerkung Abkürzungsmöglichkeiten: vom Volksmarsberg direkter Abstieg nach Oberkochen; auf dem Volksmarsberg Samstag/Sonntag Vespermöglichkeit, sonst Rucksackvesper.
Wissenswertes In Königsbronn Brenzursprung; es war vom 14. bis 16. Jahrhundert ein Kloster; bedeutendes Erzhüttenwerk. Im Ortskern barocke Gebäude. Volkmarsberg, früher »Völkerberg«, mit Aussichtsturm und Schutzhütte vom Albverein; umfassendste Aussicht der Ostalb. Aalen mit Limesmuseum war freie Reichsstadt, Limes-Thermen, Altstadt.
Tourenbeschreibung Vom Bahnhof *Königsbronn* geht man zunächst über die Bahnlinie (zum Brenztopf Abstecher geradeaus). Zwischen Bahn und Hang wandert man nach rechts auf der Straße nach Zang aus der Ortschaft heraus. Man bleibt aber bei der Kurve geradeaus auf dem Teerweg im Tal, der mit gelbem Dreieck markiert ist.

Bis zur Wegteilung am Brenzelhof verläuft der Weg eben. Hier, am »Roßruckensträßle« steigt man der Bezeichnung gelber Dreiblock und dem Wegzeiger »Wollenloch – Tiefental – Volkmarsberg« nach halbrechts den Berg hinauf. An der Kreuzung »Klosterberg« führt der Weg geradeaus steil nach oben, kreuzt den Forstweg »Klosterbergsträßle« und steigt immer fast geradeaus auf die Höhe des *Wollenbergs.* Auf dem höchsten Punkt des Weges geht man halbrechts den Grenzsteinen nach, den Berg abwärts zum *Wollenloch,* einem umzäunten Erdfall. Hier hält man rechts immer noch dem gelben Dreiblock und dem Wegzei-

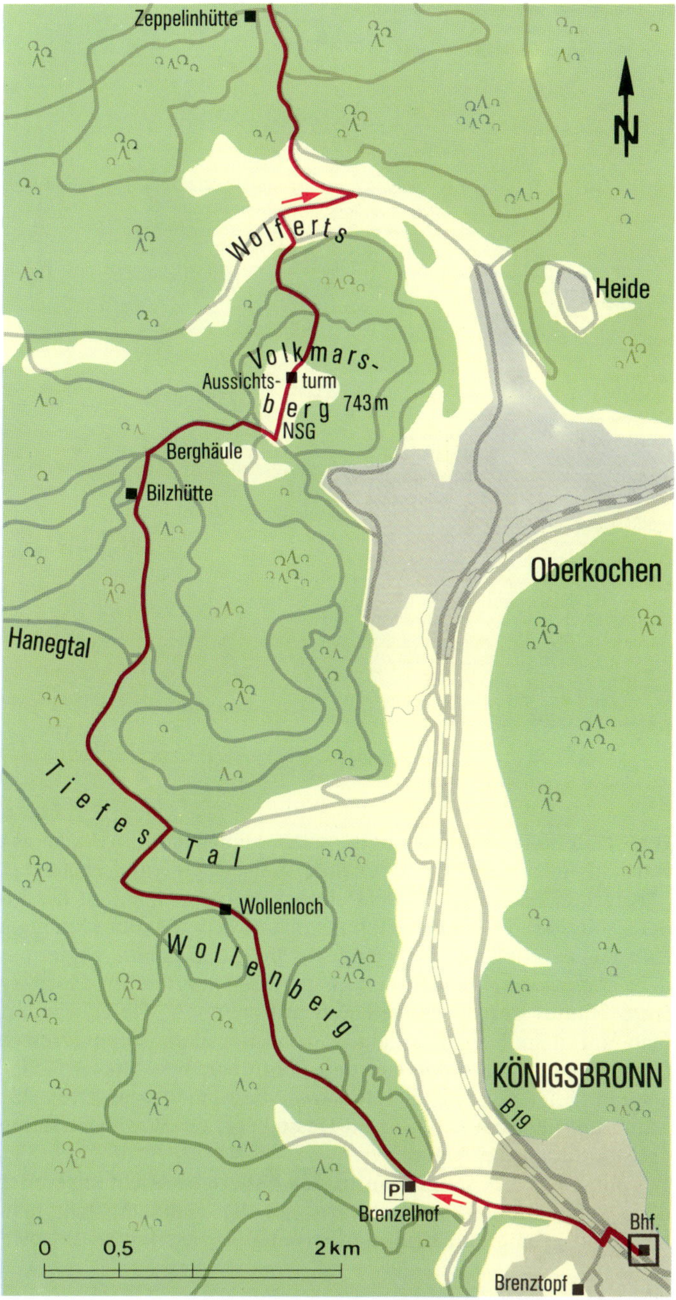
Zeppelinhütte
Wolferts
Heide
Volkmarsberg
Aussichtsturm
743 m
NSG
Berghäule
Bilzhütte
Oberkochen
Hanegtal
Tiefes Tal
Wollenloch
Wollenberg
KÖNIGSBRONN
B19
P
Brenzelhof
Bhf.
Brenztopf
0
0,5
2 km

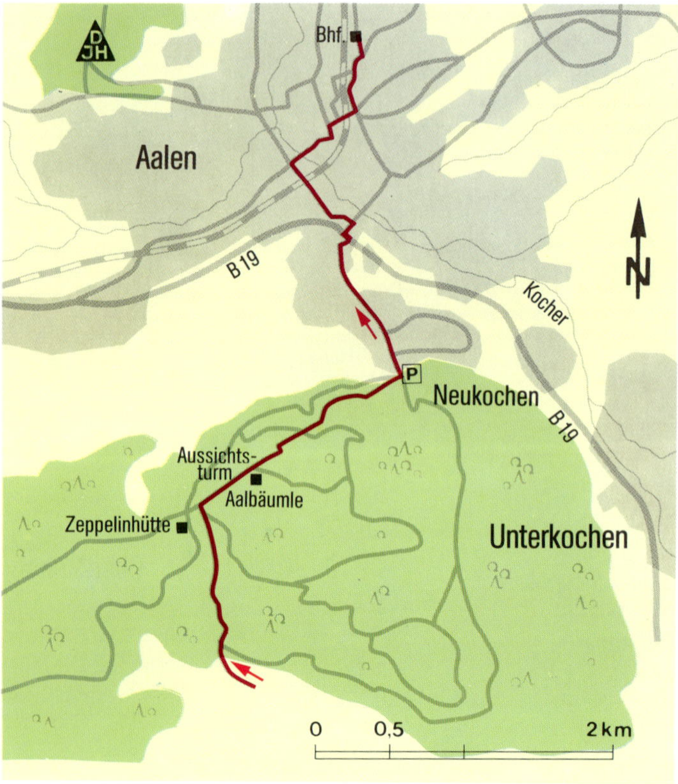

ger »Tiefental – Volkmarsberg« nach, geht leicht im Bogen abwärts bis in die Senke, in der man steil ins Tiefental absteigt.

Auf dem Forstweg (roter Dreiblock) wandert man auf die andere Seite des Tals und nach links talaufwärts. An der Gabelung zum Hagental bleibt man geradeaus bis zur *Bilzhütte* weiter auf dem *Tiefentalsträßle.* Dort muß man den markierten Holzweg (rote Raute) geradeaus steil aufwärts nehmen. Oben wandert man auf dem Forstweg geradeaus weiter dem roten Dreieck nach, zweigt dann rechts auf den Pfad über die »Mutterbuche« ab und steigt vollends zum *Volkmarsberg* auf (rotes Dreieck). Man sieht über die Alb bis zum Hesselberg, die Ellwanger Berge und im Süden die Alpen.

Vom Turm aus steigt man in der bisherigen Richtung weiter dem roten Dreieck nach abwärts, an der Gabelung hält man links und gelangt auf dem markierten Weg ins *Wolfertstal.* Auf der gegenüberliegenden Talseite führt der Wanderweg durch die Schlucht beim »Kirschentäle« aufwärts zur Zeppelinhütte. Von hier aus erreicht man über den geologischen Pfad abwärts die Stadt *Aalen*.

Empfehlenswert ist ab der Zeppelinhütte rechts steil aufwärts, dem roten Dreieck folgend, ein Abstecher zum Aalbäumle. Der ständig offene Aussichtstrum bietet einen herrlichen Rundblick über Aalen und Umgebung. Der Weg nach *Aalen* führt entweder direkt auf den Wanderweg mit dem blauen Dreieck, oder zurück über die Zeppelinhütte und dem Geologischen Pfad folgend.

7 Steinheim a. A. – Wental – Felsenmeer – Hexenloch

Verkehrsmöglichkeiten Ortsverkehr Heidenheim – Steinheim.
Parkmöglichkeiten Wanderparkplatz »Wental« bei Steinheim.
Wegmarkierungen Gelber Dreiblock, gelbes Dreieck.
Tourenlänge 14 km.
Wanderzeit 3½ Stunden.
Höhenunterschiede 80 m sanfter Anstieg, 80 m Abstieg.
Wanderkarten 1:50 000 Blatt L 7326 Heidenheim/Brenz.
Anmerkung Rast-, Grill- und Spielplätze im Wental. Autofahrer können auch den Parkplatz am Wentalgasthaus zwischen Bartholomä und Steinheim benützen. Man hat hier nun die Möglichkeit, zunächst durch das Felsenmeer und dann zum Hirschfelsen und zurück zu wandern.
Wissenswertes Das Wental ist eines der besonders schönen Trockentäler auf der Alb mit Dolomit-Felsgruppen. In früheren Zeiten floß nach der Schneeschmelze das Wasser des »Wedels« alle paar Jahre durch Heidenheim. Deshalb wurde im untersten Teil des Tales die Talsohle mit Fichten bepflanzt, am Bogen des »Gnannentals« wurde ein Staudamm zum Auffangen der Wildwasser gebaut.
Tourenbeschreibung Vom Parkplatz am Hirschfelsen verläuft der Wanderweg zunächst in einem engen Tal. Wo sich das Tal öffnet, zieht sich die Waldstraße in einem weiten Bogen nach rechts hinauf zum Staudamm; eine Treppe, die allerdings ziemlich steil ist, kürzt den Bogen ab. Auf dem Staudamm stehen Ruhebänke; der Weg bleibt links des Dammes am Hang. Fast eben führt er zu einem Rast- und Spielplatz, der rechts liegenbleibt.

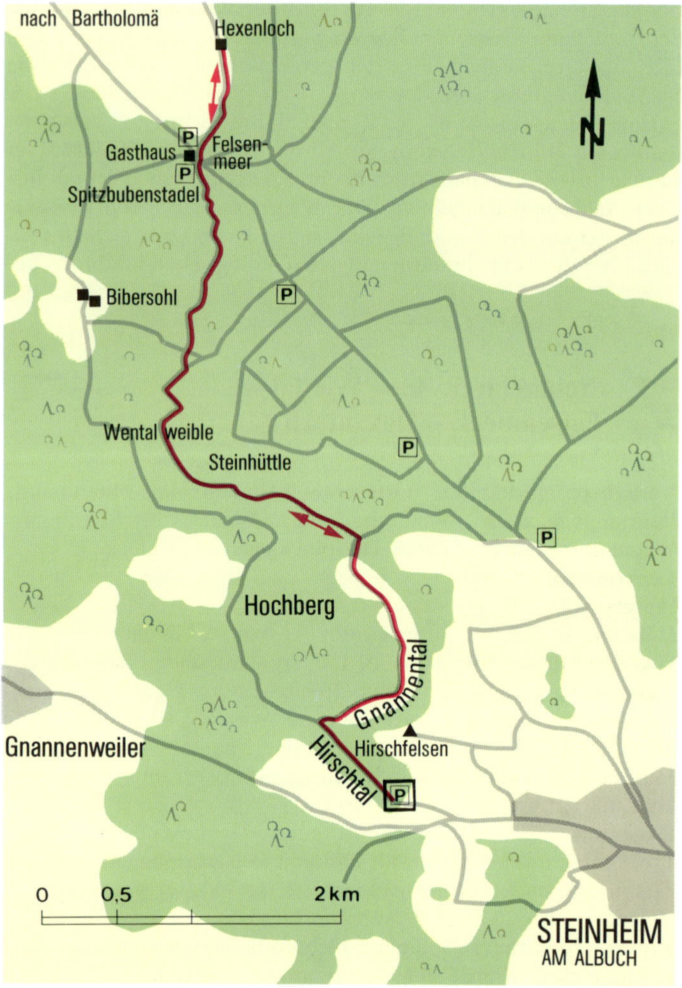

Auf grasigem Pfad erreicht man die von Felsen umgebene Schutzhütte. Hier verengt sich das Tal noch mehr und ist durch seine merkwürdigen Felsbildungen *(Wentalweible)* besonders reizvoll. Ein kleines Stück Erdgeschichte läßt sich an diesen Felsbildungen und Talwindungen nacherleben. (Das Wasser, das hier eigentlich fließen sollte, strömt unterirdisch zum Brenztopf.) Beim *Wental-Gasthaus* an der Straße von Bartholomä nach *Steinheim,* die man überqueren muß, beginnt der Wanderweg durch das *Felsenmeer,* das durch schroffe und teilweise über 10 Meter hohe Felsen mitten im Tal gekennzeichnet ist. Beim *Hexenloch* am Ende des Felsenmeers geht man wieder zurück und nimmt zum Ausgangspunkt, dem Parkplatz am Hirschfelsen, den gleichen Weg. Er ist schöner und vor allen Dingen leichter zu begehen als einer der sonst auf Tafeln angeführten Rundwanderwege.

Als Ergänzung zu dem Meteor-Kratermuseum in Steinheim wurde ein geologischer Wanderweg angelegt. Der einzigartige Pfad zieht sich um das gesamte Steinheimer Becken.

8 Heidenheim – Talhof – Ugental – Schwende – Talhof – Heidenheim

Verkehrsmöglichkeiten Bahnhof Heidenheim, Stadtbus.
Parkmöglichkeiten Vor dem Sperrschild am Talhof.
Wegmarkierungen Im Ugental ohne Markierung, dann roter Dreiblock bis Albstadion, zurück ohne Markierung.
Tourenlänge 12 km.
Wanderzeit 3½ Stunden.
Höhenunterschiede Insgesamt 175 m, vom Talhof auf die Höhe fast 90 m, Abstieg zum Talhof 60 m.
Wanderkarten 1:50 000 Blatt L 7326 Heidenheim/Brenz.
Anmerkung Einkehrmöglichkeit nur in Heidenheim. Abkürzung aus dem Ugental mit gelbem Dreiblock nach links auf die Höhe möglich. Abstecher vom Albstadion zum Schloß Hellenstein.
Wissenswertes Heidenheim kam 1503 an Württemberg. Hübsche Altstadt. Schloß Hellenstein wurde im 17. Jahrhundert auf den Resten der 1530 abgebrannten Burg neu erbaut (Museum). Die größte erhaltene Badeanlage der Römer in Süddeutschland ist als Museum zugänglich. Naturtheater, Aquarena, Freizeitbad.
Tourenbeschreibung Den *Talhof* erreicht man von der Straße von Süßen nach Heidenheim. Am Stadtrand fährt man dem Wegzeiger »Naturtheater« nach, dem Schloßberg zu, dann die erste Straße rechts bis zum Ende und dann links zum Talhof.

Man wandert die Straße im *Ugental,* einem Trockental, immer auf dem Hauptweg allen Talwindungen nach. Vor dem zweiten Rechtsbogen des Tals kreuzt ein Wanderweg das Schottersträßchen im Tal. Er führt über eine Brücke, an der unten die Mar-

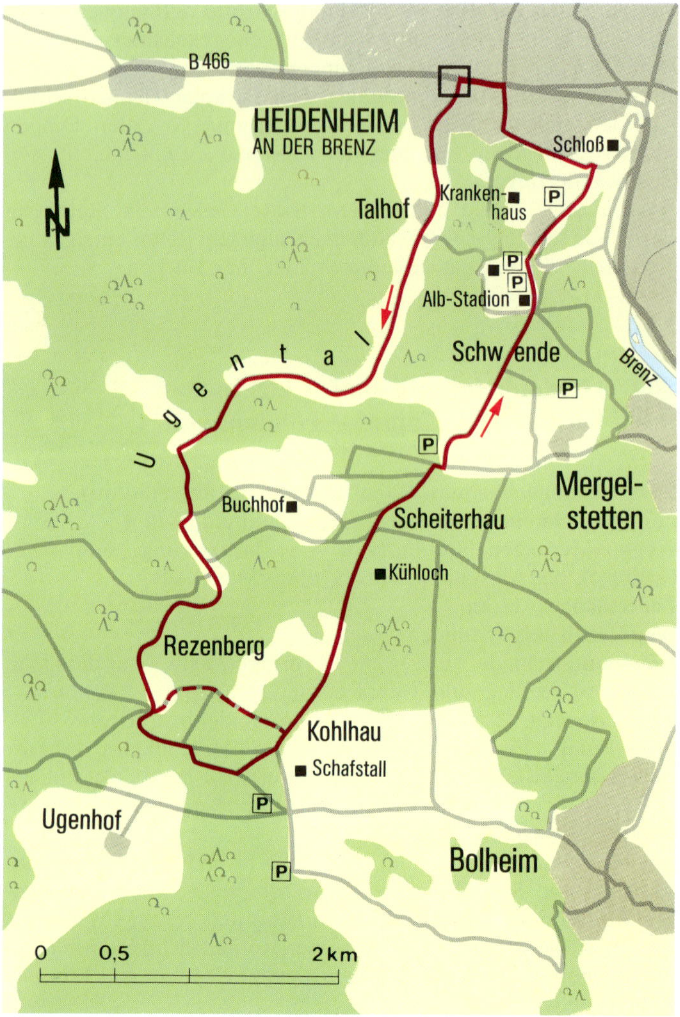

kierung (gelber Dreiblock) angebracht ist. Hier kann man nach links aufsteigen und abkürzen. Den Windungen des Tales folgend, hält man bei der nächsten Gabelung rechts, dann links. Man bleibt immer auf dem Schotterweg und kommt an einer Forsthütte vorbei. Bei der Kreuzung *»Hirschsprung«* weist ein gelber Dreiblock am Waldrand nach links. Man wandert in Pfeilrichtung weiter oder geht das Sträßchen ganz links, dann am

Waldrand rechts die Skiloipe aufwärts (bei Schnee verboten). Oben trifft man auf den Weg mit dem roten Dreiblock. Diesem folgt man nach links auf dem Forstweg am Waldrand beim Schafhaus. Er ist gut bezeichnet. Wegzeiger »Heidenheim – Mergelstetten«.

Der Weg führt nun geradeaus über die Höhe, am Waldstück »Kühlloch« vorbei und zweigt dann vom Holzweg als Fußpfad halblinks ab. Ganz nahe bei vorgeschichtlichen Grabhügeln im Wald »Scheiterhau« erreicht man am Waldende einen Schotterweg. Er führt nach links und dann am Hundesportplatz vorbei (Wegzeiger »Heidenheim Bhf« mit rotem Dreiblock). Dann geht ein Grasweg am Rand der Mulde über die Wiese auf den gegenüberliegenden Waldrand zu. Beim Weg mit dem Sperrschild und den eingerammten Pfählen wandert man wieder in den Wald, erreicht gleich darauf einen Teerweg, geht auf dem daneben verlaufenden markierten Fußweg abwärts. Man trifft dann auf die große Kreuzung und die Parkplätze beim *Albstadion.* Hier findet man links einen hölzernen Wegzeiger »Wildpark Eichert – Ugental«. Auf diesem Weg steigt man ins Ugental ab und gelangt dort nach rechts zum Parkplatz.

Zu Tour 5, 6 **Bei Aalen** (Foto: Verkehrsamt Aalen)

9 Herbrechtingen – Eselsburger Tal – Buigen – Bindsteinmühle – Anhausen – Ziegelhütte – Mönchhau – Anhausen – Herbrechtingen

Verkehrsmöglichkeiten Herbrechtingen ist Bahn- und Busstation.
Parkmöglichkeiten Wanderparkplatz Eselsburger Tal in Herbrechtingen beim Hallenbad.
Wegmarkierungen Zunächst ohne Markierung, über den Buigen roter Dreiblock, dann wieder ohne Markierung, rote Rute bis Mönchhau, roter Dreiblock bis Sperbersträßle, ohne Markierung über Anhausen nach Herbrechtingen.
Tourenlänge 19 km.
Wanderzeit 5 Stunden.
Höhenunterschiede Insgesamt etwa 330 m. 40 m Auf- und Abstieg zum Buigen; Anhausen zum Mönchhau 90 m Aufstieg, 90 m Abstieg, je 35 m Auf- und Abstieg zum Parkplatz.
Wanderkarten 1:50 000 Blatt L 7326 Heidenheim/Brenz.
Anmerkung Grillstelle und Kinderspielplatz am Waldparkplatz »Ziegelhütte«. Abkürzung vom »Königsstand« möglich.
Wissenswertes Die ganze Gegend ist schon in der Bronzezeit besiedelt worden. Davon zeugen die Ringwälle auf dem Buigen und die Gräberfelder in der Umgebung. Abt Fulrad, Karl der Große und Kaiser Barbarossa erscheinen als Stifter und Schenker des früheren Klosters Herbrechtingen.

Das Kloster Anhausen wurde 1125 gestiftet, in den Kriegen im 15. und 16. Jahrhundert teilweise zerstört. Es war von der Reformation an bis 1820 Sitz eines evangelischen Abts. Das Torhaus, der Renaissancebau der ehemaligen Prälatur und der spätgotische Kreuzgang (heute Schuppen) stehen noch.

Tourenbeschreibung Vom Parkplatz im *Eselsburger Tal* wandert man zunächst auf der westlichen Brenzseite talaufwärts auf dem Fahrweg. Der Blick auf die gegenüberliegenden Felsen, die Bernhardshöhle, die »Steinernen Jungfrauen« und das malerische Tal ist hier besonders schön. Nach dem Bogen am Prallhang der Brenz sieht man auf den Ort Eselsburg mit den Resten der Burg darüber.

Am Brenzpumpwerk führt eine kleine Brücke über den Fluß. Hier steigt der mit rotem Dreiblock bezeichnete Wanderweg nach rechts, entgegengesetzt der vorherigen Richtung, zur Höhe. Er trifft oben auf einen Fahrweg, der nach rechts durch den Wald verläuft. Um noch einen schönen Ausblick zu genießen, geht man an der Wegkreuzung hinter dem Wald noch gera-

N
Rüblinger Hof
Wachtelhau-
hütte
Wangenhof
Entenhülbe
P
Anhausen
Bolheim
Bhf.
HERBRECHTINGEN
Riedmühle
P
Kießental
Sperbersträßle
Sillenstetter Hau
ehem.
Kloster
Linsen-
fels
Bernhards-
höhle
Steinerne Jungfrau
Bindstein-
Mühle
nach
Heldenfingen
Burgholzhöfe
Eselsburg
P
0
0,5
2 km
Falkenstein
Domäne
Brenz
Dettingen
am Albuch
P
B 19
A 7
Heuchlingen

deaus. Nach gut 100 Metern muß man nach rechts zur Schutzhütte vorgehen, um ins Tal sehen zu können.

Von hier aus geht man nun wieder den gleichen Weg bis zur Kreuzung zurück und folgt wieder, kurz vor dem Wall, dem Dreiblock nach rechts. Man quert den schmalen Bergrücken und steigt geradeaus den bezeichneten Pfad abwärts, der sich dann nach rechts den Berg hinunterzieht. Gegenüber dem Falkenstein wechselt man über den Steg auf die andere Talseite. Hier benützt man wieder den Talweg nach rechts, brenzaufwärts. An der Bindsteinmühle vorbei, mit immer neuen Blicken auf Felsen, gelangt man nach Anhausen.

Vom Parkplatz am *Kloster* geht man über die Straße und findet den Wegzeiger »Rüblingen – Gerstetten« mit roter Raute, der einen steilen Fußweg halbrechts zum Fahrweg auf der Höhe weist. Diesen wandert man nach links entlang, am Waldparkplatz »Ziegelhütte« vorbei, geradeaus den gesperrten Forstweg in dem Wald weiter und am Waldstück »Entenhülbe« vorbei. Man findet dann wieder den Wegzeiger »Rüblinger Hof – Gerstetten« und bleibt von der *Wachtelhauhütte* an noch etwa 1 Kilometer auf dem geraden Forstweg. (Vorher, beim Waldstück »Königsstand«, besteht die Möglichkeit, den Forstweg, der direkt links ab ins Kießental führt, zu wählen.)

Ehe der Forstweg geradeaus ins Tal hinunterführt, trifft man auf einer Kreuzung den mit rotem Dreiblock markierten Weg »Heidenheim – Heldenfingen«. Ihm folgt man links abwärts durch den Wald bis zum *»Sperbersträßle«.* Diese Schotterstraße zieht sich nach links talwärts an den Waldstücken »Sauteich, Sillenstetterhau, Saustall« vorbei ins *Kießental.* (Hier mündet der angegebene Abkürzungsweg ein.) Der Forstweg führt nun weiter am »Ameisennest« am Waldrand entlang und kreuzt kurz nach dem Waldeintritt den mit roter Raute bezeichneten Wanderweg. Man gelangt (ohne Markierung) auf die Forststraße, geht weiter ins enger werdende Tal und den letzten Rest des Weges auf der Straße von Dettingen her zum *Kloster Anhausen.*

Man geht vor den alten Gebäuden gleich nach rechts, an der Riedmühle vorbei über die Brenz. An der Straßenteilung, bevor es wieder ansteigt, zweigt ein Feldweg eben nach rechts ab. Auf diesem wandert man zunächst am Hang entlang, dann links weglos über den Berg und erreicht geradeaus am Zaun vorbei die Buigenstraße, vor bis zur Hütte, hier geht es auf dem Teerweg zum Parkplatz.

10 Hürben – Charlottenhöhle – Stetten o. L. – Burgberg – Hürben

Verkehrsmöglichkeiten Bahn bis Herbrechtingen, Bus nach und von Hürben.
Parkmöglichkeiten Parkplatz bei der Charlottenhöhle.
Wegmarkierungen Rotes Dreieck bis Stetten, roter Dreiblock bis Burgberg, rote Raute bis Charlottenhöhle.
Tourenlänge 14 km.
Wanderzeit 3½ Stunden; ohne Höhlenbesichtigung.
Höhenunterschiede Insgesamt 225 m; 70 m Aufstieg aus dem Hürbetal, 70 m Abstieg ins Lonetal, 40 m Aufstieg nach Stetten, 45 m Abstieg ins Hürbetal.
Wanderkarten 1:50 000 Blatt L 7526 Günzburg.
Anmerkung Vom Parkplatz an der Charlottenhöhle sind es zwei Kilometer weniger Weg. Es empfiehlt sich, am Gasthaus nach der Höhlenöffnungszeit zu fragen.
Wissenswertes Die 1893 entdeckte Charlottenhöhle ist 532 m lang und hat schöne Tropfsteinhallen (Besichtigungszeit etwa ¾ Std.) – Die Kaltenburg gehörte einem staufischen Reichsmarschall. – Stetten o. L. hat eine barocke Kirche und ein hübsches Schloß. – Das Schloß Burgberg war einst staufischer Besitz, im Dorf wurden im 18. Jahrhundert Landfahrer angesiedelt.
Tourenbeschreibung Von *Hürben* aus geht man auf der Talstraße bis zum Aufstieg zur *Charlottenhöhle.* Im Zickzack kommt man zum ungefähr 25 Meter hoch gelegenen Höhleneingang. Nach der Besichtigung der Höhle steigt man weiter auf die Höhe, wo man auf den mit rotem Dreieck bezeichneten Weg zur *Kaltenburg* trifft, dem man nach links folgt. An der dreigeteilten Buche am Bergrand weist die Markierung zur Ruine. Man kehrt wieder auf den Weg mit dem roten Dreieck zurück und bleibt auf der Höhe über dem Lonetal. Hoch über St. Ulrich verläuft der Weg im Wald und schneidet einen Bergsporn, um den die Talstraße biegt, ab. Auf einem Forstweg erreicht man bei dem Sträßchen nach Reuendorf die Talstraße, der man über die Brücke auf die andere Talseite folgt. An der Kurve zweigt der Weg nach *Stetten* bergauf markiert ab.

Beim Waldaustritt auf der Höhe wählt man den Feldweg geradeaus, bei dessen Rechtsbiegung den markierten Fußweg in den Wald und gelangt am Waldrand an der Kläranlage vorbei links über Treppen zur Kirche von Stetten. Auf der Kirchstraße hält man links, zweigt am Ortsschild auf den Feldweg nach links ab, wandert auf der Höhe ohne Markierung den Feldweg nach

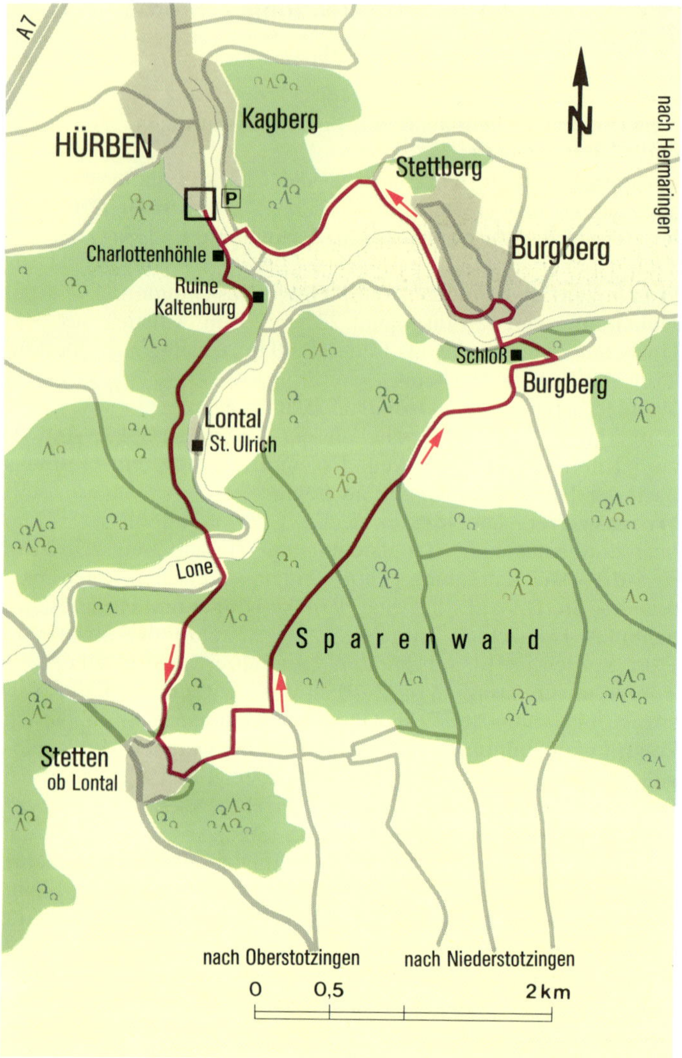

rechts und unter der mittleren Hochspannungsleitung beim Feldkreuz den Feldweg nach links (Wegzeiger »Burgberg – Giengen – Kaltenburg«). Auf einem gesperrten Forstweg geht man in den Wald und geradeaus weiter, kreuzt den Wanderweg zur Kaltenburg und wählt am Waldaustritt den Weg geradeaus an der Schranke weiterhin am Waldrand entlang.

Nach etwa 700 Metern weist ein Pfeil mit rotem Dreiblock nach rechts, vor dem Hof wieder nach links, und man erreicht am Schloß einen Fahrweg, der ins Tal nach Burgberg führt (Abkürzung nach links). Man geht die Bahnstraße nach links, die Weilerstraße rechts über die Brücke, geradeaus durchs »Gäßle« und trifft in der Ritterstraße die rote Raute, die nach links durch die Wasserstraße auf den Talweg im Bogen wieder zur Charlottenhöhle und nach Hürben führt.

11 Herbrechtingen – Eselsburger Tal – Bissingen o. L. – Lonetal – Öllingen – Langenau

Verkehrsmöglichkeiten Bahn bis Herbrechtingen, Bus oder Bahn ab Langenau.
Wegmarkierungen Roter Dreiblock bis Langenau.
Tourenlänge 22 km.
Wanderzeit 5½ Stunden.
Höhenunterschiede Insgesamt 250 m; Anstieg aus dem Eselsburger Tal 60 m, Abstieg ins Lonetal und Anstieg je 60 m, Abstieg nach Langenau 70 m.
Wanderkarten 1:50 000 Blatt L 7526 Günzburg und L 7326 Heidenheim.
Anmerkung Ab Öllingen Busverbindung nach Ulm, so daß man die 5 Kilometer zum Langenauer Bahnhof abkürzen kann.
Wissenswertes Herbrechtingen war schon im 8. Jahrhundert ein Kloster, dem Karl der Große 779 sein Königsgut dazuschenkte. Im 12. Jahrhundert unter Kaiser Barbarossa. Zweimal in Kriegen verbrannt, sind nur noch Gebäude aus dem 16. und 17. Jahrhundert, der Glockenturm mit romanischem Chor und die Leonhardskapelle vorhanden. – Die Eselsburg wurde 1609 abgebrochen. – Bissingen besitzt eine romanische Kirche. – Das Lonetal ist ein Trockental mit zeitweiliger Wasserführung. – In der Bocksteinhöhle wurden Funde aus der Steinzeit gemacht. – Langenau hat drei Kirchen, den Pfleghof, Heimatmuseum, Welserschlößchen und Amtshaus. – In den Nauquellen tritt das versickerte Wasser aus dem Lonetal zutage.
Tourenbeschreibung Vom *Herbrechtinger Bahnhof* folgt man dem Wegzeiger »Eselsburg« mit rotem Dreiblock nach links, geht an der Post vorbei, dann auf der Hauptstraße kurz rechts,

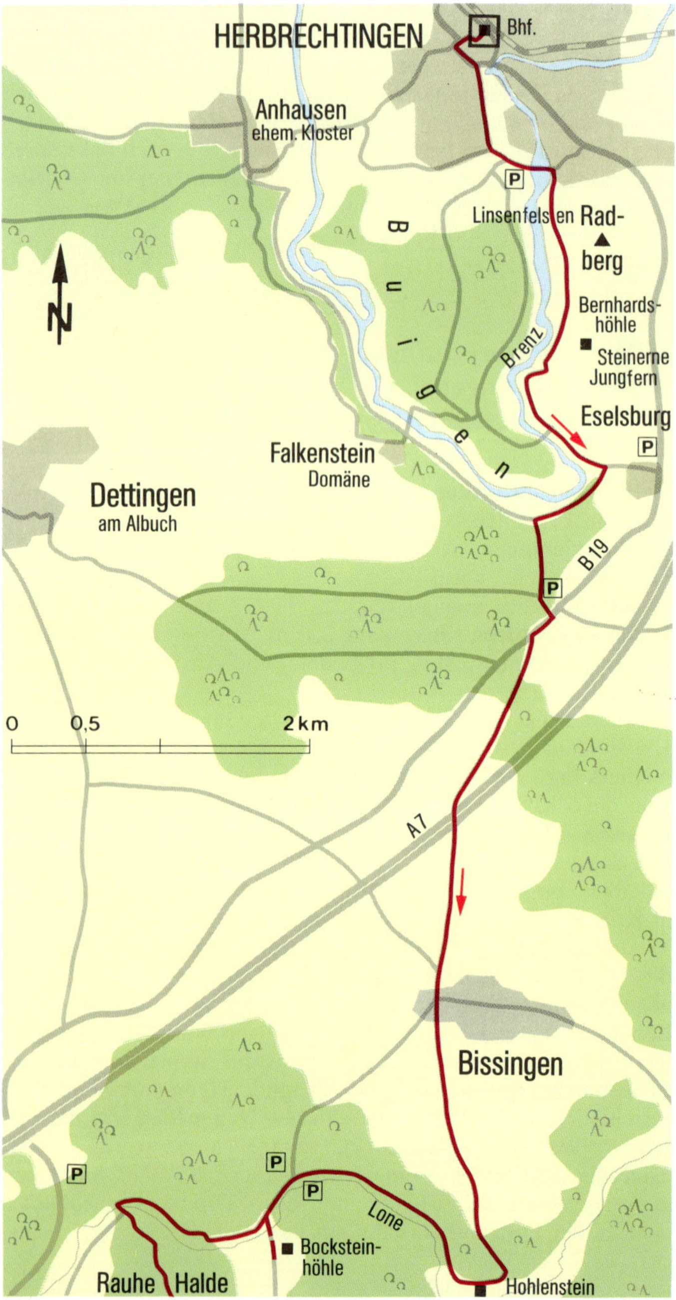
HERBRECHTINGEN
Bhf.
Anhausen
ehem. Kloster
P
Linsenfelsen
Rad-
berg
Buigen
Bernhards-
höhle
Brenz
Steinerne
Jungfern
Eselsburg
P
Falkenstein
Domäne
Dettingen
am Albuch
B19
P
0
0,5
2 km
A7
Bissingen
P
P
P
Lone
Bocksteinhöhle
Rauhe Halde
Hohlenstein

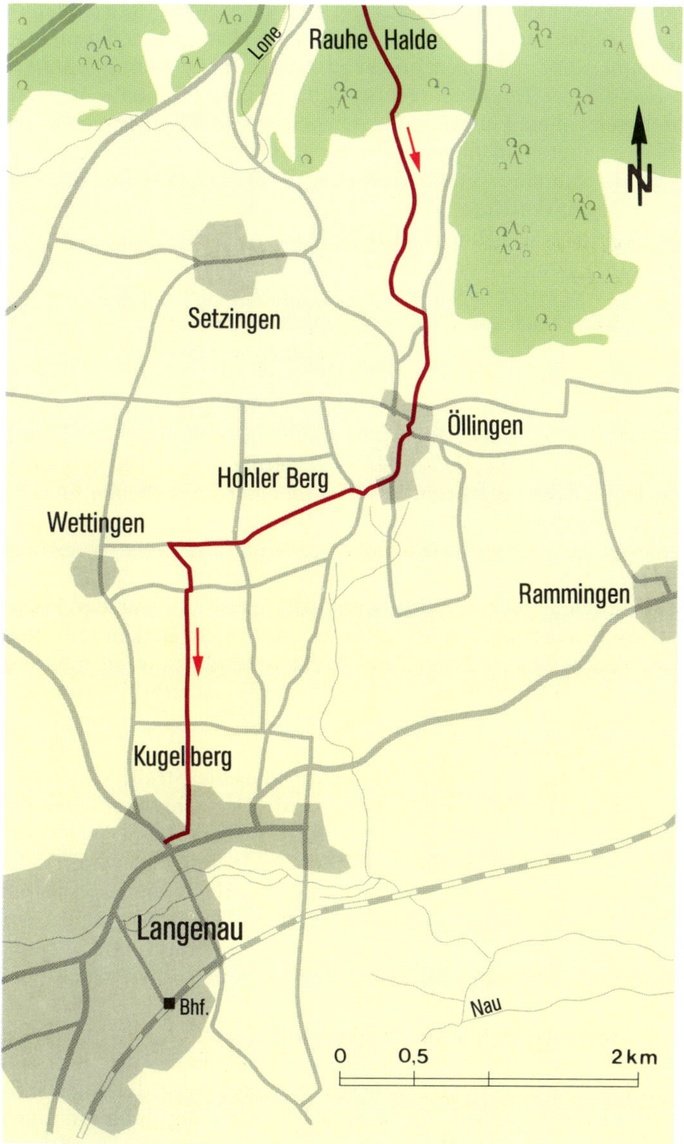

Lone
Rauhe Halde
Setzingen
Öllingen
Hohler Berg
Wettingen
Rammingen
Kugelberg
Langenau
Bhf.
Nau
0
0,5
2 km

an der Ampel links (Wegzeiger: »Sportzentrum–Hallenbad«). Durch die Brunnenstraße folgt man dem roten Dreiblock, kommt über die Brenzbrücke und geht dann dem Wegzeiger *»Eselsburger Tal«* nach rechts auf dem Teersträßchen weiter. An den reizvollen Felsgruppen, den »Steinernen Jungfrauen« vorbei, gelangt man nach *Eselsburg.* Man hält rechts (Wegzeiger »Bindsteinmühle« und Rundweg 1, 2, 4) und steigt am südlichsten Bogen der Brenz den bezeichneten Rundwanderwegen nach links durch die Schlucht auf die Höhe.

Durch den Wanderparkplatz geht man dem roten Dreiblock nach (Wegzeiger Bissingen 3 km) jenseits der Straße auf dem Waldweg. Nach etwa einem Kilometer kreuzt man die Bundesstraße 19 und geht am Waldrand dem roten Strich nach. Vor dem Schuttplatz biegt man rechts ab und gelangt zur Brücke über die Autobahn. Voraus sieht man das nächste Ziel, die Ortschaft *Bissingen.* Die Markierung führt jedoch in den Wald und gleich in das Lonetal, bei der Vogelherdhöhle. Wir halten leicht rechts auf dem geteerten Feldweg an einer Feldscheune links zu einem Feldkreuz unmittelbar vor Bissingen. Am Ortsrand geht man geradeaus über die Straße weiter und findet am Wegzeiger wieder den roten Dreiblock. Der Weg verläuft auf der Hochfläche durch Felder geradeaus auf den Wald zu. Auf der Forststraße erreicht man den Wanderweg mit rotem Balken im Lonetal; rechts weiter. Nach dem Wanderparkplatz, wenn man zur Bocksteinhöhle will, muß man die Straße nach links gehen und findet nach der *Lonebrücke* den kleinen Wegzeiger zur *Bocksteinhöhle.*

Beim Wanderparkplatz überquert man die Straße und bleibt weiterhin im Tal. Nach etwa 500 Metern geht man über die kleine Lonebrücke und schlägt den Forstweg beim Waldstück Rauhalde links aufwärts ein. Bei der Gabelung hält man rechts. Man wandert immer geradeaus auf die Hochfläche durch die Felder ohne Markierung auf *Öllingen* zu. Unser Weg führt zur Straße, die man in der Richtung zum Wasserturm kreuzt. Beim Wasserbehälter kurz vor *Öllingen* hat man eine schöne Sicht, bei klarem Wetter bis zu den Alpen.

In der Ortschaft abwärts, dem roten Dreieck nach (Fußweg und Postweg) trifft man am Ortsende auf die 6-Tonnen-Straße nach Wettingen. Kurz vor dieser Ortschaft weist das rote Dreieck an einer Linde nach links. An der Baumgruppe am Bach steigt der markierte Weg leicht an. Man gelangt nun nach Langenau und kann entweder im Ort in den Bus steigen oder vollends zum Bahnhof gehen (Langenau Bahnhof 2,5 km).

12 Bernstadt – Lonetal – Fohlenhaus – Mehlsackfelsen – Bernstadt

Verkehrsmöglichkeiten Bahn bis Ulm, Bus bis Bernstadt.
Parkmöglichkeiten Wanderparkplatz Eichenberg/Bernstadt.
Wegmarkierungen Blauer Strich.
Tourenlänge 9 km.
Wanderzeit 2¼ Stunden.
Höhenunterschiede Insgesamt etwa 100 m, Abstieg ins Tal und Anstieg.
Wanderkarten 1:50 000 Blatt L 7526 Günzburg.
Anmerkung Wer vier Kilometer weiter gehen will, kann noch auf dem Rückweg bis Breitingen und auf der anderen Talseite durch das Wolftal zurückgehen.
Wissenswertes Das Lonetal ist etwa 20 km lang, ein Trockental bis kurz vor der Einmündung der Lone in die Hürbe. – Das »Fohlenhaus« (oder Hohlenstein) mit Felshöhlen war in vorgeschichtlicher Zeit besiedelt wie fast alle größeren Höhlen des Lonetals. – Der Felsen ist 45 m hoch. – Bernstadt hat ein Schloß mit Ecktürmen, ein Amtshaus von 1688 und eine gotische Pfarrkirche mit romanischem Turm.

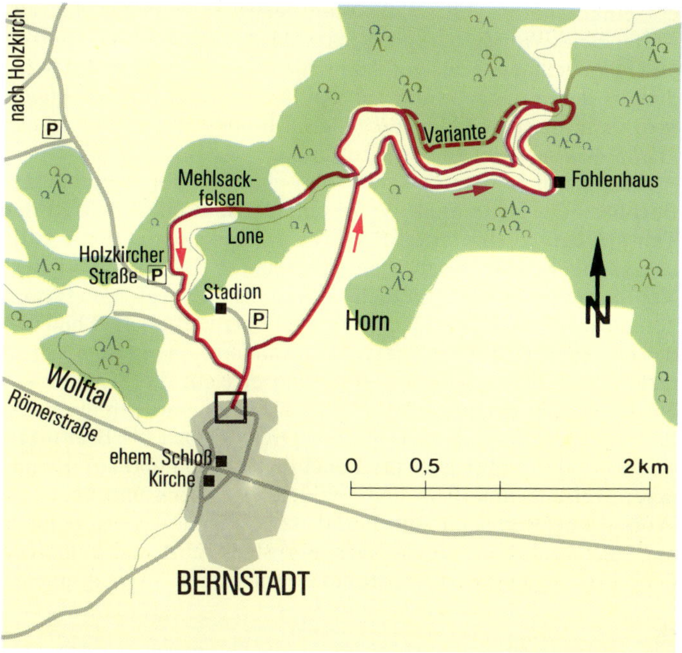

Zu Tour 9 **Im Tal der Brenz,** zwischen Anhausen und Eselsburg
(Foto: Reinhard Kuntzke)

Tourenbeschreibung In *Bernstadt* erreicht man den Wanderparkplatz über das Sträßchen nach Holzkirch–Breitingen. Vom *Parkplatz Eichenberg* geht man ein kurzes Stück zurück und bei der eingezäunten Hütte links die Teerstraße in der Mulde abwärts. Beim Wanderparkplatz Salzbühl erreicht man das *Lonetal* und wandert hier rechts auf dem schlechten Feldweg in den Windungen durch das reizvolle Tal. An hohen Felsen vorbei gelangt man dann in einer tiefen Biegung nach links an den Felsen des *»Fohlenhauses«* mit seinen Grotten.

Etwa einen Kilometer weiter führt eine Betonbrücke über das Bachbett. Bei schlechtem Wetter und Nässe wählt man statt des Talwegs den geschotterten Forstweg halblinks bergauf und trifft den grasigen Talweg nach dem Überqueren des Hügels wieder. Von der Höhe hat man hübsche Blicke ins Tal. Auf dem Talweg kommt man dann gegenüber dem Parkplatz vorbei, geht hier auf der nördlichen Talseite weiter. Man wandert nun auf dem Schotterweg am *Mehlsackfelsen* vorbei und erreicht die Straße nach Holzkirch und Breitingen. Von hier aus kann man, um die Wanderung zu verlängern, dem gelben Dreieck nach bis Breitingen weiterwandern, dort über die Lonebrücke gehen und auf der anderen Talseite unterhalb dem Häldelefels zurück und über das Wolftal und Bernstadt zum Parkplatz gelangen. – Sonst benützt man die Straße, die direkt nach Bernstadt führt und kehrt vor dem Ortseingang wieder nach links zurück zum Ausgangspunkt.

13 Lautern – Lappertal – Ruine Rosenstein – Große Scheuer – Ostfelsen – Finsterloch – Lautern

Verkehrsmöglichkeiten Zwischen Schwäbisch Gmünd und Aalen zweigt der Autofahrer an der B 29 in Mögglingen nach Lautern ab.
Parkmöglichkeiten Wanderparkplatz im Lappertal (in Lautern Richtung Lauterburg, erste Straße rechts nach der Kirche).
Wegmarkierungen Blauer Dreiblock bis Höhe Rosenstein, rotes Dreieck zur Ruine, roter Dreiblock zum Ostfelsen, rote Raute zum Finsterloch.
Tourenlänge Etwa 8 km.
Wanderzeit 2 Stunden.
Höhenunterschiede Insgesamt 400 m, bequemer Anstieg, sehr steiler Abstieg, jeweils 200 m.
Wanderkarten 1:50 000 Blatt L 7324 Geislingen/Steige.
Anmerkung Statt dem sehr steilen Abstieg über das Finstere Loch Weiterweg mit rotem Dreiblock bis zum Sattel. Rosenstein mit Waldschenke, Spielplatz und Grillstelle.
Wissenswertes Der Rosenstein war eine Pferde-Hochweide. In vorgeschichtlicher Zeit war der Berg eine Volksburg; man findet noch mehrere Schutzwälle. Die Burg Rosenstein war allerdings schon im 17. Jahrhundert eine Ruine.
Tourenbeschreibung Vom Parkplatz aus geht man talaufwärts dem blauen Dreiblock nach. Man quert den Bach, das Tal wird

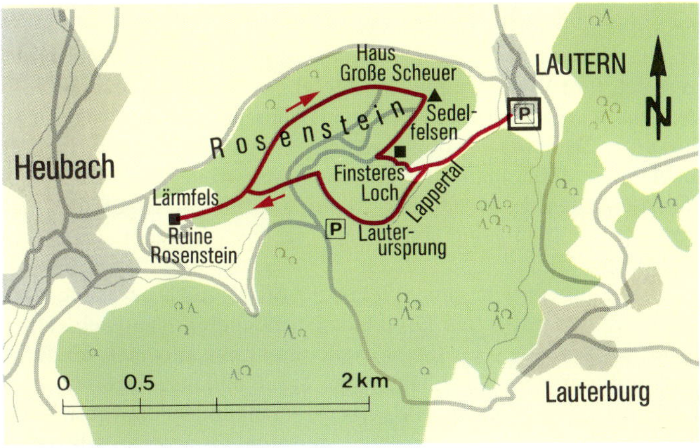

Zu Tour 16, 17 **Burg Ramsberg** (Foto: Stadtverwaltung Donzdorf)

enger. Hier ist das Quellgebiet der *Lauter*. Auf der Höhe kreuzen sich fünf Wanderwege. Man folgt geradeaus dem roten Dreieck zur *Ruine Rosenstein* und zur Waldschenke. Nun kann man links zur Dreieingangshöhle absteigen. Auf die Höhe zurückgekehrt geht man man den Panoramaweg weiter und über den eisernen Steg in die Ruine. Vom Lärmfelsen gegenüber der Ruine hat man eine besonders schöne Aussicht (bis zum Schwarzwald).

Man geht zurück, am Spielplatz vorbei und kurz nach dem Ringwall den mit rotem Dreiblock bezeichneten Randweg »Haus – Große Scheuer – Finsteres Loch« halblinks aufwärts. Er führt mit immer neuen Ausblicken am Trauf entlang. Zur *»Großen Scheuer«*, einer Felsgrotte, steigt man links die gesicherte Treppe ab. Man folgt weiter dem roten Dreiblock halbrechts zum *Ostfelsen – Finsteres Loch* am Trauf weiter. (Der Parkplatz, auf den das Schild hinweist, ist nicht der im Lappertal.) Auf dem *Ostfelsen* hat man wieder einen schönen Blick ins Tal, auf den Braunenberg, Aalen, den Hesselberg bei Wassertrüdingen und die zweitürmige Kirche auf dem Schönenberg bei Ellwangen.

Vom Felsen aus wandert man nun zunächst dem roten Dreiblock, dann dem roten Dreieck »Finsterloch« nach, am Trauf entlang, dann in dem Einschnitt abwärts. Oberhalb vom Finsterloch geht der weniger steile Weg mit dem roten Dreiblock weiter. Vom Finsterloch geht man auf der gegenüberliegenden Seite im Zickzack steil abwärts. Man kreuzt den ersten Fahrweg, geht beim zweiten Fahrweg einige Meter links und dann den schmalen, steilen Zickzackweg rechts abwärts. Man kommt – fast im Tal – auf einen Forstweg, den man rechts weitergeht und dann findet man links über die Lauterbrücke wieder an den Parkplatz zurück.

14 Heubach – Scheuelberg – Himmelreich – Bargauer Kreuz – Hornberg – Schlatthof – Schwäbisch Gmünd

Verkehrsmöglichkeiten Bahn bis Schwäbisch Gmünd, Bus – Ortsverkehr bis Heubach, Bus nach Gmünd.
Wegmarkierungen Roter Dreiblock bis Bargauer Kreuz, rotes Dreieck bis Bernhardus, roter Balken bis Hornberg, blaues Kreuz nach Schwäbisch Gmünd.
Tourenlänge 19 km.
Wanderzeit 5½ Stunden.
Höhenunterschiede Insgesamt 980 m; Aufstieg auf den Scheuelberg zuletzt steil 220 m, zum Hohen Felsen noch 20 m, Abstieg zum Beurener Paß 70 m, Aufstieg zur Albhöhe 145 m, Abstieg vom Bernhardus 145 m, Aufstieg zum Hornberg 70 m, Abstieg ins Tal 310 m.
Wanderkarten 1:50 000 Blatt L 7324 Geislingen/Steige.
Anmerkung Rucksackvesper ist anzuraten. Abkürzung vom Furtlepaß und direkt nach Waldstetten (Postbus) möglich.
Wissenswertes Heubach ist seit 1480 Stadt; sehenswert: Kirche, Kirchhof, Marktplatz, Rathaus, Schloß. – Vom Scheuelberg schöne Aussicht, vom Hohen Fels bis zum Schwarzwald; Aus-

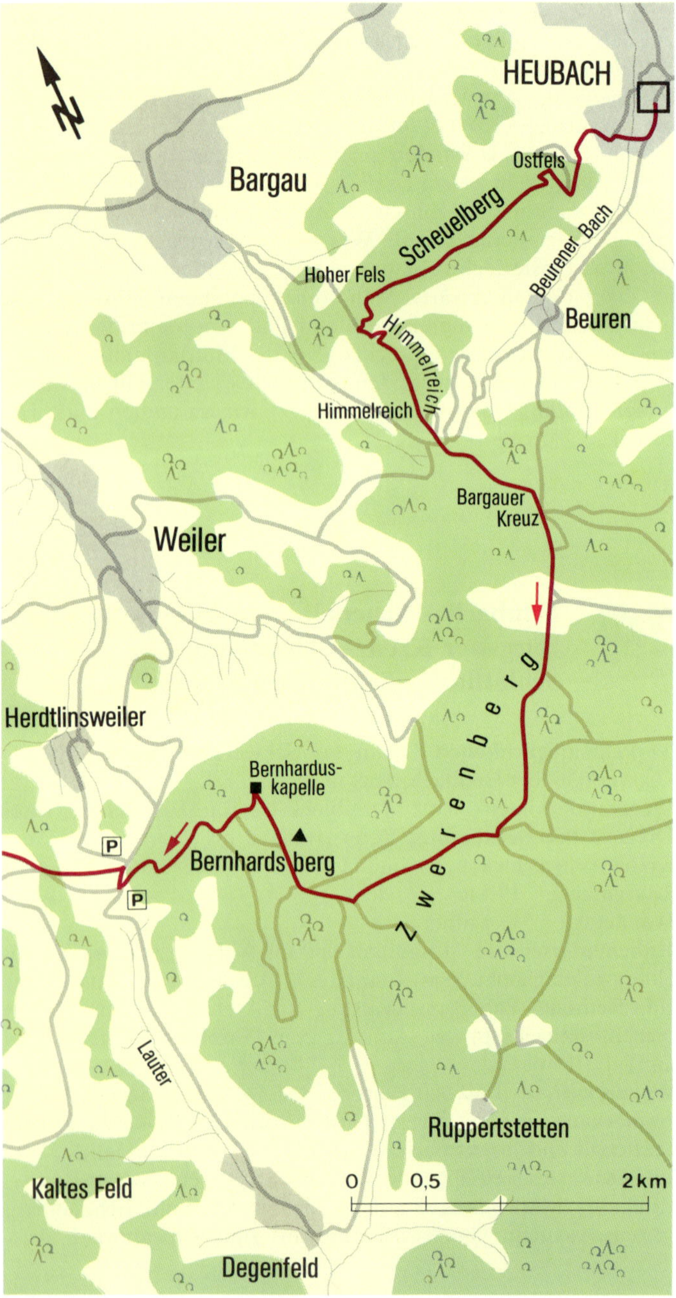

N
HEUBACH
Bargau
Ostfels
Scheuelberg
Beurener Bach
Hoher Fels
Beuren
Himmelreich
Himmelreich
Bargauer Kreuz
Weiler
Zwerenberg
Herdtlinsweiler
Bernhardus-kapelle
P
Bernhardsberg
P
Lauter
Ruppertstetten
0
0,5
2 km
Kaltes Feld
Degenfeld

sicht vom Himmelreich und Bernharduskapelle, vom Luginsland auf dem Hornberg.

Tourenbeschreibung Von der Bushaltestelle in *Heubach* beim Lamm geht man zurück, bei der Kreissparkasse die Götzenbachstraße abwärts bis zum großen Parkplatz, die *Scheuelbergstraße* abwärts, findet nach der ersten Kurve den Wegzeiger »zum Sand« und wandert am letzten Haus bei der Gabelung geradeaus den gesperrten Forstweg aufwärts. An der Haarnadelkurve sieht man nach links die Markierung. Nach etwa 300 Metern nach einer Rechtskurve zweigt scharf rechts steil aufwärts der Fußpfad mit dem Wegzeiger »Himmelreich über Hölle« ab. Man erreicht den Ostfels mit der Bank und wählt den »direkten Weg Hoher Fels, *Himmelreich*«, der mit rotem Dreiblock leicht aufwärts über die Höhe führt. Zum Hohen Fels muß man dann hinaus, um die Aussicht zu genießen.

Man kehrt zurück und geht im Wald abwärts. Bei dem Abzweig nach Bargau wandert man weiter dem roten Dreiblock nach und erreicht übers Himmelreich das Naturfreundehaus. Auf dem Fahrweg steigt man zum Beurener Sattel ab und kreuzt hier die Straße. Man folgt dem roten Dreiblock auf dem Schotterweg aufwärts zum *Bargauer Kreuz*. Nun weist das rote Dreieck »Kitzing, Bernhardus« geradeaus weiter und hält über die Felder in den Wald (»Bernhardus, Weißenstein«) und bei der Wanderwegkreuzung wieder rechts »Bernhardus, Kaltes Feld«. Bei der nächsten Kreuzung bleibt man dem roten Balken nach auf der Höhe, erreicht über einen Fußpfad rechts die *Bernharduskapelle* und steigt dann zum Furtlepaß ab. Hier kreuzt man die Straße und folgt dem roten Balken »Hornberg–Luginsland–Waldstetten«.

Auf dem Feldweg auf der Höhe hält man jedesmal rechts, bis man vorne zum Luginsland kommt. Von hier steigt der Weg mit dem blauen Kreuz im Zickzack sehr steil ab (100 m zurück am Waldrand führt der bequemere Weg). Zunächst auf einem Fahrweg, dann am Waldrand entlang über eine Straße am Hang des

Zu Tour 16, 17 **Messelstein, Blick auf Donzdorf**
(Foto: Stadtverwaltung Donzdorf)

Eiersberges weiter auf einem Feldweg, an Aussiedlerhof und Industrie vorbei (Waldstetten liegt immer links) erreicht man den *Schlatthof* und geht auf diesem Sträßchen Richtung *Schwäbisch Gmünd* weiter. Beim Friedhof gelangt man auf die Hauptstraße und an die Bushaltestelle.

15 Waldstetten – Stuifen – Reiterleskapelle – Franz-Keller-Haus – Hornberg

Verkehrsmöglichkeiten Busverbindungen von Schwäbisch Gmünd
Parkmöglichkeiten Waldstetten.
Wegmarkierungen Blaues Kreuz bis Stuifen, roter Balken bis Franz-Keller-Haus, blaues Kreuz zurück.
Tourenlänge 11 km.
Wanderzeit 3½ Stunden.
Höhenunterschiede Insgesamt: 850 m; steiler Aufstieg auf den Stuifen 370 m, Abstieg zur Reiterleskapelle 115 m, steiler Aufstieg zum Franz-Keller-Haus 140 m, teilweise steiler Abstieg nach Waldstetten 225 m.
Wanderkarten 1:50 000 Blatt L 7324 Geislingen/Steige.
Anmerkung Andere Parkmöglichkeit am Stoffelbach unterhalb des Saurenhofs auf dem Wanderparkplatz; sowohl nur Stuifenwanderung als auch nur Franz-Keller-Haus–Hornberg möglich.
Wissenswertes Auf dem Stuifen stand nie eine Burg. Von dem bewaldeten Berg hat man nur auf der Westecke Aussicht. Nach dem Aufstieg ein Stück dem roten Balken nach rechts folgen. Die Reiterleskapelle wurde 1717 von der Familie Reiter gestiftet. Burg Granegg wurde im Dreißigjährigen Krieg zerstört. Das Kalte Feld mit 781 m ist der höchste Berg der Ostalb. Franz-Keller-Haus mit Aussicht; der Hornberg ist Segelfluggelände.
Tourenbeschreibung Vom Schwäbisch Gmünder Stadtteil *Waldstetten* folgt man zunächst der Landstraße in Richtung Weilerstoffel – Wißgoldingen am Stoffelbach entlang. Der mit blauem Kreuz markierte Wanderweg zweigt am Ortsrand rechts ab und führt an einigen neuen Häusern vorbei zum bewaldeten Ledersberg.

Bei der Wegegabelung am Waldeingang hält man links und folgt zunächst dem Forstweg, ehe man nach einigen hundert Metern nach rechts auf einem Fußweg weiterwandert. Am bewalde-

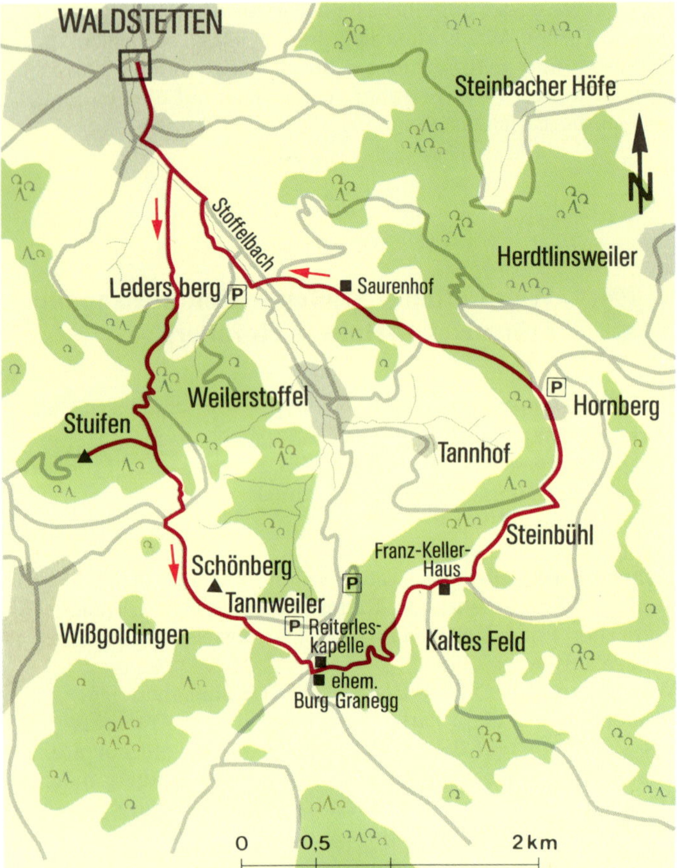

ten Hang steigt man, immer der Bezeichnung nach, auf den 757 Meter hohen *Stuifen*. Man geht zur Aussicht noch 500 Meter nach rechts, muß aber dann wieder zurück, bis der jetzt mit rotem Balken bezeichnete Weg nach rechts abzweigt. Bei der Heerstraße trifft man auf eine Fahrstraße und geht auf dieser um den Schönberg herum, ehe man nach rechts am Waldrand des Rechberges zur *Reiterleskapelle* weiterwandert. Am Bergrücken mit der ehemaligen Burg Granegg vorbei, folgt man dem roten Balken steil aufwärts aufs Kalte Feld zum *Franz-Keller-Haus*.

Der Weg führt dann mit rotem Balken – an der Gabelung links halten – zum Segelfluggelände auf dem *Hornberg*. Am

Bergtrauf entlang wandert man bis zur Fahrstraße und folgt dann dem blauen Kreuz. Der Weg verläuft links durch den Wald talwärts. Am Hang und wieder durch Wald abwärts trifft man beim Saurenhof wieder auf eine Fahrstraße und erreicht an einem Feldkreuz die Straße Weilerstoffel – Waldstetten. (Hier befindet sich der Parkplatz, den man eventuell auch als Ausgangspunkt nehmen kann.) Nach einem knappen Kilometer am Stoffelbach entlang abwärts erreicht man die Abzweigung in Waldstetten, bei der man über den Ledersberg zum Stuifen hinaufgestiegen war.

16 Donzdorf – Messelstein – Kuchalb – Gingen – Donzdorf

Verkehrsmöglichkeiten Bahn bis Süßen an der Strecke Stuttgart – Ulm (oder Göppingen), Bus ab Göppingen oder Süßen nach Donzdorf.
Parkmöglichkeiten In der Nähe vom Bahnhof Donzdorf.
Wegmarkierungen Blaues Dreieck bis Messelstein, rotes Dreieck bis Gingen-Bahnlinie, dann ohne Markierung zurück.
Tourenlänge 14 km.
Wanderzeit 4 Stunden.
Höhenunterschiede Insgesamt etwa 650 m, steiler Aufstieg zum Messelstein 340 m, steiler Abstieg 300 m.
Wanderkarten 1:50 000 Blatt L 7324 Geislingen/Steige.
Anmerkung Abkürzung von der Kuchalb auf dem Fahrsträßle nach Donzdorf möglich.
Wissenswertes Donzdorf wurde bereits im 13. Jahrhundert genannt; es gehörte den Helfensteinern und den Grafen von Rechberg und kam 1810 an Württemberg. Sehenswert ist der Marktplatz, die Kirche mit gotischem Turm, die im Barock umgebaut wurde und das Schloß, das aus dem Jahr 1568 stammt. Vom Messelstein, von der »Meierhalde« bei Kuchalb und vom Hohenstein hat man eine besonders schöne Aussicht.
Tourenbeschreibung In *Donzdorf* folgt man dem mit blauem Dreieck neu markierten Wanderweg von der Ortsmitte über die Bahnlinie. Zunächst rechts, dann links aufwärts wandert man zur Schule, links den Feldweg am Gehölzrand aufwärts, kommt in weitem Bogen zu Treppen an einer Hecke und erreicht geradeaus die Messelbergsteige. Man geht bis zur Kehre und fin-

det am Forstweg nach rechts den steilen Fußpfad auf die Albhöhe. Auf der Hochfläche am Waldrand hält man links und gelangt zum 749 Meter hohen Aussichtspunkt Messelstein. Der Blick reicht hier übers Filstal, zu den drei Kaiserbergen, aufs Albvorland bis zur Teck sowie hinüber zum Albuch und Kalten Feld. Entweder am Albtrauf entlang oder über den Messelhof wandert man weiter zum Wanderparkplatz am *»Landeplatz Donzdorf-Messelberg«* mit den Segel- und Modellflugzeugen. Am Flugplatzgelände entlang, oberhalb des Waldes verläuft dann der mit rotem Dreieck markierte Wanderweg hinüber nach Oberweckerstell. Auf einem Fahrsträßchen geht man weiter dem roten Dreieck nach zum *Weiler Kuchalb*. Hier hält man rechts, folgt kurz der Straße, um dann am Waldrand bei dem Feldkreuz nach links einzuschlagen. Hier findet man einen Aussichtspunkt, die *»Meierhalde«*. Nach einem hübschen Ausblick auf die Ruine Scharfenschloß und das Lautertal mit Donzdorf gelangt man zum 701 Meter hohen Hohenstein mit Blick ins Filstal. Das rote Dreieck führt nun auf einem Zickzackweg durch den Wald hinunter zum Bahnhof *Gingen* an der Fils. Man überquert nun die Bahn, geht am Bahnhof weiter und hält etwas später rechts, um durch die nächste Unterführung wieder auf die andere Seite der Gleise zu kommen. Nach der Bahn wendet man sich nach links und an der nächsten Gabelung wieder rechts. Auf einem Forstweg, der durch den Wald am Hang des Marren entlangführt und den Wanderweg von Süßen her kreuzt, kehrt man an einem Wanderparkplatz vorbei zum Ausgangspunkt Donzdorf zurück. Durch ein Neubaugebiet erreicht man die Ortsmitte.

17 Donzdorf – Scharfenschloß – Tegelberg – Geislingen

Verkehrsmöglichkeiten Bahn bis Göppingen, dann Bus bis Donzdorf, Bahn ab Geislingen.
Parkmöglichkeiten In Donzdorf oder beim Scharfenhof.
Wegmarkierungen Blaues Dreieck bis Kuchalb, rotes Dreieck bis Hohenstein, rote Raute bis Geislingen.
Tourenlänge 13 km.
Wanderzeit 3½ Stunden.
Höhenunterschiede Insgesamt etwa 500 m, 300 m Aufstieg zum Hohenstein, 200 m Abstieg vom Tegelberg.
Wanderkarten 1:50 000 Blatt L 7324 Geislingen/Steige.
Anmerkung Wer in Donzdorf parken will, kann nach dem Abstieg vom Tegelberg durch das Längental (rote Raute) über die Kuchalb wieder über den Scharfenhof zurückkehren, es sind dann nochmals 500 m Höhenunterschied und 5 Kilometer mehr.
Wissenswertes Donzdorf war der Hauptort des Rechbergischen Besitzes; es lag an einer Römerstraße; Marktplatz mit Brunnen, Schloß und Kirche. Die Kuchalb gehörte als »Alm« zu Kuchen. Bei der Traufwanderung immer wieder schöne Ausblicke. Geislingen liegt an der alten Straße vom Rhein zum Mittelmeer. Die Bahnführung der »Geislinger Steige« ist weltbekannt. Sehenswerte Altstadt; bedeutende Industrien.

B 466
Lauter
DONZDORF
N
Scharfenhof
Ruine Scharfenberg
Hohenstein
Kuchalb
Klepper-felsen
Längental
Tegelberg
Kuchen
Kuhfelsen
Berghof
P
P
Altenstadt
Fils
Geislingen an der Steige
0
0,5
2 km

Tourenbeschreibung Von der *Donzdorfer* Ortsmitte führt ein mit blauem Dreieck markierter Albvereinsweg auf der steilen, asphaltierten Fahrstraße durch den Marrenbergwald hinauf zum Scharfenhof. Man umwandert auf der Straße den Scharfenberg (die spätgotische und Renaissance-Ruine *Scharfenschloß* ist für Kunstfreunde als Abstecher lohnend; keine Aussicht). Wenn man die Höhe erreicht hat, hält man kurz vor dem Weiler Kuchalb bei einem Bildstock am Waldrand rechts und wandert an dem Aussichtspunkt »Meierhalde« vorbei zum *Hohenstein* (701 m), der wieder Ausblicke bietet. Um den Bergsporn herum folgt man dem mit roter Raute bezeichneten Wanderweg am Waldrand und Bergtrauf entlang. Am Klepperfelsen vorbei bleibt man immer auf dem Traufweg, macht dann durch den Wald einen Bogen nach rechts zur Nordwestecke des Tegelbergs, genießt beim Weiterweg vom Kuhfelsen wieder eine schöne Aussicht und kommt dann – links liegt der Berghof – über Wiesen an die Südwestecke des Berges. Bei der Hütte bietet sich noch einmal eine schöne Aussicht.

Bald danach steigt der Zickzackweg durch den Wald – am unteren Hang an einem Parkplatz vorbei – nach *Geislingen* ab. Vor der Bahnlinie hält man links bis an den Anfang des Längentals und geht dann rechts durch die Unterführung, an den Fabriken vorbei, über die Eyb und parallel zur Bahn an den Geislinger Bahnhof. Zur Altstadtbesichtigung muß man am Bahnhof noch

Zu Tour 20, 29 **Wallfahrtskirche und Kapuziner-Kloster Ave Maria in Deggingen**
(Foto: Bürgermeisteramt Deggingen)

etwas weiter und dann nach rechts zur Stadtmitte gehen. Zurück nach Donzdorf braucht man nicht über die Bahn, sondern wandert das Längental aufwärts, im Haupttal bei dem dritten Seitental links (rote Raute) und dann auf die Höhe zur Kuchalb und über den Scharfenhof nach Donzdorf.

18 Geislingen – Ödenturm – Helfenstein – Felsental – Eybach – Geislingen

Verkehrsmöglichkeiten Bahn bis Geislingen.
Parkmöglichkeiten Straßen in der Umgebung des Bahnhofes.
Wegmarkierungen Gelbes Dreieck zum Ödenturm, roter Dreiblock bis Eybach, rote Raute bis Geislingen.
Tourenlänge 11 km.
Wanderzeit 3 Stunden.
Höhenunterschiede Insgesamt 800 m; steiler Aufstieg, 170 m zum Ödenturm, 60 m ansteigend, 40 m fallend, fast 200 m steil ins Felsental Abstieg, 145 m Aufstieg steil zum Himmelfels, 185 m steiler Abstieg vom Anwandfels nach Geislingen.
Wanderkarten 1:50 000 Blatt L 7324 Geislingen/Steige.
Wissenswertes Geislingen wurde im 12. Jahrhundert von den Grafen von Helfenstein gegründet. 1396 an Ulm verkauft, 1802 bayerisch und 1810 württembergisch. Sehenswert: Stadtkirche (spätgotische Pfeilerbasilika), Bauhof mit Heimatmuseum, »Alter Zoll«. Der Ödenturm stammt aus dem 15. Jahrhundert und war ein Wachtturm. Die Burg Helfenstein wurde im 11. Jahrhundert von den Grafen von Helfenstein gebaut und mit Geislingen an Ulm verkauft. Später wurde sie von den Ulmern geschleift. Das Eybachtal hat seinen Namen nach den Eiben, die hier häufiger sind als sonst. Eybach besitzt ein Schloß der Herren von Degenfeld von 1768. Die spätgotische Kirche wurde 1870 verändert.
Tourenbeschreibung Vom Geislinger Bahnhof folgt man nach links der Straße entlang der Bahn zur Geislinger Steige. Nach einem knappen Kilometer unterquert man die Gleise und steigt auf einem mit gelbem Dreieck markierten Weg steil durch den Wald zum *Ödenturm.* Nahezu eben verläuft nun der Weg mit dem gelben Dreieck nach *Weiler ob Helfenstein.*

Ein roter Dreiblock leitet von dort zur *Ruine Helfenstein.* Von der Ruine kehrt man auf dem selben Weg nach Weiler zurück

und hält dann in der Ortsmitte links. Der rote Dreiblock führt nun weiter auf der Landstraße zum *»Himmelreich«*. Zwei Hochspannungsleitungen kennzeichnen die Einmündung eines Feldwegs in die Landstraße. Hier hält man links und folgt bei einer Wegkreuzung kurz vor dem Waldrand dem Weg geradeaus in Richtung Eybach. Der rote Dreiblock folgt dem Feldweg scharf links, dann, vor dem Steilabstieg, scharf rechts in den Wald. Der Abstieg ins *Felsental* verläuft steil auf einem Fußpfad, ehe man im Tal selbst wieder auf einen Fahrweg trifft. Vorn am *Eybachtal* bei einem Wanderparkplatz hält man rechts und erreicht über die Mühlbachstraße die Ortsmitte von *Eybach*. Bis zu einem Fabrikkomplex folgt man der Hauptstraße talaufwärts und steigt dann nach links der roten Raute nach bergan. An einem Ringwall gabeln sich die Wege mit der roten Raute. Hier hält man links und kommt durch den Wald, immer am Trauf entlang, zum *Drehfels* und *Anwandfels*. Beim steilen Abstieg kreuzt man zweimal die Straße Geislingen – Stötten und erreicht dann die Straße ins Eybachtal. Auf deren Gehweg unterquert man die Bahn und kehrt, links haltend, an den Bahnhof Geislingen zurück.

19 Oberböhringen – Ramsfels – Hausener Fels – Oberböhringen

Verkehrsmöglichkeiten Bus ab Geislingen.
Parkmöglichkeiten Wanderparkplatz am Ortseingang Oberböhringen.
Wegmarkierungen Rundwanderweg 4 u. teilweise rote Raute.
Tourenlänge 8 km.
Wanderzeit 2 Stunden.
Höhenunterschiede Etwa 100 m insgesamt, kaum merklich.
Wanderkarten 1:50 000 Blatt L 7324 Geislingen/Steige.
Anmerkung Vom Berghaus St. Michael aus kann man auch einen Abstecher auf den »Burren« machen, der durch Heide- und Waldgelände zu erreichen ist und eine schöne Rundumsicht ermöglicht. Es sind dann ungefähr 5 Kilometer mehr zu gehen.
Wissenswertes Auf dem Michelsberg finden sich noch einzelne Wälle (am Altenstadter Berg), so daß er vielleicht in vorgeschichtlicher Zeit befestigt war. Auf dem vorgelagerten Spitzenberg stand eine Burg, die aber im 14. Jahrhundert schon zerstört war. Zwischen »Jungfrau« und Hausener Fels ist ein Naturschutzgebiet mit seltenen Pflanzen.
Tourenbeschreibung Vom Parkplatz am Ortseingang *Oberböhringen* geht man zunächst in den Ort und dann die Straße nach rechts ab (Rundwanderweg, rote Raute). Nach den ersten Häusern kann man einen Abstecher zum Wasserbehälter machen, der einen schönen Blick, manchmal bis zu den Alpen, bietet. Man kehrt zum Wanderweg zurück und wandert auf dem Sträßchen weiter bis zum Waldrand. Hier biegt man auf dem Feldweg links ab und geht am Trauf nach rechts zum Ramsfelsen, die rote Raute führt am Ende des Sträßchens am Bergsporn entlang im Bogen zum Ramsfels.

Vom Felsen hat man den Ausblick ins Filstal, auf die gegenüberliegenden Albberge und bis zu den Kaiserbergen. Vom Ramsfelsen wandert man zurück und nun immer am Waldrand entlang, teilweise fast ohne Weg (Rundweg 2 und 4), bis man bei einem Skilift kurz vor der Straße nach links zur Straße hinaufgeht (von hier aus verläuft der Weg auf den Burren zunächst der

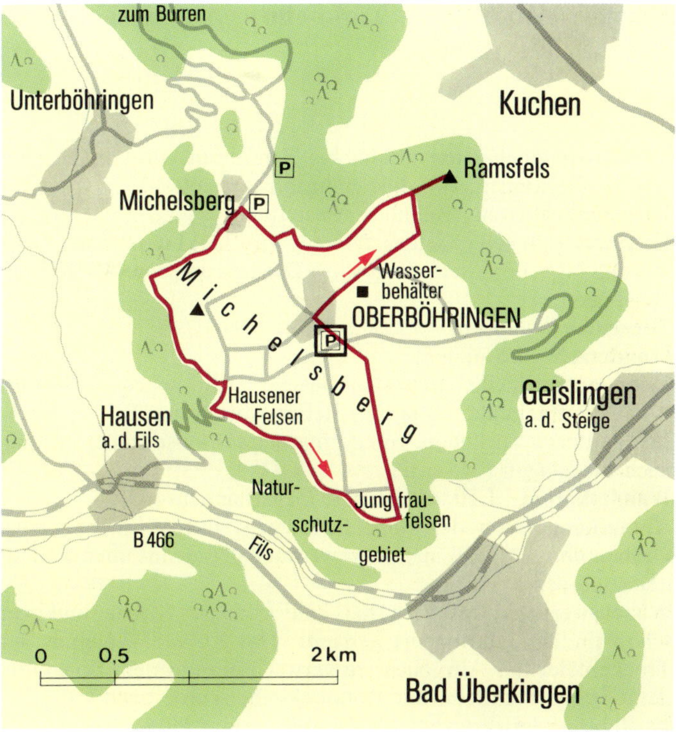

Straße nach und, bevor sie absteigt, nach rechts über den Kuchberg zum Burren). Auf der Straße geht am man Parkplatz mit der Wandertafel vorbei und hält gleich beim nächsten Feldweg (Markierung am Masten) rechts. Man ist nun wieder auf dem Traufweg. Gut 200 Meter nach der Bergecke, die man nach links umgeht, ist links oben der höchste Punkt des Michelsbergs mit 750 Metern. Von dort aus hat man wieder eine sehr schöne Fernsicht. Auf dem Traufweg wandert man nun bis zum Hausener Felsen mit einer Grillstelle. Der Blick auf das obere Filstal ist sehr reizvoll. Immer am Trauf entlang führt der Weg nun zur südlichsten Ecke des Michelsbergs bei der *»Jungfrau«*. Auch hier gibt es wieder Aussichtsbänke und einen sehr hübschen Blick ins Tal und über die Albhochfläche. Die Felsengruppen hier sind besonders schön. Man geht am Trauf noch ganz kurz abwärts und wählt dann einen kerzengeraden Feldweg, der bis zu einem Hof führt. Hier biegt er nach links und erreicht die Hauptstraße mit dem Parkplatz.

20 Amstetten – Türkheim – Aufhausen – Deggingen

Verkehrsmöglichkeiten Bahn bis Amstetten, Bus ab Deggingen bis Geislingen, von dort Bahn bis Amstetten.
Parkmöglichkeiten Bahnhof Amstetten.
Wegmarkierungen Gelbes Dreieck bis Türkheim, ohne Markierung bis Aufhausen, dann rotes Dreieck und rote Raute nach Deggingen.
Tourenlänge 16 km.
Wanderzeit 4 Stunden.
Höhenunterschiede Insgesamt 465 m; leicht ansteigend (90 m) bis zur Paffenhalde, 60 m teils steiler Abstieg ins Tal, 70 m ansteigend nach Türkheim, von Aufhausen teilweise steiler Abstieg nach Deggingen (245 m).
Wanderkarten 1:50 000 Blatt L 7524 Blaubeuren.
Anmerkung Von der Burg Bühringen sind nur noch einige Gräben übrig, so daß man hier eventuell geradeaus über die Felder abkürzen kann.
Wissenswertes Amstetten hat eine gotische Kirche und war schon im 13. Jahrhundert genannt. Das Lohntal ist eines der Trockentäler der Alb. Nicht zu verwechseln mit dem Lonetal in der Ostalb. Türkheim mit Rokokokirche wurde auch schon im 12. Jahrhundert erwähnt. Aufhausen, schon im 9. Jahrhundert bekannt, war wie Türkheim ulmisch. Die Burg Bühringen wurde im Bauernkrieg 1525 zerstört.
Tourenbeschreibung Vom Bahnhof *Amstetten* wandert man nach rechts über die Gleise in den Ort Amstetten auf der Straße. Im Dorf hält man sich zunächst in Richtung Merklingen – Nellingen und findet gelegentlich ein gelbes Dreieck. An einem gußeisernen Brunnen vorbei geht man auf der Nellinger Straße und kommt dann zu einem Wegzeiger »Lohntal – Türkheim – Geislingen«, der nach rechts auf einen Teerweg zum Waldrand weist. Bei einem Hochsitz führt die Markierung halbrechts abwärts, dann gleich wieder an der Wiese ein kurzes Stück nach links und bei Eintritt in den Wald nach rechts abwärts.

Man erreicht gut markiert die Talsohle, wendet sich hier talaufwärts nach links und folgt auf dem Talweg weiter dem gelben Dreieck »Vögelestal – Türkheim«. Man wandert in diesem, noch nicht mit Bäumen zugepflanzten Tal aufwärts, bis der Weg nach rechts an einen Wanderparkplatz führt. Hier folgt man dem Teersträßchen nach rechts bis *Türkheim.*

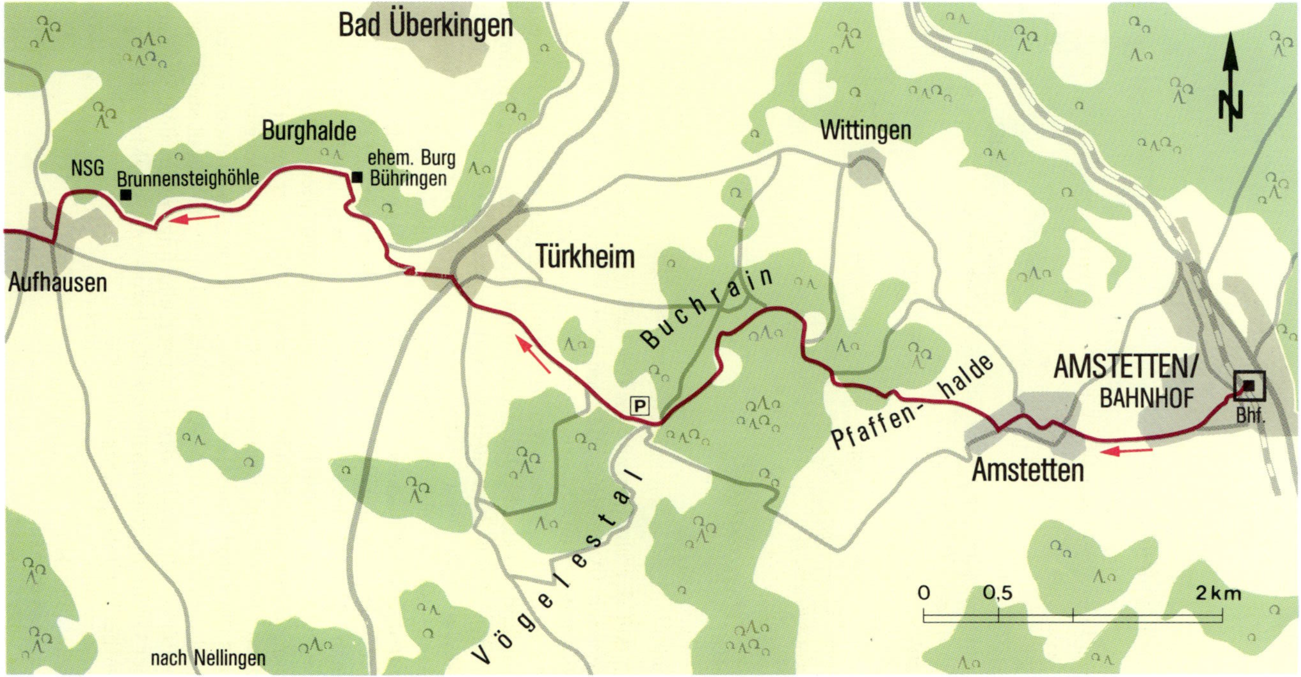
N
Bad Überkingen
Burghalde
NSG
Brunnensteighöhle
ehem. Burg
Bühringen
Wittingen
Türkheim
Aufhausen
Buchrain
Pfaffen-
halde
P
AMSTETTEN/
BAHNHOF
Bhf.
Amstetten
Vögelestal
nach Nellingen
0
0,5
2 km

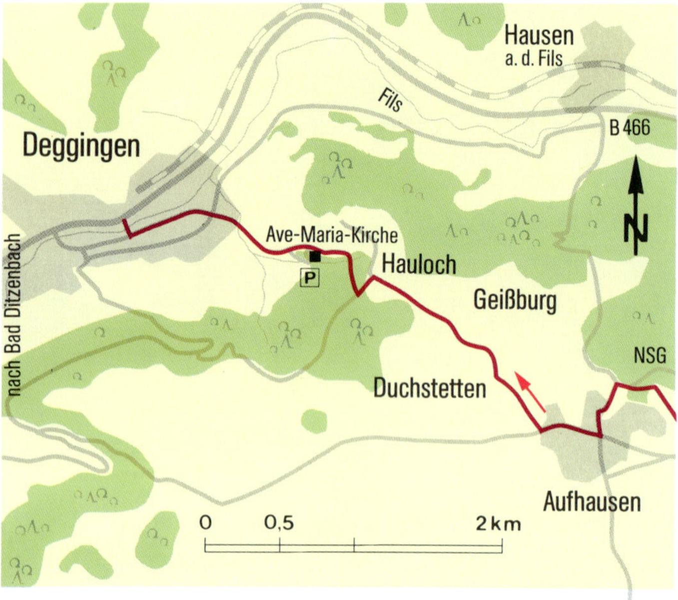

Auf der Hauptstraße im Ort hält man links in Richtung Ditzenbach, Aufhausen. Bei den letzten Häusern weist halbrechts ein Wegzeiger »Bühringen – Berneck« zwischen Hecken hindurch an den Trauf. Am Trauf entlang geht man den Feldweg vor und bei der Schluchtspitze entweder, wenn man Bühringen nicht sehen will, geradeaus, sonst um die Spitze herum den Fußweg am Trauf weiter bis zu den Gräben der Burg. Man wandert dann, wieder auf den Randweg zurückgegangen, weiter am Trauf mit Ausblicken ins Tal. Man trifft dann auf die »Aufhauser Steig«, die von Bad Überkingen kommt, einen Feldweg, dem man auf die Höhe folgt. An einem Sportplatz, an Hütten vorbei, erreicht man einen Parkplatz mit schönen alten Bäumen. Auf der »Böhmerwaldstraße« geht man in den Ort in der Richtung nach Ditzenbach. Rechts folgt man dann dem »Degginger Weg« und der roten Raute »Ave Maria – Deggingen« auf einem Teerweg durch die Felder. Am Waldrand und Steilabfall steigt man halblinks ab, kreuzt den Hangweg und folgt rechts dem Weg an der Dreifaltigkeitskapelle und der barocken »Ave-Maria-Kirche« vorbei nach *Deggingen.*

21 Machtolsheim – Langes Tal – Kleines Lautertal – Herrlingen

Verkehrsmöglichkeiten Bahn bis Ulm, Bus bis Machtolsheim oder Bahn bis Amstetten; Bahn oder Bus von Herrlingen nach Ulm
Wegmarkierungen Ab Langem Tal gelbe Raute bis Lautern, dann rote Raute bis Herrlingen.
Tourenlänge 22 km.
Wanderzeit 6 Stunden.
Höhenunterschiede Insgesamt 220 m; von Machtolsheim Abstieg ins Lange Tal, dann der Talsohle nach sinkend.
Wanderkarten 1:50 000 Blatt L 7524 Blaubeuren.
Anmerkung Von Lautern aus kann man entweder den Talweg nach Herrlingen gehen oder der roten Raute folgend am Hang über Oberherrlingen nach Herrlingen wandern. Einkehrmöglichkeiten: Machtolsheim, Lautern und Herrlingen.
Wissenswertes Machtolsheim mit romanischer Kirche war schon im 13. Jahrhundert bekannt. Es hat einen Wasserturm mit Aussichtsplattform und umfassender Aussicht bis zu den Alpen. Das kleine Lautertal ist bis Lautern ein Trockental, erst in Lautern (romanischer Kirchturm, Renaissancekirche) sprudelt die Lauterquelle, Herrlingen wurde schon im 12. Jahrhundert genannt und hat eine klassizistische Kirche.
Tourenbeschreibung In *Machtolsheim* geht man von der Bushaltestelle aus den Wegzeigern »Märchengarten« nach. Auf einem Teerweg kommt man zum Parkplatz am Märchengarten und steigt hier vollends ins Tal hinunter. Beim Garten wendet man sich nach links und geht den Weg talwärts bis zum Damm der Straße Machtolsheim – Berghülen. Diesen umgeht man nach links der gelben Raute folgend. Nach der Straße findet man den Wegzeiger *»Langes Tal«* und die gelbe Raute. Man wandert nun weiter talwärts; nach etwa zwei Kilometern zweigt rechts der Weg nach Bühlenhausen ab, kurz danach nach links der nach Nellingen. Das Tal ist leider mit Fichten ziemlich zugepflanzt, so daß es nicht mehr so lieblich ist wie früher.

Auf einem Forstweg kommt man dann am »Hübschen Stein« vorbei. Bald danach kreuzt man den geteerten Fahrweg von Treffensbuch nach Bermaringen. (Wer einkehren will, kann nach rechts einen Kilometer nach Treffensbuch hinaufsteigen.) Der Wanderweg mit der gelben Raute führt weiter die Windungen des Tals entlang abwärts bis zur Abzweigung der Tobelhalde, wo das gelbe Dreieck nach Bühlenhausen weist. Hier

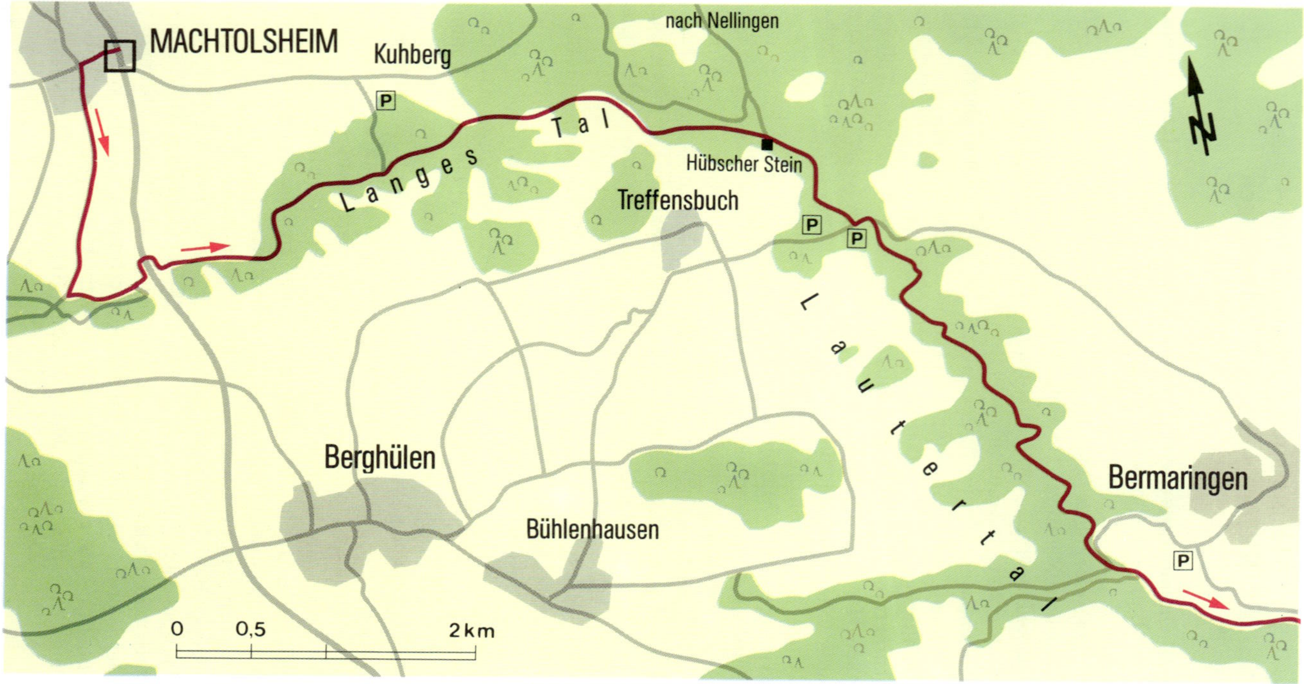
MACHTOLSHEIM
Kuhberg
nach Nellingen
P
Langes Tal
Hübscher Stein
Treffensbuch
P
P
Lautertal
Berghülen
Bühlenhausen
Bermaringen
P
0
0,5
2 km

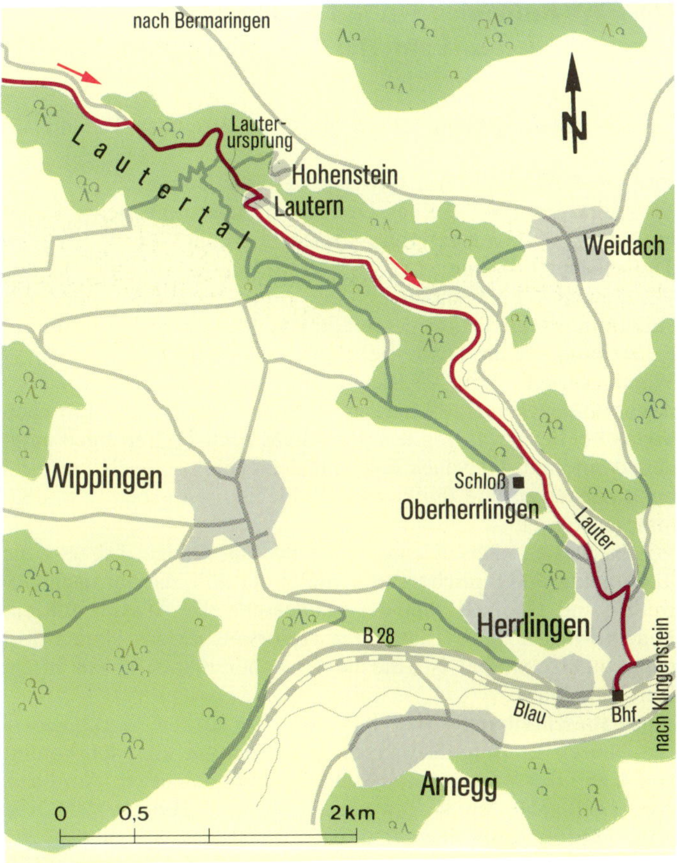

bleibt man auf dem Talweg, der unter dem rechten Brückenpfeiler der Straßenbrücke (Pischeckbrücke) Bermaringen – Asch hindurch verläuft. Nach etwa zwei Kilometern kommt von links oben der Fahrweg von Bermaringen nach Lautern. Man kann nun auf diesem nach Lautern gehen.

In Lautern muß man, wenn man über Oberherrlingen will, vor den ersten Häusern über den Steg nach rechts dem roten Dreiblock folgen; am Hang trifft man auf die rote Raute, die nach links nach Oberherrlingen weist. Oder man geht durch den malerischen Ort und wendet sich bei der Mühle an der Wippinger Steige nach rechts über die Lauter und wandert am jenseitigen Hang den Talweg abwärts gegenüber dem Kieswerk nach Herrlingen.

22 Bühlenhausen – Tobelhalde – Kleines Lautertal – Bühlenhausen

Verkehrsmöglichkeiten Bahn bis Ulm, Bus nach Bühlenhausen.
Parkmöglichkeiten Am Ortsrand von Bühlenhausen.
Wegmarkierungen Gelbes Dreieck bis Lautertal, gelbe Raute bis Langes Tal, gelbes Dreieck nach Bühlenhausen.
Tourenlänge 13 km.
Wanderzeit 3½ Stunden.
Höhenunterschiede Insgesamt 260 m; Abstieg ins Lautertal 112 m, Anstieg auf die Heide bei Bühlenhausen 148 m.
Wanderkarten 1:50 000 Blatt L 7524 Blaubeuren.
Anmerkung Eine Abkürzung ist schon vor dem »Hübschen Stein« bei der Kreuzung des Sträßchens nach Treffensbuch möglich. Man kann hier nach links auf dem Teerweg nach Treffensbuch aufsteigen und direkt nach Bühlenhausen gehen. Zwei Kilometer kürzer.
Wissenswertes Das Kleine Lautertal, das Lange Tal und die Tobelhalde sind typische Trockentäler der Alb, die nur nach Unwetter und eventuell bei der Schneeschmelze Wasser führen. Leider wurden diese Täler oft aufgeforstet, da das Heuen dort nicht mehr rentabel ist. Sie haben daher manches von ihrem Reiz eingebüßt.
Tourenbeschreibung Man fährt von der Straße Merklingen – Blaubeuren in Berghülen nach *Bühlenhausen* ab oder kommt von Ulm über Wippingen – Asch nach Bühlenhausen. Am Ortsrand stellt man den Wagen ab. An der Kreuzung in der Ortsmitte geht man die Daunerstraße ortsauswärts. Sie geht als geteerter Feldweg geradeaus weiter bis zu einer Scheuer am Waldrand. Hier weist das gelbe Dreieck nach rechts in den Wald talwärts zur Tobelhalde.

In einem Bogen erreicht man dann das Tal und bleibt auf der linken Seite bis zur Einmündung der *Tobelhalde* ins Lautertal. Rechts aus einem Seitental kommt die Straße von Asch nach Bermaringen herunter. Kurz vor der Pischeckbrücke, auf der die Straße das Tal überquert, erreicht man die Talsohle des *Lautertals.*

Hier findet man die gelbe Raute, der man nach links talaufwärts folgt. Man wandert durch die Kurven des Tales und gelangt nach drei Kilometern an den Teerweg von Bermaringen nach Treffensbuch. Hier kann man diesem nach links aufwärts folgen und über Treffensbuch (Einkehrmöglichkeit) direkt nach

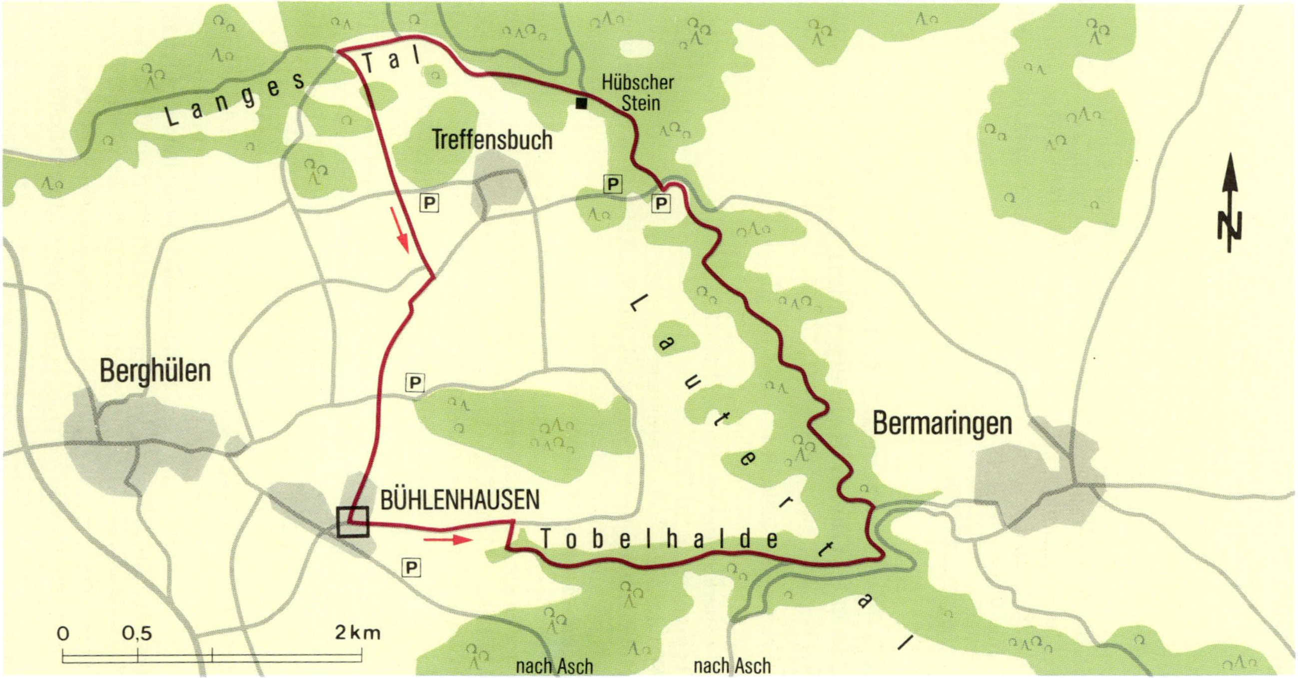

Langes Tal
Hübscher Stein
Treffensbuch
P
Lautertal
Berghülen
Bermaringen
BÜHLENHAUSEN
Tobelhalde
nach Asch
nach Asch
N
0
0,5
2 km

Bühlenhausen gehen. Der Wanderweg führt aber im Tal weiter. Am *Hübschen Stein* wählt man den Fußweg nach links, der von hier ins *Lange Tal* mit gelber Raute abzweigt. Nach etwa einem Kilometer trifft man auf das gelbe Dreieck Nellingen – Blaubeuren.

Zunächst bleibt man noch kurz im Tal und steigt dann scharf links auf die Höhe. Bei der Gabelung am Hang verläuft der markierte Weg geradeaus und führt – Hauptrichtung geradeaus –, Feldwege kreuzend, an einem Pferdehof mit Felsbrocken und an Obstbäumen vorbei auf die Straße. Auf dieser geht man nach Bühlenhausen zurück.

23 Blaubeuren – Gerhausen –Erstetten – Oberer Kuhberg (Ulm)

Verkehrsmöglichkeiten Bahn bis Blaubeuren, Ortsverkehr ab Oberer Kuhberg bis Ulm.
Wegmarkierungen Rotes Dreieck.
Tourenlänge 16 km.
Wanderzeit Etwa 5 Stunden.
Höhenunterschiede Insgesamt 240 m; Aufstieg in Serpentinen 160 m, unmerklicher Abstieg 80 m.
Wanderkarten 1:50 000 Blatt L 7724 Ulm.
Anmerkung Abkürzungen unterwegs nach Eggingen, in Allewind auch nach Grimmelfingen (Ortsverkehr mit Ulm) möglich. Unterwegs keine Einkehrmöglichkeit (Rucksackvesper).
Wissenswertes Blaubeuren (1 km vom Bahnhof entfernt) mit Blautopf, Kloster mit berühmter Kirche und spätgotischem Altar von Gregor Erhart. Felsgruppen am Talrand, gegenüber von Gerhausen Rusenschloß (Ruine). Das »Hochsträß« von Ulm über Allewind am südlichen Albrand war bereits ein vorrömischer Weg. Oberer Kuhberg mit Radarstation und Bauten der Universität Ulm. Ulmer Münster mit dem höchsten Kirchturm der Welt.
Tourenbeschreibung Vom Bahnhof *Blaubeuren* folgt man dem Wanderwegzeiger »Gerhausen – Ulm« nach rechts über die Eisenbahnbrücke. Auf der Bundesstraße zweigt man in *Gerhausen* am Turnhallenweg bei den ersten Häusern rechts ab, geht die Heimstättenstraße vor, dann rechts aufwärts (Öschlestraße, Bühlstraße). Aus der Talsenke heraus steigt der Feldweg aufwärts; stellenweise verläuft er neben der Materialrollbahn des

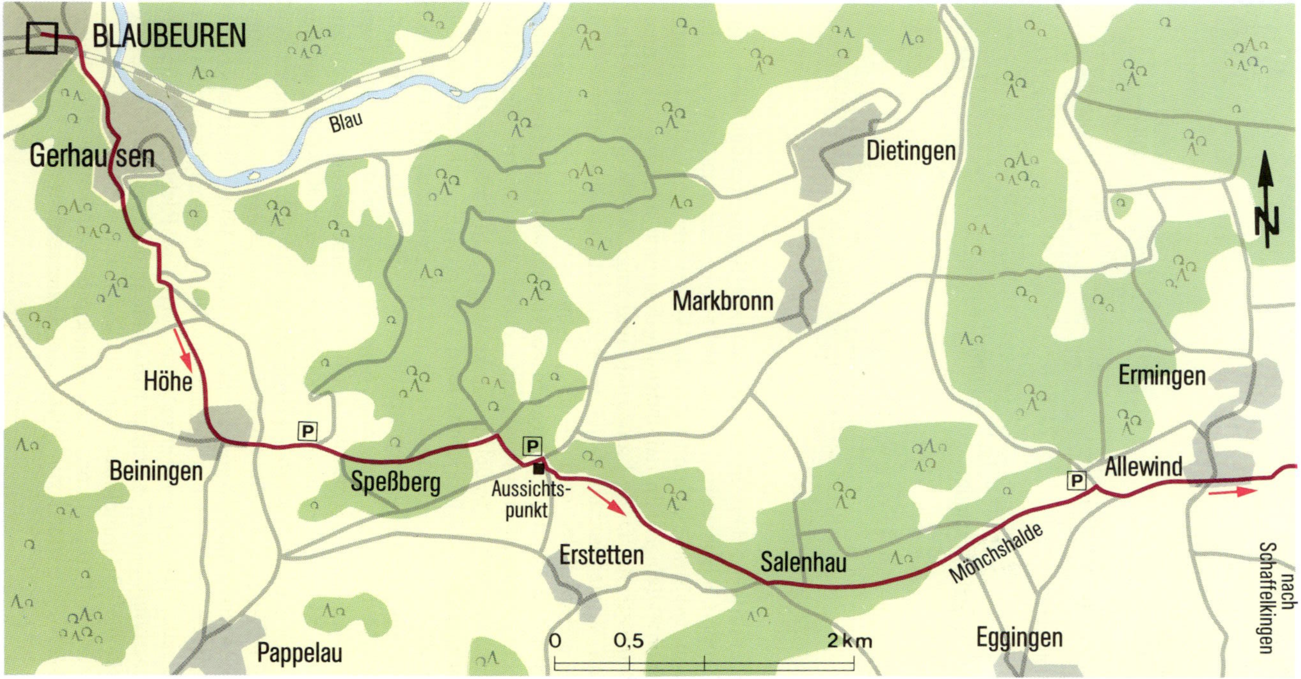
BLAUBEUREN
Gerhausen
Blau
Dietingen
Markbronn
Höhe
Beiningen
Speßberg
Aussichts-
punkt
Erstetten
Salenhau
Mönchshalde
Allewind
Ermingen
Eggingen
Pappelau
nach
Schaffelkingen
0
0,5
2 km
N

Steinbruchs. Der letzte Anstieg zur Straße erfolgt über eine Treppe. Nach etwa 100 Metern zweigt der Wanderweg rechts von der Straße ab und führt am Wasserbehälter vorbei hinunter nach *Beiningen*. In der Ortsmitte hält man links bis zur Umgehungsstraße. Diese kreuzt man und folgt zum Wanderparkplatz am Skilift bis zum Wald. Hier benützt man den Forstweg am Speßberg links (nun wieder gut mit rotem Dreieck markiert). Nach der Waldwiese vor dem »Gemeindewald« hält man rechts, beim Waldaustritt tut sich eine schöne Aussicht auf. Beim Auftreffen auf die Straße kurz links halten, am Parkplatz dann wieder rechts der Markierung nach weitergehen. Auf dem Feldweg am Waldrand entlang bleiben (schöne Aussicht), dabei immer links halten (markiert). Bei der Gabelung rechts aufwärts, nach 200 Metern nach rechts aus dem Wald auf die Wiese treten, am Waldrand links weiterwandern. Man bleibt immer geradeaus auf dem Forstweg im oberen Salenhau bis zur Kreuzung an der Hochspannungsleitung, geht dann an der Schranke vorbei den markierten Weg am Rand der Anhöhe (Römerstraße) bis zum Rastplatz und Sportplatz. Auf der Höhe führt der bezeichnete Weg weiter immer geradeaus am nächsten Sportplatz vorbei zur Straße. Dieser folgt man nach rechts in Richtung Ermingen, nach dem *Weiler Allewind* trifft man an der Kurve bei der Linde auf die »Südrandlinie« Ulm.

Beim Parkplatz mit dem Steinkreuz schlägt man den oberen Teerweg parallel zur Straße am Hang entlang ein (markiert), geht geradeaus zum Rastplatz und weiter den Feldweg bis zum Waldrand. An diesem bleibt man oberhalb der Römerhöfe bis zur letzten Waldecke, weiter in Richtung zum Sendemast. Die Bushaltestelle *»Oberer Kuhberg«* liegt wenige Meter abwärts in einer Wendeschleife.

24 Lorch – Wäscherschlößle – Maitis – Hohenstaufen – Wäschenbeuren – Lorch

Verkehrsmöglichkeiten Bahn bis Lorch.
Parkmöglichkeiten Am Bahnhof Lorch.
Wegmarkierungen Blauer Balken bis Wäscherschlößle, blauer Punkt bis Maitis, blauer, dann roter Balken nach Wäschenbeuren, blaues Kreuz und blauer Balken bis Lorch.
Tourenlänge 19 km.
Wanderzeit Gut 5 Stunden.
Höhenunterschiede Insgesamt 840 m, davon fast 300 m steiler Aufstieg.
Wanderkarten 1:50 000 Blatt L 7324 Geislingen/Steige.
Anmerkung Die Wanderung kann auch vom Wanderparkplatz am Wäscherschlößle aus gemacht und nach Belieben gekürzt werden.
Wissenswertes Lorch liegt an der Stelle eines Römerkastells am Limes; das Kloster steht an der Stelle einer staufischen Burg, die Friedrich von Schwaben 1102 als Kloster gestiftet hat. Die Ruinen des Wäscherschlößles stammen aus dem 13. Jahrhundert. Friedrich von Büren baute die Burg auf dem Hohenstaufen und nahm ihren Namen an. Kaiser Barbarossa war 1181 auf dieser Burg und Königin Irene, die im Kloster Lorch begraben liegt, starb auf dem Hohenstaufen an der Geburt eines Kindes. Durch Herzog Karl Alexander, der auf dem Hohenstaufen eine Festung bauen wollte, wurde die Burg zerstört.

Tourenbeschreibung Vom Bahnhof *Lorch* folgt man dem mit rotem Balken bezeichneten Wanderweg »Oberkirneck – Hohenstaufen HW 7« nach rechts, geht auf dem Fußsteg vor der Mädchenschule über die Rems und findet beim Aufstieg gut bezeichnet die Überführung über die Umgehungsstraße. Man kreuzt, wieder gut bezeichnet, zweimal die Straße nach Göppingen und kommt durch den Wald nach *Oberkirneck*. Der rote Balken

LORCH
Bhf.
Rems
B 29
B 297
Ziegelwald
B 29
Unterkirneck
Oberkirneck
Schnellhöfle
Hetzenhof
Beutenhof
Beutental
Beutenbach
Lindenbronn
Wäscher-
schlößle
Wäscher hof
P
Wäschenbeuren
Maitis
P
P
P
0
0,5
2 km
Hohenstaufen
nach Eislingen

führt uns dann auf einer asphaltierten Straße an Lindenbronn vorbei zum Wäschenbeurener Ortsteil Wäscherhof. Am Gehöft vorbei führt der Wanderweg links zum *Wäscherschlößle*. Durch den Wanderparkplatz hält man rechts und geht auf dem markierten Wanderweg (roter Balken »Hohenstaufen«) durch den Wald. Nach steilem Abstieg überquert man das asphaltierte Fahrsträßchen und kommt am Waldrand an den Beutenbach. Durch ein kurzes Waldstück verläuft der Weg hinauf nach *Maitis*. An der Kirche vorbei durchquert man die Ortschaft in Richtung Bahnhof. An der Einmündung in der Straße zum Bahnhof hält man jedoch rechts und überquert die alte Bahnstrecke Göppingen – Schwäbisch Gmünd. Der teilweise geteerte Fußweg führt nun steil bergauf und kreuzt immer wieder die Fahrstraße, die sich in Kehren hinaufwindet.

Beim Sportplatz und einer Albvereinshütte gelangt man dann nach *Hohenstaufen*. An neuen Wohnhäusern vorbei steigt der Wanderweg weiterhin steil hinauf bis an den Waldrand am Fuß des Hohenstaufen. Hier hat man nun die Wahl, ob man dem steilen Weg auf den 684 Meter hohen Kaiserberg folgt, oder ob man auf einem bequemeren Weg den Berg umrundet und so mit weniger Steigung den Gipfel erreicht. Die vor Jahren restaurierte Burganlage und der Rundblick lohnen den Aufstieg. Vom Hohenstaufen steigt man dann in den gleichnamigen Göppinger Stadtteil hinunter. Nun weist ein roter Balken den Wanderer auf die Fahrstraße in Richtung Birenbach. Am Waldrand verläßt

Zu Tour 24 **Wäscherschloß** (Foto: Ulrich Rund)

Zu Tour 21 **Schloßkapelle in Oberherrlingen**
(Foto: Bürgermeisteramt Blaustein)

man die Fahrstraße und folgt einem mit blauem Balken gekennzeichneten Fußweg durch den Wald. Im Wald gabelt sich dann der markierte Wanderweg, doch beide Markierungen mit dem blauen Balken führen hinunter nach Wäschenbeuren. Der rechte Weg führt am Ortsrand entlang gleich in Richtung Wäscherhof und Wäscherschlößle.

Am Wanderparkplatz vorbei führt der markierte Fußweg durch den Wald hinunter ins Beutental. An einer Mühle mit Gasthaus erreicht man das sonntags gesperrte Fahrsträßchen. Man folgt diesem auf der Blau-Kreuz-Markierung weiter talwärts.

Bei der Straßengabelung an der Beutenmühle hält man links und durchquert den *Beutenhof*. Nach etwa 500 Metern wechselt man wieder auf die andere Seite des Beutenbachs und folgt weiter dem Sträßchen am Waldrand des Knaupesbergs. Links oben kann man das Schnellhöfle erkennen. Bei der nächsten Straßengabelung hält man links und wandert am Waldrand entlang weiter, jetzt auf dem mit blauem Balken bezeichneten Wanderweg in Richtung Lorch. An der Mündung des Wolfsklingbachs in den Beutenbach überquert man zum letztenmal diesen Wasserlauf und verläßt das Tal. Das asphaltierte Sträßchen verläßt jetzt den

Ziegelwald oberhalb der Rems und unterquert nach etwa 500 Metern die neue Bundesstraße 29. Vorbei am Sportplatz Goldwasen erreicht man die ersten Häuser von Lorch. Der blaue Balken führt nun über die Rems zum Bahnhof an der Strecke Schwäbisch Gmünd – Stuttgart.

25 Hohenstaufen – Hohenrechberg – Schwäbisch Gmünd

Verkehrsmöglichkeiten Bahn bis Schwäbisch Gmünd, Bus bis Hohenstaufen.
Wegmarkierungen Roter Balken bis Rechberg, blauer Punkt nach Schwäbisch Gmünd, ab dort blauer Balken.
Tourenlänge 13 km.
Wanderzeit 4 Stunden.
Höhenunterschiede Insgesamt etwa 800 m, davon 250 m Aufstieg; 80 m auf den Hohenstaufen, 170 m auf den Rechberg.
Wanderkarten 1:50 000 Blatt L 7324 Geislingen/Steige.
Wissenswertes Hohenstaufen mit schöner Aussicht und Resten der Stauferburg; im Ort Hohenstaufen Barbarossakirche (spätgotisch). Die Burg Hohenrechberg mit romanischen und gotischen Bauteilen wurde 1865 durch einen Blitz zur Ruine. Die barocke Wallfahrtskirche auf dem Hohenrechberg – Kirchberg wurde 1688 gebaut. Schwäbisch Gmünd entstand wohl im 8. Jahrhundert, war freie Reichsstadt und ist bekannt durch die Gold- und Silberindustrie. Sehenswert das gotische Heiligkreuzmünster, die romanische Johanniskirche aus der Stauferzeit, die spätgotische, barock umgebaute Augustinerkirche, die Schranne, der Fünfknopfturm und die anderen Türme der Stadtmauer.
Tourenbeschreibung Vom Göppinger Stadtteil *Hohenstaufen* steigt man zunächst auf dem mit rotem Balken markierten Weg hinauf zur 684 Meter hohen ehemaligen Burg. Nach einem Rundblick wählt man den Abstieg dem roten Balken nach auf der Nordostseite in Richtung Maitis. Beim Wanderparkplatz trifft man auf die Fahrstraße, der man bis zum Parkplatz folgen muß. Über den Aasrücken verläuft dann der bezeichnete Wanderweg parallel zur Straße nach Gmünd rechts daneben. Nach einer Straßengabelung zieht sich der Fußweg mit dem roten Balken am Rand des Waldes entlang mit hübschem Blick ins Tal.

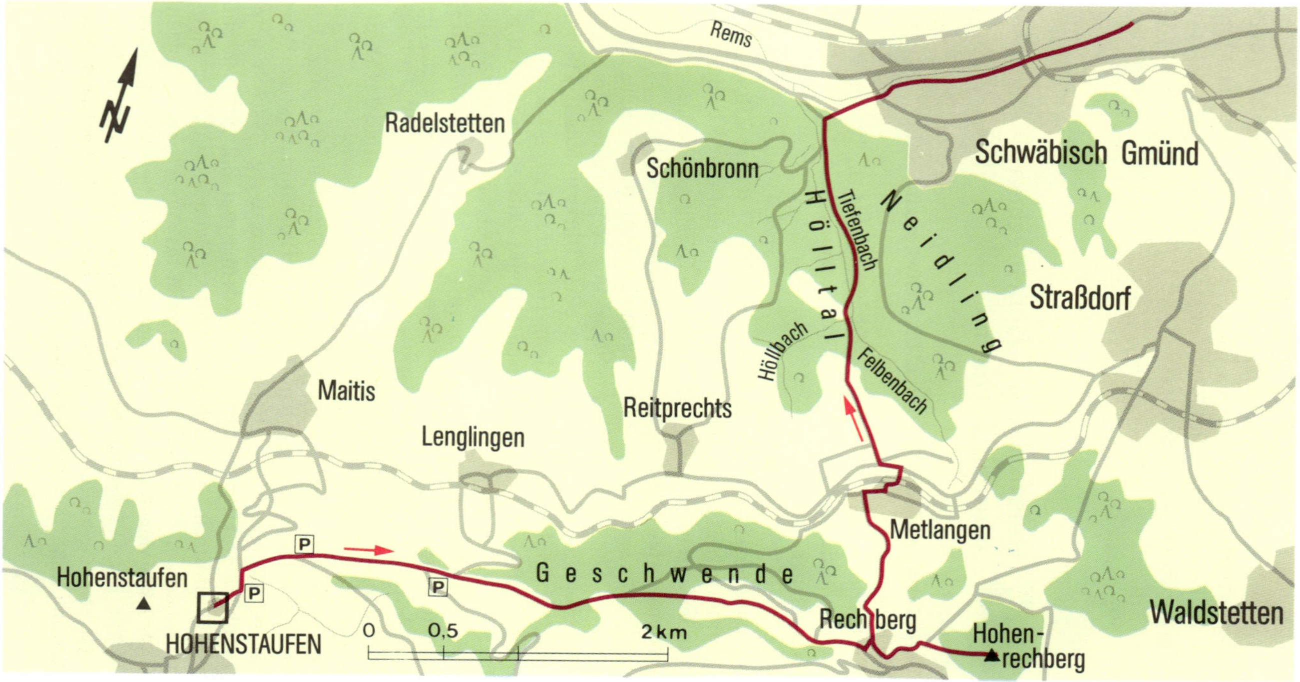

Rems
Radelstetten
Schönbronn
Schwäbisch Gmünd
Tiefenbach
Neidling
Hölltal
Straßdorf
Höllbach
Felbenbach
Maitis
Reitprechts
Lenglingen
Metlangen
Geschwende
Hohenstaufen
HOHENSTAUFEN
P
0
0,5
2 km
Rechberg
Hohen-
rechberg
Waldstetten

Ein kurzes Stück muß der Wald durchquert werden – an einer Wegkreuzung geradeaus bleiben –, ehe man nach Hinterweiler kommt. Hier steigt man links auf zur *Ruine Hohenrechberg* und von dort den Stationsweg zur Wallfahrtskirche auf dem Kirchberg. Um auf den Abstiegsweg zur gelangen, muß man wieder zurück zum Sattel vor der Ruine. Hier hält man rechts und wandert auf dem mit blauem Punkt markierten Weg, dem »geologischen Pfad«, nach *Schwäbisch Gmünd.* Über Metlangen führt der Wanderweg hinunter ins Hölltal. Beim Zusammenfluß von Felbenbach und Höllbach erreicht man das Tal, folgt dort dem Tiefenbach abwärts und gelangt auf einem Fahrweg an die Rems. Remsaufwärts, nach rechts, verläuft der Weg dem Fluß entlang bis unter der Eisenbahnbrücke hindurch. An der nächsten Straßenkreuzung verläßt man den Wanderweg mit dem blauen Balken, hält links und überquert auf einem Holzsteg die Rems. In wenigen Minuten erreicht man den Bahnhof. Zur Stadtbesichtigung bleibt man auf dem Weg mit blauem Balken und erreicht fast geradeaus die sehenswerte Stadtmitte.

26 Fuchsecksattel – Fuchseck – Wasserberg – Fuchsecksattel

Verkehrsmöglichkeiten Bahn bis Göppingen, Bus bis Gairenhof (Sattel).
Parkmöglichkeiten Parkplatz an der Kurve im Fuchsecksattel.
Wegmarkierungen Rotes Dreieck bis Fuchseck, blaues zum Abstieg, ohne Markierung, rotes Dreieck zum Wasserberg, Abstieg ohne Markierung.
Tourenlänge 9 km.
Wanderzeit Etwa 3 Stunden.
Höhenunterschiede Insgesamt 700 m, 180 m Auf- und Abstieg zum Fuchseck, dann 170 m Auf- und Abstieg zum Wasserberg.
Wanderkarten 1:50 000 Blatt L 7324 Geislingen/Steige.
Anmerkung Fuchseckhof und Wasserberghaus bewirtschaftet.
Wissenswertes Sowohl vom Fuchseck als auch vom Wasserberg hat man Aussicht auf Albvorland und Kaiserberge.
Tourenbeschreibung Vom Parkplatz an der Straße nach Reichenbach i. T. geht man über die Straße in den gesperrten Hohlweg, der am Berg rechts aufwärts verläuft. Gleich danach trifft man auf den mit rotem Dreieck bezeichneten Wanderweg (Alb-

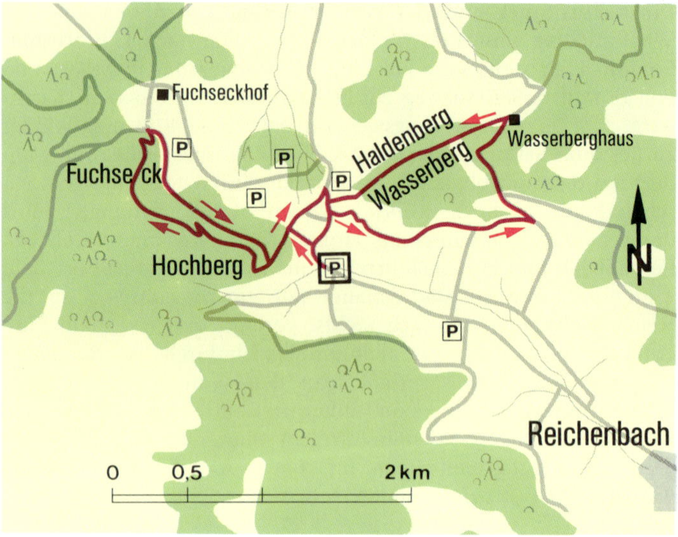

Nordrandweg), der vom Wasserberg zum Fuchseck führt. Ihm folgt man nach links auf dem Forstweg in den Wald. Beim Waldstück *»Weiße Mauer«* geht man noch geradeaus, kurz hinterher zweigt der Fußpfad scharf rechts bergauf – bezeichnet – ab. Man folgt immer der guten Markierung (rotes Dreieck), steigt später über Felsplatten im Zickzack und erreicht die Höhe mit den Aussichtsbänken am *Fuchseck.*

Von dort geht man ein kurzes Stück den gleichen Weg zurück und schlägt dann scharf links den Weg ein, der mit blauem Dreieck zum *Fuchseckhof* hinabführt. Ihm folgt man in Windungen abwärts, bis man bei der letzten Kurve den schmalen Pfad geradeaus am Hang weitergeht, der zu dem unten verlaufenden Forstweg führt. Diesem folgt man nach rechts weiter (Schilder Rundwanderweg 3) und trifft kurz vor dem Waldaustritt auf den Aufstiegsforstweg. Man hält links und wandert über die Wiese auf den Hof zu. Bei der Sperrtafel wählt man den Feldweg nach rechts, quert vor dem Hof die Straße und geht den unbezeichneten Weg direkt unterhalb des Walds an der Wacholderheide und dem Berg entlang rechts weiter.

Nach gut einem Kilometer trifft man auf einen geteerten Feldweg, der aus dem Tal kommt. Man steigt in dem Einschnitt den Weg scharf links aufwärts und erreicht oben wieder den mit rotem Dreieck bezeichneten Wanderweg zum *Wasserberghaus.* Ihm folgt man bei der Gabelung nach rechts über die Heide. Am

Ende der Heide wählt man den Grasweg nach rechts und geht um die Schlucht herum zum Wasserberghaus. Von dort aus wandert man zunächst eben am Trauf entlang, immer noch dem roten Dreieck nach. Bei der Gabelung schlägt man den Weg abwärts in den Wald ein und gelangt am Steinbruch vorbei zum Hof und zum oberen Parkplatz. Auf der Straße geht man zurück zum unteren Parkplatz, zum Ausgangspunkt.

27 Hausen a. F. – Weigoldsberg – Haarberg – Schlat

Verkehrsmöglichkeiten Bahn bis Geislingen/Steige, Bus bis Hausen; in Schlat Ortsverkehr nach Göppingen, ab dort Bahn.
Wegmarkierungen Rote Raute bis Wasserberg, dann rotes Dreieck, ab Wasserberghaus blaues Dreieck.
Tourenlänge 11 km.
Wanderzeit 3 Stunden.
Höhenunterschiede Insgesamt 625 m; 100 m meist steiler Aufstieg zum Weigoldsberg und Sattel, dann langsamer Anstieg zum Wasserberg (120 m), 100 m steiler Abstieg, dann 175 m weniger steil nach Schlat hinunter.
Wanderkarten 1:50 000 Blatt L 7324 Geislingen/Steige.
Anmerkung Vom Wasserberg aus kann man auch, dem roten Dreieck folgend, am Burren vorbei nach Gingen absteigen oder vom Wasserberghaus geradeaus dem blauen Dreieck folgend Weilerbachtal-Brenntenhau nach Holzheim. Beide Wege sind etwa 3 Kilometer länger.
Wissenswertes Hausen war ulmisch und ist deshalb evangelisch. Vom Wasserberg schöne Aussicht ins Albvorland. Das Wasserberghaus wurde 1925 vom Albverein gebaut. Schlat wurde schon im 12. Jahrhundert erwähnt; es besitzt eine gotische, barock umgebaute Kirche.
Tourenbeschreibung In *Hausen* geht man die Lammgasse hinauf und überquert auf dem Feldwegübergang den Radweg. Man steigt dann weiter aufwärts an dem Zaun entlang, findet eine rote Raute als Markierung und benützt nun den Feldweg auf den *Weigoldsberg*. Am halben Hang bei der Hütte ist am Zaun wieder eine Markierung, die geradeaus steil aufwärts weist.

Am Waldrand geht es noch ein Stück hinauf, dann nach rechts den bezeichneten Weg um den Berg herum zum Sattel zwischen

Reichenbach und Unterböhringen. Hier war die Grenze zwischen Ulmer und Helfensteiner Gebiet (evangelisch und katholisch). Bei dem Kreuz hält man links und folgt bei der Schranke dem Hauptfahrweg mit der roten Raute. Er führt in weitem Bogen um den *Haarberg* oder *Hartberg* herum auf die Höhe des Täles- oder Dalisberges und weiter zum Wasserberg. An der ersten Bergbiegung verläuft er als unterer Weg weiter, ebenso an der nächsten Gabelung beim Schild Landschaftsschutzgebiet. Er bietet immer wieder hübsche Blicke ins Fischbachtal und ins Filstal. Auf der Höhe vom *Wasserberg* kommen von rechts und links Aufstiegswege dazu. An der Schluchtspitze zweigt rechts der kurze Fußweg zum Wasserberghaus ab. Der Fahrweg, der geradeaus und dann rechts hinüberführt, hat aber die schönere Aussicht. Am ganzjährig bewirtschafteten Wasserberghaus (dienstags geschlossen) muß man am Grat bergab steigen bis zur Waldecke. Bei der Wegteilung wählt man den mit blauem Dreieck bezeichneten Weg nach links, nach *Schlat.* Er führt zunächst durch eine Mulde, dann als geteerter Feldweg an einem Aussiedlungshof vorbei in die Ortschaft.

28 Boll – Bertaburg – Sielenwang – Hochalb – Deggingen

Verkehrsmöglichkeiten Bahn bis Göppingen, Bus bis Boll, Bus ab Deggingen, Bahn ab Geislingen.
Wegmarkierungen Blaues Dreieck bis Bertaburg, rotes Dreieck bis Hochalb, rote Raute bis Abstieg Deggingen, dann ohne Markierung.
Tourenlänge 14 km.
Wanderzeit 4 Stunden.
Höhenunterschiede Insgesamt 990 m; Aufstieg über Bertaburg zum Kornberg, teils sehr steil 350 m, Abstieg zum Sattel 135 m, Aufstieg zum Sielenwang 80 m, Abstieg zum Auendorfer Paß 75 m (am Schluß steil), Aufstieg zur Hochalb 100 m, Abstieg nach Deggingen, stellenweise steil, 255 m.
Wanderkarten 1:50 000 Blätter L 7322 Göppingen und L 7324 Geislingen/Steige (L 7524 Blaubeuren).
Anmerkung Rucksackvesper dringend erforderlich; Randwanderung mit schönen Aussichtspunkten. Von der Hochalb aus ist ein Abstecher zum Fuchseck (hin und zurück 2 km) lohnend.
Wissenswertes Boll mit romanischer Stiftskirche aus dem 12. Jahrhundert (romanischer Taufstein und Opferstock). – Von der Bertaburg sind nur noch Gräben zu sehen. – Kornberg mit Aussicht und Rastplatz. – Auendorf hieß früher Ganslosen. – Deggingen mit barocker Pfarrkirche und barocker Ave-Maria-Wallfahrtskirche.
Tourenbeschreibung Im *Ort Boll* führt östlich der Kirche im Kornbergweg das blaue Dreieck aufwärts »Kornberg, Berta-

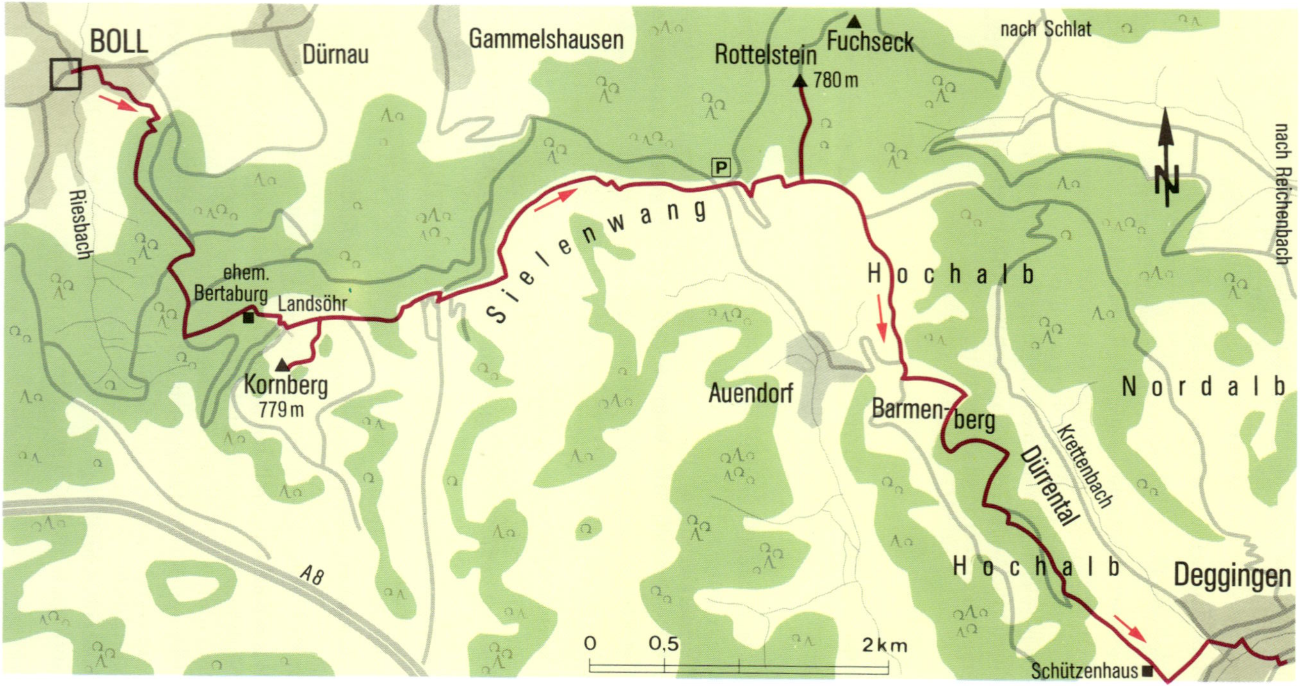
BOLL
Dürnau
Gammelshausen
Rottelstein
780 m
Fuchseck
nach Schlat
nach Reichenbach
N
Riesbach
ehem.
Bertaburg
Landsöhr
Kornberg
779 m
Sielenwang
P
Hochalb
Auendorf
Barmen-berg
Nordalb
Krettenbach
Dürrental
Hochalb
Deggingen
Schützenhaus
A8
0
0,5
2 km

burg«. Im Neubaugebiet findet man bei Nummer 30 wieder das blaue Dreieck, das zwischen den Häusern in die Obstwiesen hinaufführt. Im Wald steigt man dann nach rechts, auf dem Grat wieder nach links und um die Schlucht, dann vom Forstweg wieder links aufwärts bis zu dem steilen Anstieg zur *Bertaburg*. Über die Gräben geht man im Wald am Trauf (immer markiert) entlang, am Waldende rechts über die Wiese zu der Schluchtspitze und trifft dort auf das rote Dreieck, das nach links weist.

Nach 300 Metern zweigt rechts der Weg auf den *Kornberg* ab. Bis hierher muß man vom Berg wieder zurück und wandert dann auf diesem Weg weiter um den Berg, am Steinbruch vorbei, zum Sattel bei der Gruibinger Straße. Hier nach dem Wanderparkplatz findet man das rote Dreieck *»Sielenwang«,* »Fuchseck«, »Wasserberg« (Nordrandweg) auf der anderen Straßenseite. Man wandert den Fahrweg hinauf, bei der Gabelung nach der Kurve bleibt man auf dem unteren Weg und erreicht dann den Albtrauf. Am Wald- und Bergrand entlang mit immer neuen Ausblicken gelangt man an den steilen Fußweg, der geradeaus zum *Auendorfer Paß* führt. Man überquert die Straße bei der Bushaltestelle und wandert auf der anderen Seite den oberen

Zu Tour 23, 30 **Blaubeuren** (Foto: Ulrich Schnabel, Archiv DWV)

Weg, dem roten Dreieck nach, in Kurven am Steinbruch vorbei aufwärts. Dann führt ein steiler Fußweg links im Wald auf die Höhe.

Über die Wiese findet man am Waldrand die Abzweigung zum Fuchseck. Man geht dann am Waldrand dem Wegzeiger »Nordalb, Deggingen« und der roten Raute nach über die Höhe, bleibt bei dem Abzweig zur Nordalb auf dem Weg geradeaus. Bei der Steinpyramide und Antenne mit den Aussichtsbänken wandert man weiter auf dem Teerweg abwärts, bei der Kreuzung im Sattel geradeaus, dann den ersten Forstweg links (rote Raute). Auf diesem Forstweg wandert man am Hang entlang und gelangt auf dem Hangweg links abwärts im Wald übers Schützenhaus nach Deggingen.

29 Deggingen – Ave Maria – Oberbergfelsen – Tierstein – Gosbach

Verkehrsmöglichkeiten Bis Deggingen Bus ab Geislingen, von Gosbach Bus nach Geislingen.
Parkmöglichkeiten Parkplatz unterhalb Ave Maria in Deggingen.
Wegmarkierungen Rote Raute bis über Ave Maria, roter Dreiblock bis Gosbacher Steige, dann ohne Markierung.
Tourenlänge 16 km.
Wanderzeit 4 bis 5 Stunden.
Höhenunterschiede Insgesamt 460 m steiler Anstieg, über Ave Maria 180 m, langsam zum Oberbergfelsen 80 m, vom Tierstein nach Gosbach Abstieg 200 m.
Wanderkarten 1:50 000 Blatt L 7524 Blaubeuren.
Anmerkung Für Autofahrer besteht die Möglichkeit, nach der Schläfhalde über den Schloßberg (Hiltenburg) nach Bad Ditzenbach abzusteigen und von dort auf dem Fußweg rechts der Fils nach Deggingen zurückzukehren (etwa 14 km).
Wissenswertes Deggingen: Barocke Kirche mit gotischem Turm; Ave Maria: Barocke Wallfahrtskirche mit Gnadenbild von 1500, kleines Kloster; Berneck: Ruine von 1296; Hiltenburg: Ruine einer Helfensteiner Burg aus dem 13. Jahrhundert.
Tourenbeschreibung In Deggingen wandert man dem großen Auto-Wegzeiger *»Ave Maria«* nach bis zur Wallfahrtskirche. Links an der Wallfahrtskirche vorbei (hinter der Kirche am Berg) steigt der mit roter Raute bezeichnete Wanderweg neben

nach Reichenbach
DEGGINGEN
Ave Maria
P
Bad Ditzenbach
Fils
Buschelkapelle
Aufhausen
ehem. Burg
Duchstetten
Berneck
Oberberg-
felsen
Gosbach
B 466
A 8
Schonterhöhe
Schloßberg
Ruine
Hiltenburg
Schläfhalde
Tier-
stein
P
Krähenstein
0
0,5
2 km

Zu Tour 29 **Blick vom Oberbergfels auf Bad Ditzenbach**
(Foto: Bürgermeisteramt Ditzenbach)

der Dreifaltigkeitskapelle hinauf. Er führt im Bogen um das Ende der Schlucht und trifft, nachdem man über die Hälfte der Steigung hinter sich hat, auf den Hangweg mit rotem Dreiblock. Man geht nach rechts »Berneck – Oberbergfelsen« weiter. Auf einem Forstweg kommt man bequem am Hang entlang bis zur Steige Deggingen – *Berneck,* einem breiten Weg. Diesem und der roten Raute folgt man nach links auf die Höhe und geht nach rechts weiter den Feldweg unterhalb des Wasserbehälters.

Ohne Bezeichnung verläuft der Wanderweg weiter, bis er auf den Traufweg (roter Dreiblock) am *Oberbergfelsen* trifft. Hier bei den Ruhebänken macht man um den Bergsporn einen Bogen und wandert wieder am Trauf entlang zur *Schonterhöhe.* An der Kurve der Straße zweigt der Wanderweg nach rechts ab und zieht sich dann am Hang der *Schläfhalde* hin. Man bleibt, mit dem roten Dreiblock, auf dem Traufweg, bis nach rechts der Weg zur Hiltenburg abzweigt (hier kann man nun der roten

Raute nach um den Schloßberg herum nach Bad Ditzenbach gehen oder an der Kurve steil absteigen).

Der Weg zum Tierstein führt in den Bögen des Hanges weiter. Vom *Tierstein* sieht man wieder sehr schön ins Filstal. Man geht auch hier um die Bergnase herum und auf dem bezeichneten Weg Richtung »Gosbach-Großmannshof« weiter. Gleich nach dem Waldaustritt hält man rechts und erreicht bei einer Aussichtswiese die Teerstraße nach *Gosbach*. Man geht darauf abwärts, bis nach rechts die alte Steige bei einer Bank abzweigt; man gelangt nun geradeaus in die Ortschaft hinunter.

30 Blaubeuren – Tiefental – Sontheimer Höhle – Laichingen

Verkehrsmöglichkeiten Bahn bis Blaubeuren, Bus nach Metzingen und nach Ulm in Laichingen.
Wegmarkierungen Roter Dreiblock bis Tiefental, im Tiefental erst rotes Dreieck, dann gelbes Dreieck bis zur Sontheimer Höhle, roter Dreiblock bis Bundesstraße, gelbes Dreieck bis Laichingen.
Tourenlänge Etwa 20 km.
Wanderzeit 5½ Stunden.
Höhenunterschiede Insgesamt etwa 330 m; 150 m langsame Steigung durchs Tiefental, 50 m Steilanstieg zur Sontheimer Höhle, 40 m Auf- und 50 m Abstieg zum Kaltenbuch, 40 m Aufstieg zur Laichinger Höhe.
Wanderkarten 1:50 000 Blatt L 7524 Blaubeuren.
Anmerkung Sontheimer Höhle vom 1. Mai bis 31. Oktober samstags von 14–18 Uhr geöffnet, Gasthaus ganzjährig zu den gleichen Zeiten; Laichinger Tiefenhöhle im Sommer täglich, im Winter samstags/sonntags mit Gaststätte geöffnet.
Wissenswertes Blaubeuren: Kloster und Blautopf; Tiefental: Trockental, das zeitweilig Wasser führt; Sontheimer Höhle: Tropfstein-Hallenhöhle; Tiefenhöhle: Schachthöhle mit Tropfsteinbildungen; Laichingen: St. Albankirche, Heimatmuseum.
Tourenbeschreibung Vom Bahnhof *Blaubeuren* geht man zunächst nach links den Fußweg an der Bundesstraße in der Richtung nach Ehingen gute zwei Kilometer, bis man rechts zum Wanderparkplatz am *Tiefental* abzweigt. Nun wandert man auf

zur Sontheimer Höhle
B 28
N
Tiefental
Eistal
Großer Fels
Erbsental
Seißen
Steigziegelhütte
Blautopf
BLAUBEUREN
Impferenstein
567 m
NSG
Weiler
B 492
Ach
P
Bhf.
0
0,5
2 km

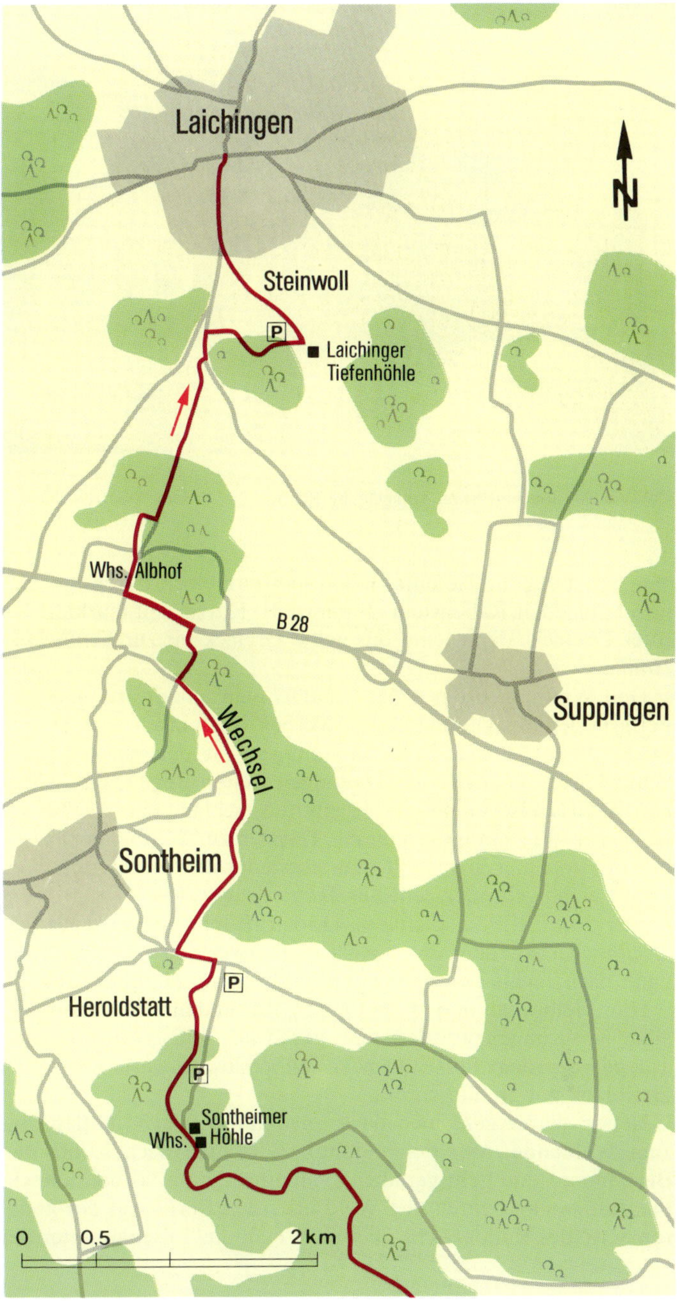

Laichingen
N
Steinwoll
P
Laichinger
Tiefenhöhle
Whs. Albhof
B 28
Suppingen
Wechsel
Sontheim
P
Heroldstatt
P
Sontheimer
Whs.
Höhle
0
0,5
2 km

Zu Tour 30 **Machtolsheim, evangelische Kirche** (Foto: Stadt Laichingen)

dem Forstweg im Tiefental mit rotem Dreiblock durch das Naturschutzgebiet Rabenstein (Bannwald). Kurze Zeit markiert ein rotes Dreieck, dann leitet das gelbe Dreieck bis zur *Sontheimer Höhle.*

Den Windungen des Tales wandert man talaufwärts nach, an Felsgruppen aus Dolomitgestein vorbei. Nach etwa einer Stunde zweigt links das Erbsental ab, einige Zeit danach, bei einer Schutzhütte, das Eistal. Nach einigen weiten Bögen, das Tal ist nun nicht mehr so tief eingeschnitten, schlägt man rechts am Hang den Weg ein und steigt die Treppen zur Sontheimer Höhle hinauf. Von hier aus wählt man entweder den markierten Weg nach Laichingen oder geht den Fahrweg aufwärts bis zum Wanderpark- und Kinderspielplatz. Dort trifft man wieder den roten Dreiblock, hält zunächst auf dem Teerweg links und wandert dann nach rechts den gesperrten Feldweg am Hang entlang.

Hier bleibt man immer am oberen Tal- und am Waldrand. Bei allen Kreuzungen wandert man geradeaus und gelangt fast am Talende auf dem Forstweg nach halbrechts aufwärts mit rotem Dreiblock zur Bundesstraße.

Neben dieser geht man nach links am Waldrand entlang bis zum Waldende. Vor dem Albhof steigt man nach rechts den Berg hinauf und geht geradeaus, an einer Hütte vorbei, manchmal fast weglos, durch den Wald über den Berg. Auf der anderen Seite des Kaltenbuchs überquert man die Talsenke unter der

Hochspannungsleitung auf einem Feldweg bis zur Straße. Hier hält man links, bis bei der Waldecke ein gelbes Dreieck zur *Laichinger Tiefenhöhle* nach rechts weist. In wenigen Minuten hat man sie durch den Wald erreicht. Auf dem Zufahrtssträßchen geht man nach *Laichingen* und findet dort auf dem Marktplatz die Bushaltestelle.

31 Seißen – Bettelbuche – Sontheimer Höhle – Seißen

Verkehrsmöglichkeiten Bahn bis Blaubeuren, Bus bis Seißen.
Parkmöglichkeiten Wanderparkplatz an der Straße nach Sontheim.
Wegmarkierungen Gelber Dreiblock bis Seißen, rotes Dreieck ins Tiefental, gelbes Dreieck zur Sontheimer Höhle, gelber Dreiblock bis Seißen.
Tourenlänge 15 km.
Wanderzeit 3¾ Stunden.
Höhenunterschiede Insgesamt 390 m; 15 m leicht aufwärts nach Seißen, 140 m Abstieg ins Tiefental, die zweite Hälfte steil, 150 m allmählich Anstieg im Tal, letztes Stück zur Höhle steil, jeweils etwa 40, 45 m auf und ab auf der Höhe bis zum Parkplatz.
Wanderkarten 1:50 000 Blatt L 7524 Blaubeuren.
Anmerkung Vom Wanderparkplatz aus kann man auch direkt ins Tiefental absteigen und spart dadurch etwa 6 Kilometer Weg.
Wissenswertes Seißen gehörte zu Blaubeuren; Renaissancekirche mit gotischem Glockenturm. – Sontheimer Höhle mit drei großen Tropfsteinhallen, seit 1400 bekannt (v. 1. 5.–31. 10. geöffnet, an Sa./So. und Feiertagen). – Das Tiefental ist ein Trokkental.
Tourenbeschreibung Vom Wanderparkplatz Seißen aus geht man zunächst auf der Hauptstraße in den Ort zurück, am Rathaus vorbei, dann gleich rechts die Reservoirstraße hinaus (Wegzeiger: »Tiefental«) den mit rotem Dreieck markierten Teerweg zum Sportplatz entlang. Hier hält man am Waldrand kurz links

Wennenden
Whs. Sontheimer Höhle
B 28
Steigziegelhütte
P
Großer Fels
Schutzhütte
Eistal
Tiefental
Erbsental
SEISSEN
Blaubeuren
Impferenstein
Bettelbuche
Lange Dicke
NSG
Weiler
492
nach Schelklingen
0
0,5
2 km

und findet zwischen dem Waldstück »Rabensteig« und »Betteldölle« bei der *Bettelbuche* einen Wegzeiger »Tiefental – SRL-Oberschelklingen«, der auf einem Fußweg durch den Wald steil abwärts führt.

Man kommt hier durch den Bannwald im Naturschutzgebiet »Rabenstein«. Im Tal trifft man auf einen Forstweg, dem man talaufwärts nach rechts folgt. An schönen Felsen (dem Impferenstein) vorbei wandert man weiter; links mündet das Erbsental ein, kurz danach von rechts der Forstweg, auf dem man vom Parkplatz aus auch direkt ins *Tiefental* gelangt (vom Parkplatz aus den gesperrten Feldweg in die Mulde gehen, dann bei der Hochspannungsleitung ohne Markierung links abwärts auf dem Forstweg am Auffüllplatz vorbei ins Tal).

Man wandert im Tal weiter an der »Baasennase« und der Schutzhütte bei der Einmündung des Eistals vorbei und trifft nach einem weiten Rechtsbogen den Wegzeiger der aufwärts zur *Sontheimer Höhle* führt. (Die Gaststätte ist ganzjährig Sa./So. geöffnet). Von hier aus folgt man dem gelben Dreiblock an der Transformatorenstation vorbei auf dem Waldweg nach *Seißen*. Er verläuft am Anfang direkt am Steilabfall ins Tal mit wunderhübschen Ausblicken. Nach etwa einem Kilometer führt er dann ziemlich direkt wieder durch den Wald gut bezeichnet zum geteerten Feldweg und vollends zum Parkplatz zurück.

Zu Tour 39, 42 **Bei Bad Urach** (Foto: Klaus Puntschuh)

32 Boll – Bad Boll – Eckwälden – Boßler – Weilheim/Teck

Verkehrsmöglichkeiten Bahn bis Göppingen, Bus bis Boll, Bus ab Weilheim.
Wegmarkierungen Blaue Raute bis Bad Boll, roter Balken, blaues Dreieck.
Tourenlänge 11 km. **Wanderzeit** 3½ Stunden.
Höhenunterschiede Insgesamt 775 m; davon 195 m steiler Aufstieg und 195 m steiler Abstieg vom Boßler; im ganzen 365 m Auf- und 410 m Abstieg.
Wanderkarten 1:50 000 Blatt L 7322 Göppingen.
Anmerkung Zur Verlängerung der Höhenwanderung kann man vom Boßler aus dem roten Dreieck am Trauf entlang nach Süden nachgehen in Richtung Reußenstein und dann beim Erkenbergsattel dem blauen Dreieck nach über Häringen nach Weilheim absteigen. Der Höhenunterschied bleibt der gleiche, es sind 4 km mehr.
Wissenswertes Boll mit romanischer Stiftskirche. Bad Boll Schwefelbad seit 1595, seit 1975 auch Thermalbad. Weilheim wurde schon im 8. Jahrhundert erwähnt, ist seit 1319 Stadt. Die spätgotische Stadtpfarrkirche, Teile der Stadtmauer und ein romanisches Haus sind noch erhalten.
Tourenbeschreibung Von der Ortsmitte in *Boll* folgt man einer blauen Raute auf einem Fußweg hinüber nach *Bad Boll.* Auf einem von der Fahrstraße abgesetzten Fußweg gelangt man in den Boller Teilort *Eckwälden.* Geradeaus auf der Dorfstraße, vorbei an der Schillerlinde von 1905, hinweg über die Wegekreuzung gelangt man zur Gabelung am Waldrand und den Beginn des »Königssträßle«, hält sich aber links und folgt dem Forstweg (Weg Nr. 12) zunächst am Waldrand weiter, dann in den Wald. Nach einem steilen Stich zweigt ein Fußweg (roter Balken) rechts ab und kreuzt bei einem Vesperplatz den Forstweg. Man steigt nun geradeaus weiter und tritt bei einer Buche eben aus dem Wald. Links geht es zur Unterführung unter der neuen Autobahn. Dann kreuzt man die alte Trasse und steigt durch ein kleines Waldstück zum Deutschen Haus.

Beim Deutschen Haus kommt man zu der Markierung des blauen Dreiecks auf die Landstraße Gruibingen – Weilheim. Genau gegenüber dem Gasthaus steigt man auf dem Feldweg weiter dem roten Balken nach. In der scharfen Rechtskehre am Wald verläßt der Wanderweg den Fahrweg. Steil geht es nun im Zickzack auf den 794 Meter hohen *Boßler.* Der Blick reicht hier zum

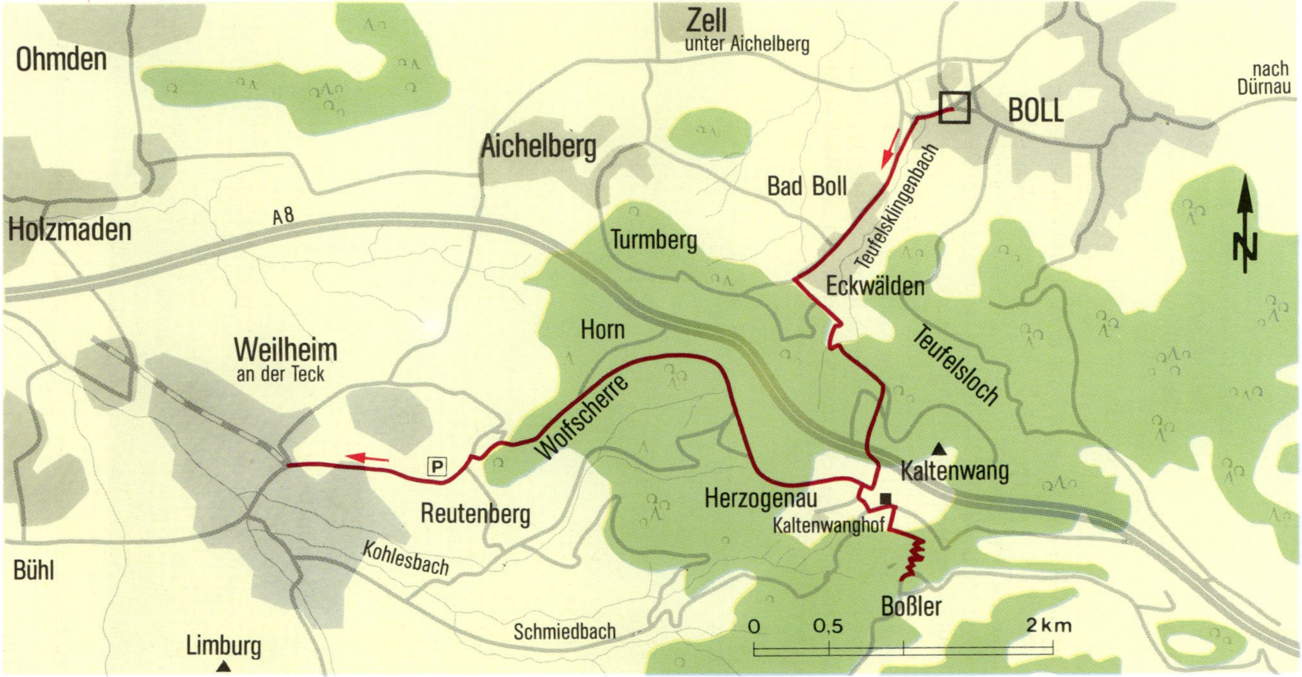
Ohmden
Zell
unter Aichelberg
nach
Dürnau
BOLL
Aichelberg
Bad Boll
Teufelsklingenbach
Holzmaden
A8
Turmberg
Eckwälden
Horn
Teufelsloch
Weilheim
an der Teck
Wolfscherre
P
Kaltenwang
Herzogenau
Kaltenwanghof
Reutenberg
Bühl
Kohlesbach
Boßler
Schmiedbach
Limburg
0
0,5
2 km

Aichelberg und Autobahnaufstieg, zu den Bergen der Ostalb und hinüber zur Kirchheimer Alb. Bis zum Deutschen Haus kehrt man nun auf demselben Weg zurück. Man wandert weiter in Richtung Autobahn, hält jedoch links und folgt dem blauen Dreieck auf dem Forstweg entlang der Autobahn in Richtung Aichelberg. Nach der Waldkurve bleibt man im Waldgebiet Sumpf und verläßt den Forstweg. Der Fußweg mit dem blauen Dreieck trifft bei der nächsten Unterführung der Autobahn wieder auf Forstwege. Hier geht man geradeaus weiter und macht oberhalb der Autobahn-Böschung einen weiten Bogen nach links zur Wolfscherre.

Auf dem Höhenrücken stößt man auf den Weg mit blauer Raute, der direkt von Boll heraufkommt. Das blaue Dreieck zeigt dann eine Abkürzung des Forstwegs beim Abstieg, ehe man am Waldrand diesen Weg wieder erreicht. Bei einigen Häusern trifft man auf den Fahrweg hinunter nach *Weilheim*. Der Weg mit dem blauen Dreieck führt direkt zur Bushaltestelle in der Stadtmitte.

Zu Tour 34, 35 **Burg Teck** (Foto: Ulrich Schnabel, Archiv DWV)

33 Wiesensteig-Papiermühle – Filsursprung – Reußenstein – Autal – Wiesensteig

Verkehrsmöglichkeiten Bahn bis Geislingen, Bus bis Wiesensteig.
Parkmöglichkeiten Wanderparkplatz Papiermühle im Filstal bei Wiesensteig.
Wegmarkierungen Rote Raute bis Bahnhöfle, rotes Dreieck zum Reußenstein, dann wieder rote Raute zur Papiermühle.
Tourenlänge 10 km (Schertelshöhle etwa 2 km mehr).
Wanderzeit 3 Stunden.
Höhenunterschiede Insgesamt 300 m; 100 m Abstieg bis zum Bahnhöfle und 50 m Anstieg zum Reußenstein, 40 m Abstieg zum Ziegelhof, 110 m steiler Abstieg zur Papiermühle (Schertelshöhle 90 m Anstieg, 60 m Abstieg).
Wanderkarten 1:50 000 Blatt L 7522 Urach.
Anmerkung Für An- und Abmarsch von Wiesensteig aus sind je 2 Kilometer mehr zu rechnen. Wer noch zur Schertelshöhle will, zweigt im Hasental links ab und wandert mit rotem Dreiblock und roter Raute wieder zum Bahnhöfle. Einkehrmöglichkeit in Wiesensteig. Sa./So. Schertelshöhle geöffnet. Reußenstein. Grillmöglichkeit am Filsursprung.
Wissenswertes Wiesensteig wurde schon im 9. Jahrhundert genannt und im 14. Jahrhundert zur Stadt erhoben. Er gehörte den Helfensteinern, durch die es im 16. Jahrhundert durch Hexenprozesse berüchtigt wurde. 1806 kam es an Württemberg. Die ehemals romanische Kirche ist barock umgebaut. Der Elefant auf dem Brunnen war das Wappentier der Helfensteiner. – Der Reußenstein bietet eine wunderbare Aussicht. Sein Bergfried stammt aus dem 14., der Palas aus dem 15. Jahrhundert. Daß der Riese vom Heimenstein ihn erbaut hat, ist Sage!
Tourenbeschreibung Zur *Papiermühle* geht man von *Wiesensteig* die Seestraße hinaus, am Bad vorbei und auf der südlichen Filsseite den Weg vor zum Parkplatz. Von dort aus führt der gut bezeichnete Wanderweg (rote Raute) zunächst am Fabrikgelände vorbei aufwärts und dann im friedlichen *Filstal* weiter auf der gleichen Talseite zum *Filsursprung*. In verschieden gefaßten Becken sammelt sich dort das Wasser. Man wandert weiter bergauf im trockenen *Hasental* und bleibt auf dem mit roter Raute markierten Talweg (wenn man nicht den Abstecher zur *Schertelshöhle* machen will). Wenn man aus dem Wald ins obere Hasental gelangt, hält man an der zweiten Wegegabel rechts und

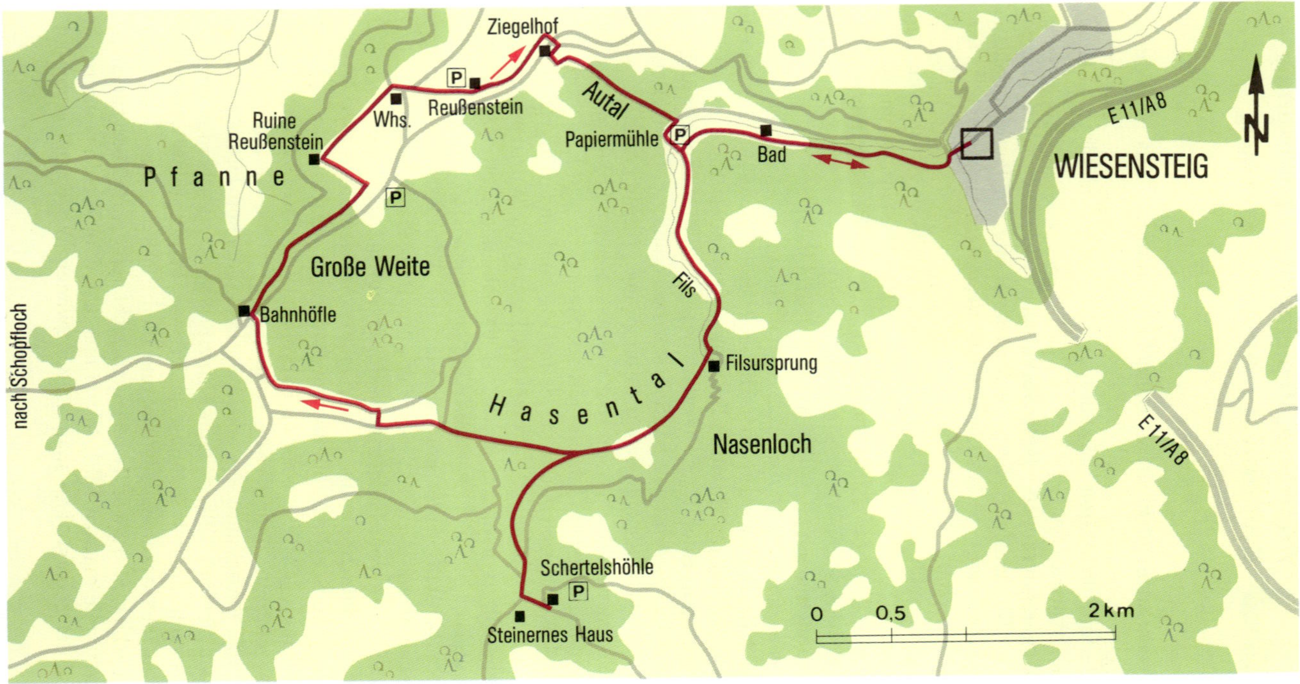
WIESENSTEIG
E11/A8
E11/A8
Bad
Papiermühle
P
Autal
Ziegelhof
Reußenstein
P
Whs.
Ruine
Reußenstein
P
Pfanne
Große Weite
Bahnhöfle
nach Schopfloch
Fils
Filsursprung
Hasental
Nasenloch
Schertelshöhle
P
Steinernes Haus
0
0,5
2 km

folgt der roten Raute an den Waldrand und an diesem entlang auf einem Forstweg zum *»Bahnhöfle«*.

Man geht auf der Fahrstraße kurz nach rechts und benützt dann den mit rotem Dreieck bezeichneten Fußweg, der unterhalb der Straße zum Waldrand führt. Am Trauf hält man (gut bezeichnet) links und erreicht die renovierte *Ruine Reußenstein*. Man steigt wieder zurück und wandert am Trauf weiter entlang zum *Hof Reußenstein* mit Wirtschaft. Geradeaus folgt man dem Wegzeiger »Ziegelhof-Wiesensteig« und der roten Raute auf dem mit Obstbäumen bestandenen Teerweg. Beim Erreichen der Fahrstraße bleibt man auf dem Fußweg, der links daneben verläuft, geht über den Hügel, den die Straße durchschneidet und muß dann dahinter nach rechts durch die Unterführung. (Man kann auch vorher über die Straße gehen und den Fußweg auf der anderen Seite benützen.) Von der Unterführung her hinter, vom andern Weg her vor dem Ziegelhof weist der Wegzeiger mit roter Raute direkt am Hof abwärts. Durch das *Autal* steigt man anfangs recht steil wieder hinunter zur Papiermühle im Filstal.

34 Ochsenwang – Breitenstein – Rauber – Teck – Owen

Verkehrsmöglichkeiten Bahn bis Wendlingen, Bahn oder Bus bis Kirchheim, Bus bis Ochsenwang; Bus oder Bahn ab Owen bis Wendlingen, ab Wendlingen Bahn.
Parkmöglichkeiten Parkplatz Breitenstein bei Ochsenwang.
Wegmarkierungen Rotes Dreieck bis Teck, nachher roter Dreiblock.
Tourenlänge 10 km.
Wanderzeit 3 Stunden.
Höhenunterschiede Insgesamt 800 m; etwa 50 m Anstieg zum Breitenstein, langsamer Abstieg zum Rauber, dann steil zum Sattelbogen (204 m), Aufstieg zur Teck (168 m), teils steil, meist steiler Abstieg nach Owen (384 m).
Wanderkarten 1:50 000 Blatt L 7522 Urach.
Anmerkung Als Rundwanderung kann man vom Parkplatz Breitenstein aus über Diepoldsburg, Rauber, Sattelbogen zur Teck wandern; man muß dann allerdings den gleichen Weg wieder zurückgehen und hat dann 12 Kilometer Weg und 150 Meter mehr Steigung.

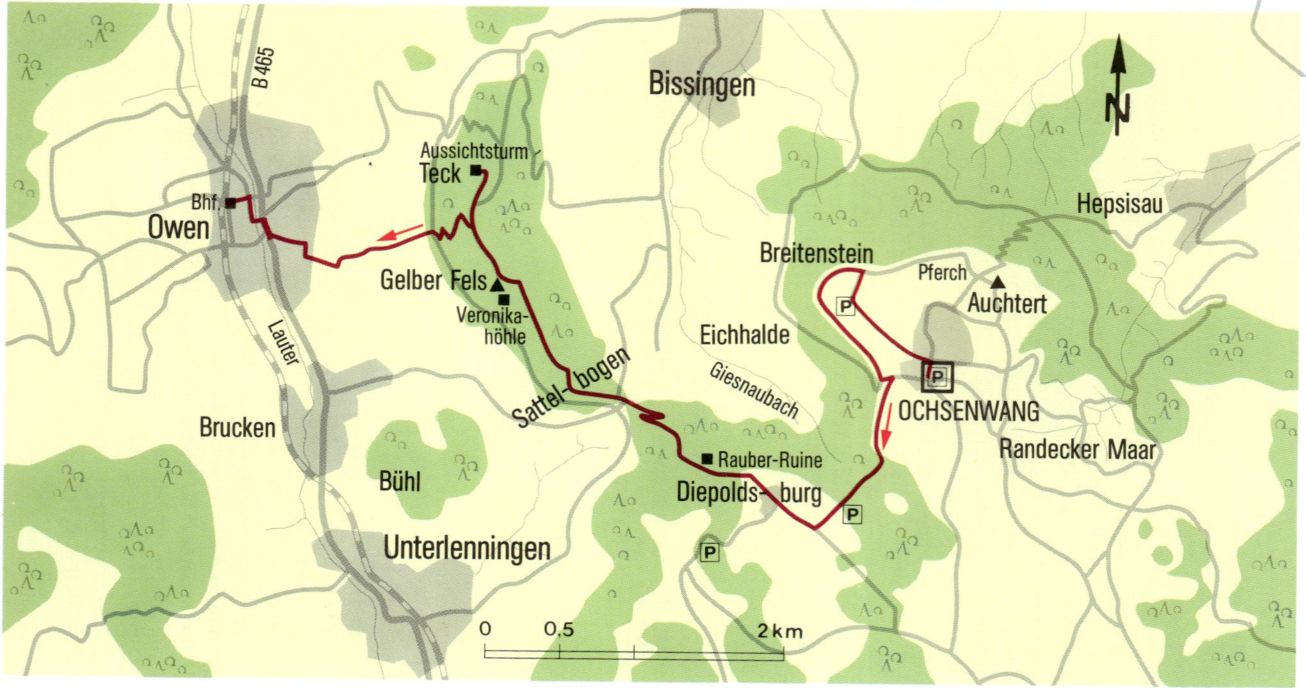

B 465
Bissingen
Aussichtsturm
Teck
Bhf.
Owen
Gelber Fels
Veronika-
höhle
Lauter
Sattel-bogen
Brucken
Bühl
Unterlenningen
Eichhalde
Giesnaubach
Rauber-Ruine
Diepolds-burg
Breitenstein
Pferch
Auchtert
Hepsisau
OCHSENWANG
Randecker Maar
P
0
0,5
2 km

Wissenswertes Ochsenwang liegt am Rande des Randecker Maars, eines ehemaligen Vulkankraters; es ist durch Mörike berühmt geworden, der dort als Vikar weilte. Vom Breitenstein hat man einen herrlichen Blick ins Unterland, bei klarem Wetter zum Odenwald. Der Hof Diepoldsburg heißt nach einer abgegangenen Burg, an deren Mauerresten man auf dem Weg zum Rauber vorbeikommt. Gegen die Albhochfläche hin findet man noch Wälle, die die obere Diepoldsburg und die Burg Rauber schützen sollten. Die Ruine Rauber wurde wieder sehr schön restauriert. Hübsche Nahsicht. Der »Gelbe Felsen« hat seinen Namen von dem gelben Lehm in seinen Spalten. Nach der Zerstörung der Burg Teck wollte Herzog Karl Alexander dort eine Festungsanlage bauen. Er starb aber, ehe es so weit war, im Jahre 1737. Owen wurde im 12. Jahrhundert genannt; die gotische Kirche ist im April 1945 ausgebrannt und wurde wieder restauriert.

Tourenbeschreibung Von *Ochsenwang,* das man zunächst am Mörikehaus vorbei durchquert, gelangt man, in der Ortsmitte linkshaltend, auf einem geteerten Feldweg zum 811 m hohen Breitenstein.

Von diesem Aussichtsfelsen folgt man dem Fuß- und späteren Fahrweg am Parkplatz vorbei am Albtrauf und am Waldrand entlang bis zur Fahrstraße Bissingen – Ochsenwang. Der Abschnitt Ochsenwang – *Breitenstein* ist dabei mit Rundwanderwegmarkierungen (Weg 1 und 2) gekennzeichnet. An der Ochsenwanger Steige trifft man auf den mit rotem Dreieck markierten Albvereinsweg entlang der Fahrstraße zum Wirtshaus und Erholungsheim Diepoldsburg. Man folgt dem roten Dreieck weiter abwärts an den Resten der oberen Diepoldsburg vorbei, dann steil abwärts zur renovierten *Ruine Rauber.* Der Wanderweg führt nun im Zickzack zum Sattelbogen. Bergauf steigt man auf dem markierten Weg zum Gelben Felsen. Unter der Aussichtsplatte liegt die Veronikahöhle. Der Weg zieht sich zunächst eben bis zur Kreuzung mit den anderen Wanderwegen und steigt dann zum Wanderheim mit Aussichtsturm auf der *Teck.* Von der Teck geht man zunächst ein kurzes Stück auf demselben Weg zurück und hält bei der Wanderwegkreuzung rechts. Hier weist der rote Dreiblock auf einem Zickzackpfad bergab. Beim Wanderparkplatz am Gelben Felsen überquert man dessen Zufahrtstraße und kommt über das Bölle in den Zielort *Owen.* Über die Lauter erreicht man den Bahnhof.

35 Unterlenningen – Sattelbogen – Teck – Bissingen – Weilheim/Teck

Verkehrsmöglichkeiten Bahn bis Wendlingen, dann Bahn oder Bus bis Unterlenningen; Bus ab Weilheim bis Wendlingen.
Wegmarkierungen Roter Dreiblock bis Sattelbogen, rotes Dreieck zur Teck, blaues Dreieck zum Parkplatz und nach Bissingen, blaue Raute aus Bissingen, ohne Markierung bis kurz vor Weilheim, dann blauer Dreiblock.
Tourenlänge 10 km.
Wanderzeit 3 Stunden.
Höhenunterschiede Insgesamt 730 m; Anstieg zur Teck 350 m, teils steil, Abstieg zuerst steil, dann allmählich; 380 m.
Wanderkarten 1:50 000 Blätter L 7522 Urach und L 7322 Göppingen.
Anmerkung Auf der Teck: Wanderheim des Schwäbischen Albvereins.
Wissenswertes Unterlenningen mit Barockkirche mit spätgotischem Chor. Die romanische Burg Teck gehörte den Zähringern, den Habsburgern und den Herzögen von Württemberg. Sie wurde im Bauernkrieg verbrannt. Aussicht vom Turm umfassend, bei klarem Wetter bis zu den Alpen, dem Schwarzwald und dem Odenwald. Die Veronikahöhle hieß früher Verena-Beutlinsloch, kurz unterhalb des Teckturms ist das »Sybillenloch«. Zwischen Teck und Gelbem Felsen war eine Hallstattsiedlung, von der noch Wallreste erhalten sind. Bissingen war schon im 8. Jahrhundert erwähnt, die spätgotische Kirche wurde im 19. Jahrhundert umgebaut. Auch Weilheim, an einer Römerstraße, wurde schon im 8. Jahrhundert erwähnt, seit 1319 hat es Stadtrecht. Die St. Peterskirche (evangelisch) ist eine spätgotische dreischiffige Hallenkirche mit berühmten Rosenkranzgemälden. Die Limburg ist ein vulkanischer Berg, auf dem eine im 16. Jahrhundert abgegangene Burg stand.

Tourenbeschreibung Von *Unterlenningen* an der Bahn Kirchheim – Oberlenningen steigt man, dem roten Dreiblock folgend durch ein Neubaugebiet auf einem Fahrsträßchen bergwärts. Bei der Gabelung am Ortsende hält man links. Der baumbegrenzte Fahrweg schlängelt sich am Hang entlang bis zum 607 Meter hohen *Sattelbogen.* Hier hat man schon 175 Meter Höhenunterschied überwunden. Etwas steiler ist der nächste Abschnitt nach links mit rotem Dreieck durch den Wald zum Gelben Felsen und der Veronikahöhle. Zunächst eben verläuft dann der Wander-

N
Weilheim
a. d. Teck
Bühl
zur
Limburg
Ehnisbach
Nabern
Bissingen
a. d. Teck
Hörnle
Giesnaubach
Aussichtsturm
Teck
Teck
Ochsenwang
P
Gelber
Fels
Veronikahöhle
Diepoldsburg
Brucken
Bühl
UNTERLENNINGEN
B 465
Lauter
Lenningen
0
0,5
2 km

weg hinüber und dann hinauf zur *Teck* mit Aussichtsturm und Gaststätte.

Teckabwärts folgt man dem Fahrsträßchen (blaues Dreieck). Am Parkplatz unterhalb der Schranke hält man rechts und wandert dem blauen Dreieck folgend über Wiesen und Felder hinunter nach *Bissingen* an der Teck. Man durchquert die Ortschaft gerade und folgt dabei dem mit blauer Raute bezeichneten Weg in Richtung Hepsisau. Nach Überqueren der Landstraße Bissingen–Ochsenwang hält man, ebenso wie an der nächsten Gabelung, links und wandert auf dem baumbestandenen Sträßchen in Richtung *Weilheim.*

Über den Bühl am Fuße des Vulkankegels der Limburg begleitet der Weg den Federbach. Bei der Landstraße Nabern-Weilheim erreicht man den Wanderweg von der Limburg herunter. Man folgt jetzt der Ortsstraße bis zur Ortsmitte mit Kirche und Lindach. Hier ist auch die Bushaltestelle.

Zu Tour 42 **Am Bad Uracher Wasserfall** (Foto: Klaus Puntschuh)

36 Oberlenningen – Wielandsteine – Krebsstein – Randeck – Hepsisau – Weilheim/Teck

Verkehrsmöglichkeiten Bahn oder Bus bis Oberlenningen, Bus ab Weilheim/Teck
Wegmarkierungen Rote Raute bis Randeck, Rundweg 2 bis Zipfelsbachtal, blaues Dreieck bis Weilheim
Tourenlänge 14 km
Wanderzeit Etwa 4 Stunden.
Höhenunterschiede Insgesamt 830 m; 290 m anfangs steiler Aufstieg über die Wielandsteine auf die Albhöhe, 20 m abwärts zum Höhlenparkplatz, 60 m Abstieg steil zu den Höhlen, 60 m steil zum Parkplatz Aufstieg, 35 m Anstieg zum Kreuzstein, 100 m Abstieg zur Zipfelbachschlucht, 185 m steiler Abstieg durch die Schlucht, 80 m Abstieg nach Weilheim.
Wanderkarten 1:50 000 Blatt L 7522 Urach.
Anmerkung Besichtigung der Gutenberger Höhlen außerhalb der Wanderzeit: (0 70 26/78 22) bei Frau Dick vorbestellen. Führung durch die Gutenberger Höhlen lohnenswert!
Einkehrmöglichkeiten Krebsstein, Otto-Hoffmeister-Haus, Hepsisau. – Am Ortsrand von Oberlenningen zum Wielandstein hin Naturlehrpfad.
Wissenswertes Die evangelische Martinskirche in Oberlenningen geht auf das 9. Jahrhundert zurück; im 11., 14. und 15. Jahrhundert wurde die Kirche ausgebaut. – Die Burg Wielandstein wurde auf den Felsen als 400 Meter lange Festungsanlage gebaut; sie wurde im 16. Jahrhundert abgebrochen. Die Aussicht von dort ist sehr schön. – Die Torfgrube als einziges Moor der Alb ist Naturschutzgebiet. – Das Randecker Maar ist ein ehemaliger Vulkankrater, dessen Maarsee in der Zipfelbachschlucht ausgebrochen ist. – Die Gußmannshöhle hat besonders schöne Tropfsteine, die Gutenberger Höhle hat sechs Hallen. – Weilheims Pfarrkirche St. Peter ist zwischen 1489 und 1522 erbaut worden. Die spätgotischen Wandmalereien sind berühmt. Seit 1319 ist Weilheim Stadt.
Tourenbeschreibung vom *Oberlenninger Bahnhof* oder der Bushaltestelle aus folgt man in der Ortsmitte nach links dem Wegzeiger Wielandsteine, Krebsstein, Schopfloch mit roter Raute, außerdem dem Wegzeiger Naturlehrpfad. An der nächsten Gabelung hält man rechts, am Heinrich-Scheufelen-Platz kurz links, dann wieder rechts, findet einen Wegzeiger geradeaus und folgt dann der Markierung nach links aufwärts im Zick-

Weilheim
a. d. Teck
N
Limburg
ehem.
Burg
Bühl
Ehnisbach
P
Zipfelbach
Lindach
Hepsisau
Bissingen
P
P
Auchtert
Heidenloch
Schafbuckel
Ochsenwang
Randecker
Maar
Randecker Hof
Salzmannstein
0
0,5
2 km
P
Torfgrube
P
P
Diepoldsburg
NSG
nach
Schopfloch
OBERLENNINGEN
P
Wolfschluchthöhle
Gußmannhöhle
Guten-
berger
Höhle
Tobeltal
Ruine
Wielandstein
Lauter
Hohgreutfels
Krebsstein
nach
Gutenberg

zack zu den *Wielandsteinen* (der Naturlehrpfad geht geradeaus am Waldrand weiter).

Nachdem man vom vorderen zum hinteren Wielandstein gestiegen ist, erreicht man die Höhe. (Abstecher zum Hohgreutfels möglich, markiert.) Vom Rastplatz bei den Wielandsteinen wandert man auf einem Forstweg weiter der roten Raute nach rechts, kreuzt ein Sträßchen und geht dann bei der Markierung nach rechts durch den Wald. Am Waldrand bei der Gabelung geht man rechts dem Wegzeiger Krebsstein nach, bleibt auf dem guten Feldweg am Wasserbehälter vorbei bis *Krebsstein.* Hier geht man links durch den Ort in Richtung Schopfloch. Beim Wanderparkplatz hält man rechts in der Mulde abwärts und steigt dann zu den *Gutenberger Höhlen*. Nach der Besichtigung muß man wieder zurück, kreuzt in der Kurve die Straße und geht geradeaus am Parkplatz den gesperrten Forstweg weiter, an der Kreuzung geradeaus am Kreuzstein vorbei (Wegzeiger »Torfgrube, Randecker Maar«).

Nach dem Otto-Hoffmeister-Haus überquert man die Straße, geht über den Parkplatz, das Sträßchen Richtung Hepsisau, nach dem *Randecker Hof* steil am Waldrand abwärts zum Eingang der *Zipfelbachschlucht.* Hier folgt man dem Albert-Hölzle-Weg und dem blauen Dreieck auf reizvollem Pfad bis *Hepsisau*. Durch den Ort geht man auf der Straße zum Ortsausgang, entlang des Zipfelbachs und folgt nach links dem blauem Dreieck. So erreicht man *Weilheim* und geht hier zur Bushaltestelle in der Ortsmitte.

Zu Tour 52 **Im Tal der »Jungen Donau«,** zwischen Sigmaringen und Tuttlingen (Foto: Reinhard Kuntzke)

37 Oberlenningen – Donntal – Römerstein – Sperberseck – Oberlenningen

Verkehrsmöglichkeiten Bahn bis Kirchheim/Teck, Bahn oder Bus bis Oberlenningen.
Parkmöglichkeiten An der Bundesstraße Parkplatz beim Abzweig Schlattstall.
Wegmarkierungen Rote Raute bis Donntal, roter Dreiblock bis Römerstein, gelbes Dreieck Sperberseck, roter Dreiblock und rote Raute bis Oberlenningen.
Tourenlänge 20 km
Wanderzeit 5½ Stunden.
Höhenunterschiede Insgesamt 850 m; 425 m Aufstieg (am Trauf steil), 425 m Abstieg (am Trauf steil).
Wanderkarten 1:50 000 Blatt L 7522 Urach.
Anmerkung Als Autowanderung sind es 7 Kilometer weniger. Als Variante kann man am Römerstein abkürzen und in Böhringen in den Bus nach Metzingen steigen.
Wissenswertes Oberlenningen mit gotischer Kirche und schönem Chorgestühl. – Gutenberg wurde 1360 als Stadt gegründet, heute Dorf. – Vom Römersteinturm schöne Aussicht, bei klarem Wetter bis zu den Alpen. – Vom Sperberseck sind nur noch Mauerreste vorhanden. Der Abzweig zur Mondmilchhöhle ist kaum lohnend. – Römersteinschlüssel werktags in Donnstetten im Löwen, in Böhringen im Hirsch.
Tourenbeschreibung Vom Bahnhof *Oberlenningen* wandert man über die Park- und Adolf-Scheufelen-Straße zur Gutenberger Straße und überquert am Ortsende links die *Lauter.* Der mit roter Raute markierte Wanderweg führt nun am Römerweg hinüber nach Gutenberg. Auf der Bundesstraße geht man quer durchs Tal – Wegzeiger »Donntal, Römerstein, Böhringen« – zum *Donntal.* Autowanderer stellen ihren Wagen auf dem Parkplatz an der Bundesstraße 465 bei der Abzweigung nach Schlattstall vor dem Straßenmeistereigebäude ab. Sie folgen dann zunächst ein kurzes Stück der Bundesstraße 465 in Richtung Gutenberg und halten dann rechts. Der Wanderweg zieht sich etwas bergan rechts der Straße am Waldrand entlang bis zum *Donntal.* Hier kommen die Bahnwanderer von Gutenberg her auf der Bundesstraße 465 und gehen jetzt wie auch die Autowanderer auf dem Feldweg durch das Donntal. Man überquert den Bach und hält dann am Waldrand bei einer Wegegabel links. Der Forstweg mit rotem Dreiblock führt zunächst weiter talaufwärts am Waldrand entlang und beginnt dann im Wald stark zu stei-

Bhf.
OBERLENNINGEN
Tobeltal
Ruine
Wielandstein
Lauter
Krebsstein
Gutenberg
Schopfloch
B 465
Schlattstall
Mondmilchhöhle
Ruine
Sperberseck
Fuchslöcher
Älbe
Böhringen
874 m
Römer-
Aussichtsturm
stein
B 28
0
0,5
2 km

gen. Schließlich wird der Fahrweg zu einem Fußweg und verläuft im Zickzack bergauf.

Bei der Einmündung der Kreisstraße K 6704 aus Böhringen in der Bundesstraße 465 erreicht man die Albhochfläche, überquert die Kreisstraße und folgt dem Parkplatz neben der Bundesstraße. Am Ende dieses Parkplatzes biegt der Wanderweg nach rechts in den Wald ab. Den *Römerstein* mit seinem Aussichtsturm kann man dabei immer wieder erkennen. Nach dem Aufstieg auf den 874 Meter hoch gelegenen Turm vertraut man sich dem gelben Dreieck an und erreicht bergab durch den Wald wieder die Kreisstraße K 6704, um sie zu kreuzen. Durch ein kleines Waldstück gelangt man dem gelben Dreieck nach zum *Wanderparkplatz Kohlhau.* Hier hält man rechts und folgt dem Asphaltweg hinüber zur *Ruine Sperberseck.*

Nach einem Abstecher zur Ruine ist der Abstieg vom Albtrauf ins *Donntal* auf einem Zickzackweg durch die Waldstücke Heimenberg und Sperber markiert. In der Nähe der Ruine Sperberseck befindet sich auch die Mondmilchhöhle oder Montmilchhöhle mit einer Länge von 150 Metern. Im Donntal kehrt man dann wieder auf demselben Weg nach Oberlenningen oder zum Auto zurück.

38 Schlattstall – Schrecke – Strohweiler – Schlattstall

Verkehrsmöglichkeiten Bahn bis Kirchheim/Teck, dann Bus.
Parkmöglichkeiten Wanderparkplatz am Ortsrand von Schlattstall, auf der Strecke Oberlenningen – Gutenberg an der Bundesstraße 465.
Wegmarkierungen Roter Dreiblock bis Schrecke, gelbes Dreieck bis Straße Grabenstetten – Böhringen, zurück ohne Markierung.
Tourenlänge 11 km.
Wanderzeit 3 Stunden.
Höhenunterschiede Insgesamt etwa 420 m; Aufstieg von Schlattstall auf die Hochfläche etwa 210 m, Abstieg von Strohweiler teilweise steil.
Wanderkarten 1:50 000 Blatt L 7522 Urach.
Anmerkung Wer über den Schreckenfels aufsteigt, kann auch von dort noch einen Abstecher zur »Landenge« beim Heidengra-

ben machen, einem Teil der vorgeschichtlichen Befestigungen auf der Berghalbinsel von Grabenstetten, Hochwang und Erkenbrechtsweiler.

Wissenswertes Schlattstall wurde im 14. Jahrhundert erstmals erwähnt. Das Wasser, das in den Lauterquellen zutage tritt, ist auf der Albhochfläche bei Böhringen versickert. Oberhalb der hinteren Lauterquellen liegt auf der Nordseite des Berges die Ruine Hofen.

Tourenbeschreibung Am Ortsrand von *Schlattstall* an einem Wanderparkplatz beginnt der mit rotem Dreiblock markierte Wanderweg durchs Schlattstaller Tal. Man wandert zunächst durch Wiesen, später durch den Wald an dem gelegentlich trokkenen Bachbett entlang.

Wenn man keinen Abstecher zur hinteren Lauterquelle machen will, geht man der Markierung nach den Talweg weiter. Man sieht dann die Bergnase der Ruine Hofen und kurz danach vor sich den *Schreckenfelsen*. An der Gabelung der Wanderwege muß man sich entscheiden: Rechts kann man über Stufen und auf Zickzackpfaden durch die *kleine Schrecke* den Schreckenfelss und auch den Heidengraben erreichen. Wer diese Steigung vermeiden will, hält links, beziehungsweise geradeaus und folgt dem gelben Dreieck durch die *große Schrecke*. Auch vom Schreckenfelsen führt ein markierter Wanderweg wieder ins Erdtal.

Der Wegzeiger »*Strohweiler*« am Ausgang der Schlucht trifft für diese Tour nicht zu. Man geht vielmehr auf dem Wanderweg weiter, macht einen scharfen Bogen nach links und gelangt um den Berghang herum mit leichtem Gefälle ins Erdtal. Hier findet man auch wieder die Markierung mit dem gelben Dreieck. Talaufwärts auf der Höhe am Waldende trifft man auf die Landstraße Böhringen – Grabenstetten. Man hält sofort scharf links und folgt der wenig befahrenen Straße hinüber nach Strohweiler.

Zu Tour 44, 46 **Blick vom Aussichtspunkt Bürzel** im Großen Lautertal auf Bichishausen (Foto: Bürgermeisteramt Münsingen)

Keine Wanderwegmarkierung, sondern ein Schild »Schlattstall« weist bei den letzten Häusern geradeaus, dann geht es rechts abwärts. Nach etwa 100 Metern im Wald trifft man auf eine Wegekreuzung in der Schluchtspitze, hält hier ganz links abwärts und erreicht so in der Mulde den Talweg bei Schlattstall. Wer noch zum Goldloch will, hält am Hang rechts leicht aufwärts, dann abwärts zum Goldloch und von hier aus nach Schlattstall zurück.

39 Oberlenningen – Konradfels – Grabenstetten – Heidengraben – Falkensteiner Höhle – Bad Urach

Verkehrsmöglichkeiten Bahn bis Wendlingen, Bahn oder Bus bis Oberlenningen; Bus ab Bad Urach, Bahn ab Metzingen.
Wegmarkierungen Rote Raute bis Konradfels, dann roter Dreiblock bis Bad Urach.
Tourenlänge 14 km.
Wanderzeit 4 Stunden.
Höhenunterschiede Insgesamt 500 m; 250 m Aufstieg zur Albhöhle, teilweise steil 250 m Abstieg nach Bad Urch, anfänglich sehr steil.
Wanderkarten 1:50 000 Blatt L 7522 Urach.
Anmerkung Variante möglich ab Owen mit rotem Dreieck über Brucker Fels, roter Dreiblock am Trauf zum Schrofelfels, Kesselfinkenloch, Konradfels; Tourenlänge dann 20 km.
Wissenwertes Owen ist im 13. Jahrhundert als Stadt gegründet worden; Pfarrkirche mit Flügelaltar. – Oberlenningen, seit 1386 württembergisch, besitzt die Martinskirche, deren erste Teile aus dem 9. und 10. Jahrhundert stammen. Im 11., 14. und 15. Jahrhundert wurde die Kirche erweitert. – Grabenstetten, schon im 12. Jahrhundert genannt, heißt nach dem »Heidengraben«. Kirche mit romanischen, gotischen und Renaissanceteilen. – Der Heidengraben ist der Rest einer keltischen Befestigung. Die Falkensteiner Höhle ist die Quellhöhle der Elsach und führt als Karstquelle nur zur Schneeschmelze und bei Unwetter Wasser. Eine Begehung der Höhle ist außerordentlich schwierig und gefährlich. Sie sollte Fachleuten überlassen werden. Bad Urach wurde im 13. Jahrhundert Stadt und besitzt außer dem berühmten Marktplatz das Residenz-Schloß aus dem 15., die Amandus-

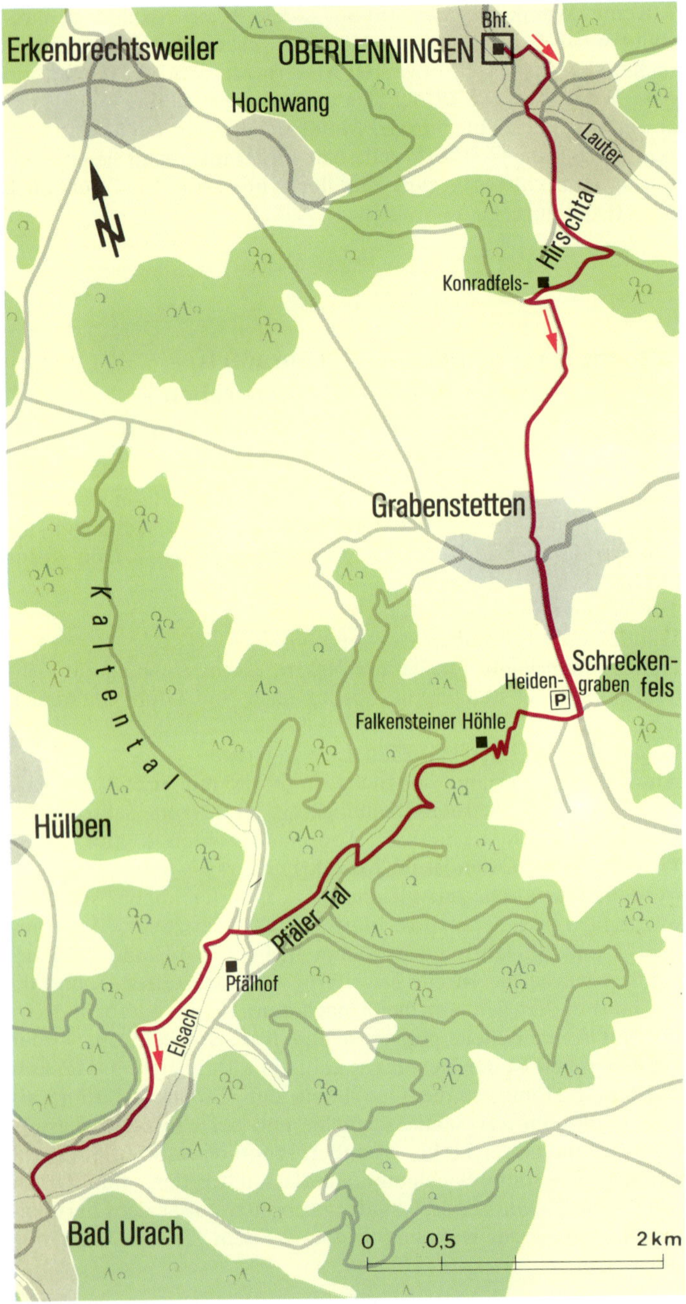
Erkenbrechtsweiler
Bhf.
OBERLENNINGEN
Hochwang
Lauter
Hirschtal
Konradfels
Grabenstetten
Kaltental
Schreckenfels
Heidengraben
Falkensteiner Höhle
Hülben
Pfäler Tal
Pfälhof
Elsach
Bad Urach
0
0,5
2 km

kirche ebenfalls aus dem 15. Jahrhundert, Rathaus, Mönchshof und Beginenhaus. Das Thermalbad liegt am Ortseingang.
Tourenbeschreibung Vom Marktplatz Oberlenningen geht man geradeaus auf dem Fußgängersteg über die *Lauter*, dann links zum Schillerplatz und folgt der roten Raute Grabenstetten, Falkensteiner Höhle, Bad Urach durch die Weilbachstraße. Man geht den Hirschtalweg ganz hinaus an dem Industriegebiet vorbei, und bei der Feldweggabelung links der Markierung nach aufwärts. Kurz nach dem Waldeintritt hält man scharf rechts und steigt steil der roten Raute und dem Dreiblock nach zum *Konradfels* hinauf. Auf der Höhe hält man kurz links und findet eine Bank mit herrlicher Aussicht.

Man geht wieder zurück und wandert auf dem Feldweg die freie Höhe nach *Grabenstetten*. Durch die Ziegelstraße und Junggasse geht man geradeaus zur Straße nach *Böhringen* neben der man bis zum *Heidengraben* bleiben muß. Dahinter wählt

Zu Tour 54 **Das Wahrzeichen von Trochtelfingen, »Der Hohe Turm«**
(Foto: Stadtverwaltung Trochtelfingen)

man den ersten Feldweg rechts mit rotem Dreiblock, steigt am Heidengraben zum Wald, dann den ersten Fußweg (unbezeichnet) halblinks abwärts, kreuzt den Forstweg und muß nun dem roten Dreiblock *Falkensteiner Höhle* steil abwärts folgen.

Im unteren Teil des Hanges liegt die Höhle rechts hinten. Man steigt von ihr auf den Fahrweg ins Tal, bleibt bei der Gabelung auf der linken Seite und wandert am Hang den oberen Weg weiter bis er die Straße erreicht. Auf ihr geht man nach rechts über die *Elsach* und hält gleich wieder links, markiert am Berghang. Beim Kaltentalhäusle mit Pferden überquert man das Kaltental und einen Bach und wandert auf dem unteren Schweizerbergweg nach *Bad Urach* (der Campingplatz bleibt links).

Man gelangt an die Straße nach Hülben, geht links über die Elsach und gleich nach der Brücke nach rechts zum Marktplatz. Am Schloß vorbei erreicht man den Bahnhof. Zum *Thermalbad* fahren Busse im Ortsverkehr.

40 Bad Urach – Nägelesfels – Buckleter Kapf – Hohenneuffen – Beuren

Verkehrsmöglichkeiten Bahn bis Metzingen, Bus bis Bad Urach; Bus ab Beuren, Bahn ab Nürtingen.
Wegmarkierungen Roter Dreiblock bis Buckleter Kapf, rote Raute bis Hülben, rotes Dreieck bis Parkplatz Neuffen, Abstieg nach Beuren blaues Dreieck.
Tourenlänge 16 km.
Wanderzeit 4 Stunden.
Höhenunterschiede Insgesamt etwa 600 m; teilweise steiler Aufstieg von Urach auf die Albhöhe 280 m, Abstieg nach Beuren vom Neuffen aus 310 m.
Wanderkarten 1:50 000 Blatt L 7522 Urach.
Anmerkung Am Ende der Wanderung liegt Beuren mit seinem neuen Thermalbad, deshalb ist Badezeug von Vorteil. Hohenneuffen montags geschlossen.
Wissenswertes Bad Urach mit Schloß (Albmuseum), spätgotischer Amanduskirche und spätgotischem Marktbrunnen, Thermalbad. Der Nägelesfelsen heißt nach den Felsennelken. – Am Buckleter Kapf schöne Aussicht ins Albvorland. Der Heidengraben ist ein vorgeschichtlicher Wall, der in verschiedenen Abschnitten die Berghalbinsel um Erkenbrechtsweiler und Graben-

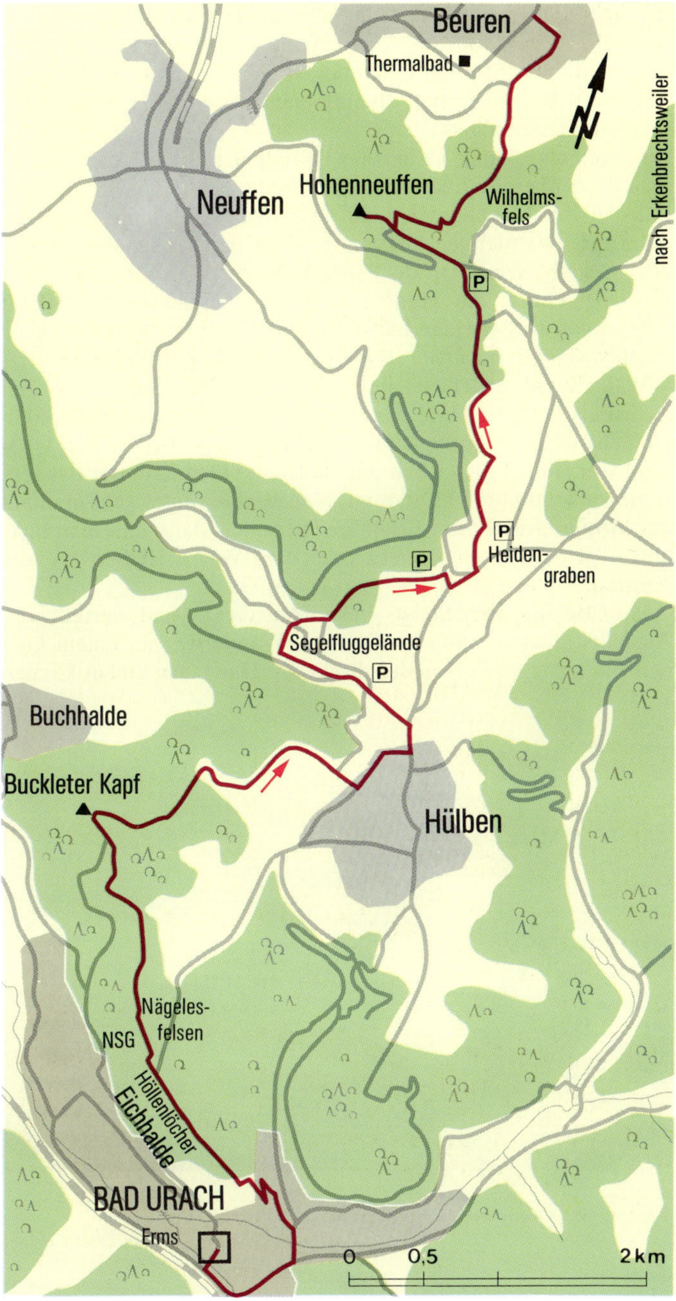

Beuren
Thermalbad
Neuffen
Hohenneuffen
Wilhelms-
fels
nach Erkenbrechtsweiler
N
P
P
Heiden-
graben
P
Segelfluggelände
P
Buchhalde
Buckleter Kapf
Hülben
NSG
Nägeles-
felsen
Höllenlöcher
Eichhalde
BAD URACH
Erms
0
0,5
2 km

stetten gesichert hat. Der Hohenneuffen ist die größte Burgruine der Alb, er kam 1301 an Württemberg und wurde 1801 teilweise geschleift. Die Festung diente eigentlich nur als Gefängnis und war nie von Bedeutung. Beuren mit spätgotischer Kirche und schönem Thermalbad.

Tourenbeschreibung Ein roter Dreiblock führt von der *Uracher Stadtmitte* über die Ulmer Straße und die Neuffener Straße nach links in die Mauchentalstraße. Am Waldrand steigt dann der markierte Wanderweg links bergauf zu den Höllenlöchern und zum *Nägelesfelsen*. Auf der Höhe folgt der Weg zunächst einem Feldweg, ehe er am Trauf entlang als Fußpfad weiter verläuft und immer wieder einen hübschen Blick ins Ermstal bietet. Vom *Aussichtspunkt Buckleter Kapf* wird der Weg – gleichzeitig als WW 4 Hülben gekennzeichnet – mit roter Raute markiert. Zunächst als Feldweg, wird der Weg dann zum gesperrten Asphaltsträßchen. An einem Spielplatz vorbei gelangt man an den Ortsrand von *Hülben*. Hier hält man links und bleibt auf der Breitensteinstraße immer am Ortsrand. Nur wenige Meter geht man auf der Straße in Richtung Erkenbrechtsweiler, dann hält man links und folgt dem roten Dreieck oder dem WW 3 Hülben bis zum Albtrauf.

Am Beginn der Steige hält man rechts und verläßt das Asphaltsträßchen. Nun verläuft der Wanderweg an einem kleinen Flugplatz vorbei wieder direkt am Hang. An einem kleinen

Zu Tour 48 **Obermarchtal, Blick auf die Schloßkirche**
(Foto: Bürgermeisteramt Obermarchtal)

Waldstück hält man dann rechts, überquert das freie Gelände und kommt eben auf einem Waldweg zur *Neuffener Steige.* In diesem Waldstück stößt auch der Wanderweg von der Karlslinde dazu, der ebenfalls zum *Hohenneuffen* weiterführt. An einem Steinbruch vorbei immer auf der Hochfläche am Albtrauf und Waldrand entlang zieht sich der markierte Weg mit dem roten Dreieck über den Heidengraben zum Parkplatz beim Hohenneuffen. Nahezu eben ist nun auch der Weg vor zu der mächtigen Festung, innerhalb der man aber steigen muß.

Den Abstieg nach *Beuren* wählt man von der Wegegabelung unterhalb der Festung dem blauen Dreieck nach. Am Waldrand trifft man auf ein Fahrsträßchen in den aufstrebenen Badeort.

41 Metzingen – Florian – Hörnle – Kienbein – Neuffen

Verkehrsmöglichkeiten Bahn bis Metzingen; Bus ab Neuffen.
Parkmöglichkeiten Wanderparkplatz bei Kappishäusern, Wanderparkplatz an der Neuffener Steige.
Wegmarkierungen Blaues Dreieck bis Parkplatz Neuffener Steige, rotes Dreieck bis Parkplatz Hohenneuffen, blaues Dreieck über Hohenneuffen nach Neuffen.
Tourenlänge Etwa 20 km.
Wanderzeit 5 Stunden.
Höhenunterschiede Insgesamt 950 m; Aufstieg auf den Florian zuletzt steil 172 m, Abstieg nach Kappishäusern 39 m, Aufstieg auf den Jusi teilweise steil 190 m, zum Sattelbogen 73 m Abstieg, auf die Albhöhe 120 m Anstieg, zum Hohenneuffen 20 m Anstieg, Abstieg nach Neuffen 335 m.
Wanderkarten 1:50 000 Blätter L 7522 Urach und L 7520 Reutlingen.
Anmerkung Beim Abstieg vom Sattelbogen nach Neuffen sind es nur 10 Kilometer und 666 m Höhenunterschied, beim Abstieg vom Schillingskreuz 13 Kilometer und 698 m Höhenunterschied. Hohenneuffen montags geschlossen.
Wissenswertes Metzingen mit sieben Keltern, spätgotischer Hallenkirche und Rathaus von 1668. Jusi und Florian sind vulkanische Berge. Die Ruinen auf dem Hohenneuffen stammen aus dem Mittelalter und dem 18. Jahrhundert. Sehenswert in Neuffen: Jägersches Schloß, Martinskirche, Rathaus, Großes Haus.

Tourenbeschreibung Vom Bahnhof *Metzingen* folgt man dem mit blauem Dreieck vom Schwäbischen Albverein markierten Wanderweg zunächst am Bahngelände entlang und nach rechts über die Brücke über die Bahnlinie. Nach der Brücke hält man dann links und folgt dann rechts dem Stauferweg bergwärts. Auf einem hohlwegartigen, schmalen Asphaltsträßchen zieht sich der Wanderweg vom Metzinger Stadtrand wieder über Obstwiesen und Gartengrundstücke zu den *Rebhängen des Floriansberges.* Nach Überqueren eines Baches geht man geradeaus weiter, das Teersträßchen biegt nach links ab. Talaufwärts erreicht man mit dem blauen Dreieck den 522 Meter hohen Berg mit seinem Aussichtspunkt.

Beim Abstieg durch den Wald kommt man auf einen Forstweg und erreicht über diesen die Landesstraße 210 in einem Landschaftsschutzgebiet. Auf einem Gehweg entlang der Straße läßt man nun den Neuffener Stadtteil *Kappishäusern* rechts liegen. Am Ort vorbei gelangt man zu einem Wanderparkplatz bei einem Wasserbehälter. Hier hält man rechts und steigt auf dem 1972 mit einem Ammonitenzeichen markierten *geologischen Pfad des Ströhmfeldweges* auf den *Jusi.* Nach steilem Anstieg gelangt man schon wieder leicht abwärts zum Sattelbogen. Hier hat man nun die Wahl, ob man noch auf der Höhe zum Hohenneuffen weiterwandert oder den direkten Weg talwärts in die Stadt Neuffen einschlägt.

Das blaue Dreieck führt vom Sattelbogen auf einem Fahrsträßchen zwischen Obstwiesen unterhalb des vom Zementwerk fast vollständig abgegrabenen *Hörnles* in die *Neuffener Ortsmitte.* Ein weiterer Weg mit blauem Dreieck steigt hinauf zum Hörnle. Hier ist der Steilabfall des Steinbruchs durch Drahtseile abgesperrt. Durch den Wald erreicht man das *Schillingskreuz*, wo man noch einmal direkt nach Neuffen hinuntergehen kann. Zum Hohenneuffen führt der Weg über die Karlslinde und dann am Waldrand und Albtrauf entlang zur Neuffener Steige und über den Heidengraben zum Parkplatz am *Hohenneuffen.* Nahezu eben ist jetzt der Weg zur Festungsanlage, die man schon auf dem Wanderweg immer wieder erkennen konnte, der Aufstieg ist aber steil.

Den Abstieg wählt man auf dem mit blauen Dreieck markierten Südweg durch den Wald oberhalb der Weinberge zum Freibad und weiter in die Neuffener Stadtmitte.

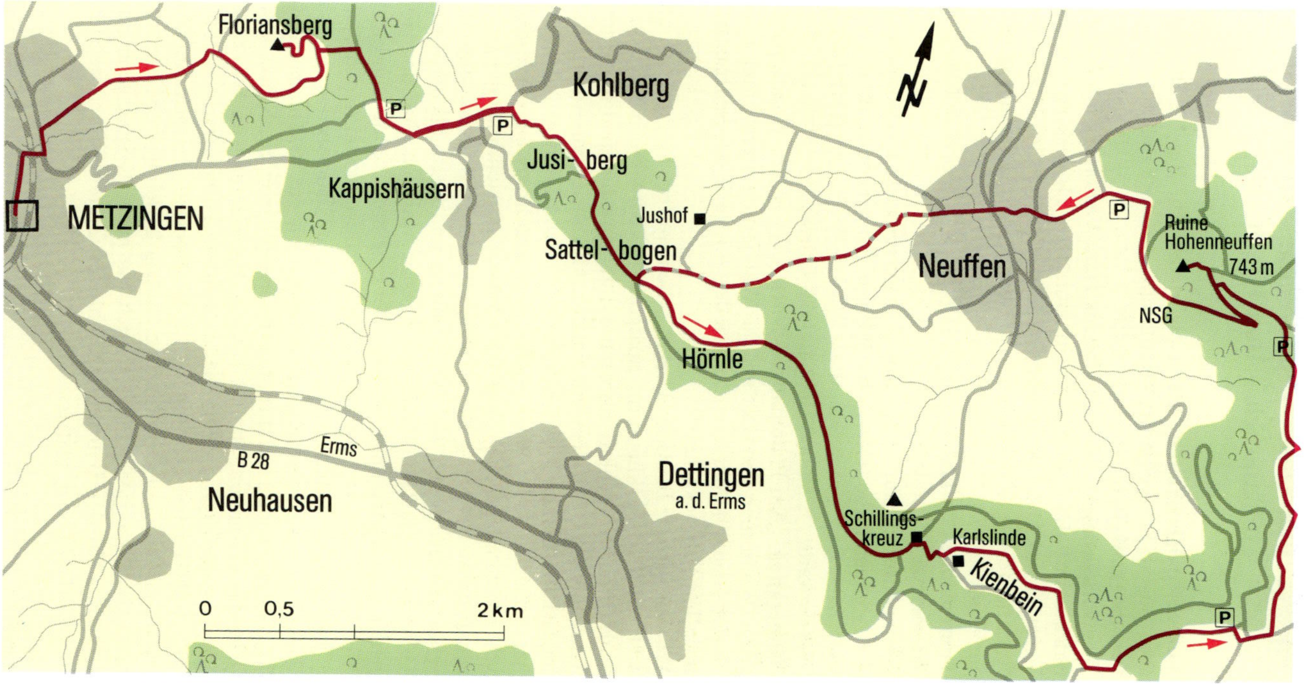

Floriansberg
Kohlberg
METZINGEN
Kappishäusern
Jusi- berg
Jushof
Sattel- bogen
Neuffen
Ruine Hohenneuffen
743 m
NSG
Hörnle
Dettingen
a. d. Erms
Erms
B 28
Neuhausen
Schillings- kreuz
Karlslinde
Kienbein
P
0
0,5
2 km

42 Bad Urach – St. Johann – Hohe Warte – Hohenurach – Bad Urach

Verkehrsmöglichkeiten Bahn bis Metzingen, Bus bis Bad Urach, Bus ab St. Johann bis Reutlingen, ab dort Bahn.
Parkmöglichkeiten In Bad Urach.
Wegmarkierungen Blaues Dreieck zum Wasserfall, roter Dreiblock zum Fohlenhof und St. Johann, rotes Dreieck zur Hohen Warte- rotes Dreieck zurück St. Johann, roter Dreiblock zum Rutschenfelsen, Eppenzillfelsen, rote Raute Hohenurach und zur Stadt.
Tourenlänge 18 km.
Wanderzeit 5 Stunden.
Höhenunterschiede Insgesamt 720 m, teilweise steiler Anstieg zur Albhochfläche 300 m. Anstieg zur Hohen Warte 60 m. Abstieg nach Bad Urach 360 m.
Wanderkarte 1:50 000 Blatt L 7522 Urach.
Anmerkung Am Haltepunkt »Wasserfall« ist ein Wanderparkplatz. Wenn man von dort aus die Wanderung macht, muß man an der Jugendherberge vorbei wieder am Ende des Seltbachtals nach links zurückgehen.
Wissenswertes In Bad Urach sehenswerter Marktplatz mit schönen Fachwerkhäusern, spätgotische Kirche, spätgotischer Marktbrunnen, Schloß aus dem 15. Jahrhundert und modernes Thermalbad. Güterstein mit Fachwerkhäusern vom Anfang des letzten Jahrhunderts ist Teil des Haupt- und Landgestütes Marbach. Der Uracher Wasserfall ist von unten aus am eindrucksvollsten zu überblicken. Von der »Hölle« aus sieht man über sich die Rutschenfelsen. – Der Fohlenhof und St. Johann gehörten schon den Herzögen von Württemberg und heute ebenfalls wie Güterstein zum Haupt- und Landgestüt Marbach. Auf der Hohen Warte ist ein Aussichtsturm, der eine umfassende Rundsicht bietet, bei klarem Wetter bis zum Schwarzwald und den Alpen.

Hohenurach zählt zu den besterhaltenen Ruinen der Alb, so daß man die frühere Burgeinteilung noch gut erkennen kann. Die Burg ist im 11. Jahrhundert errichtet worden. Schon 1260 ging die Stammgrafschaft Urach an die Grafen von Württemberg. Im Reichskrieg 1311 hielten sich nur Hohenurach, Wittlingen und Seeburg als Festung. 1519 eroberte der Schwäbische Bund die Burg, 1534 befreite sie Herzog Ulrich und 1547 verwüstete sie Herzog Alba. Hohenurach war auch als Staatsgefängnis bekannt. Für den Bau des Jagdschloßes Grafeneck ließ sie Herzog Karl 1767 abbrechen.

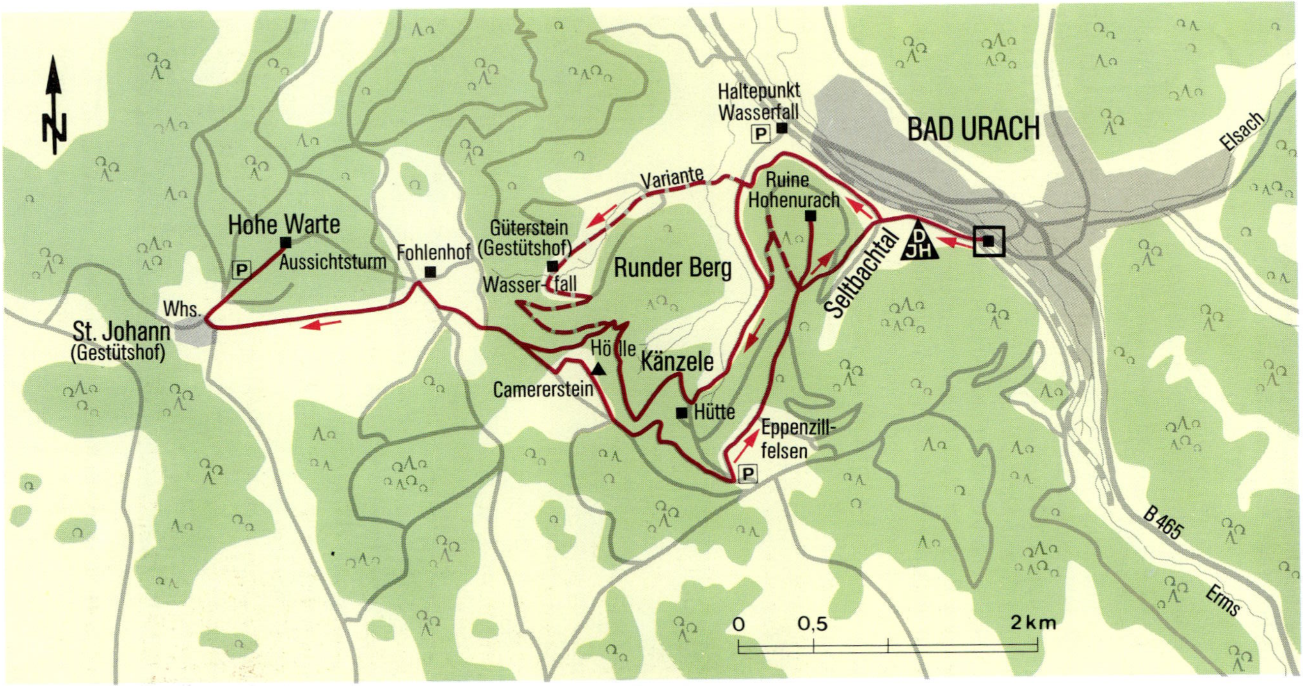

BAD URACH
Elsach
Haltepunkt Wasserfall
P
Ruine Hohenurach
Variante
Güterstein (Gestütshof)
Wasser-fall
Runder Berg
Seltbachtal
D JH
Hohe Warte
Aussichtsturm
Fohlenhof
Whs.
St. Johann (Gestütshof)
Hölle
Känzele
Camererstein
Hütte
Eppenzill-felsen
B 465
Erms
0
0,5
2 km
N

Tourenbeschreibung Von der *Bad Uracher Stadtmitte* oder vom Bahnhof weist das blaue Dreieck ermsabwärts der Bahn entlang zum Haltepunkt *Uracher Wasserfall.* Hier folgt man dem Fahrsträßchen zum Wasserfall und steigt auf Treppen zu einer kleinen Anhöhe über dem Wasserfall hinauf. Ein roter Dreiblock zeigt nun den Weg übers *Känzele* in die *Hölle* im Wald oberhalb des *Runden Berges.*

Wer außer dem Wasserfall auch Pferde sehen möchte, hält auf der Zufahrtsstraße zum Wasserfall rechts und kommt an zahlreichen Koppeln (Betreten und Füttern der Pferde verboten) vorbei zum *Gestütshof Güterstein.* Kurz vor den Hofgebäuden hält man links und folgt der Fohlensteige, die sich in Kehren um den Runden Berg auf der Albhöhe windet. In einer Spitzkehre erreicht auch der Wanderweg vom Uracher Wasserfall diese Fohlensteige. Oberhalb der Gütersteiner Wasserfälle gelangt man auf dem Hans-Widmann-Weg am Leimberg vorbei zu dem auf der Albhochfläche gelegenen Fohlenhof des Landgestüts. Auf

Zu Tour 44, 46 **Blick von Ruine Hohengundelfingen ins Lautertal**
(Foto: Bürgermeisteramt Münsingen)

der gesperrten Fahrstraße oder auf dem daneben im Wald verlaufenen Wanderweg geht man nun eben hinüber nach St. Johann. Hier muß man sich nämlich im Gutsgasthof die Schlüssel holen, um auf den Aussichtsturm Hohe Warte zu gelangen. Am Forsthaus vorbei führt nun der direkte Weg zum Turm mit weiter Sicht ins Albvorland. Den Rückweg wählt man an der schönen Buche auf der Südseite der Hohen Warte vorbei zum *St. Johanner Gestüthof*.

Der mit rotem Dreiblock markierte Wanderweg führt auf der Hochfläche zum Albtrauf am Camererstein vorbei zum Rutschenfelsen mit prächtigem Ausblick ins Ermstal und auf die gegenüber liegenden Albhöhen. Am Albtrauf wandert man weiter zum *Eppenzillfelsen* mit wieder schönem Ausblick. Auf dem schmalen Höhenrücken bleibt man auf dem mit roter Raute bezeichneten Weg zum Kreuz und zur Ruine Hohenurach. Man kann nun direkt nach *Bad Urach* absteigen oder den Wanderweg über das Kreuz wählen. Der Autofahrer, der seinen Wagen am Parkplatz Wasserfall abgestellt hat, kann beim Kreuz rechts die Forststraße abwärts gehen oder den markierten Weg durch das Seltbachtal nach Bad Urach wählen. Vor dem letzten Abstieg hält man links auf halber Höhe und gelangt an der Jugendherberge vorbei ebenfalls zum Parkplatz Wasserfall.

43 Wittlingen – Hohenwittlingen – Seeburg – Fischburgtal – Wittlingen

Verkehrsmöglichkeiten Bahn bis Metzingen, Bus bis Bad Urach und nach Wittlingen.
Parkmöglichkeiten Wanderparkplatz am Ortsrand von Wittlingen.
Wegmarkierungen Gelbes Dreieck bis Hohenwittlingen, gelbe Raute zur Ruine, gelber Dreiblock nach Seeburg, gelbes Dreieck Fischburgtal, gelbe Raute Wittlingen.
Tourenlänge 14 km.
Wanderzeit Etwa 4 Stunden.
Höhenunterschiede Insgesamt etwa 180 m; langsamer Abstieg ins Seeburger Tal (90 m), langsamer Aufstieg nach Wittlingen und zurück ebenfalls 90 m.
Wanderkarten 1:50 000 Blatt L 7522 Urach.
Wissenswertes Wittlingen stammt aus alemannischer Zeit; es besitzt eine gotische Kirche. Die Burg Hohenwittlingen stammt

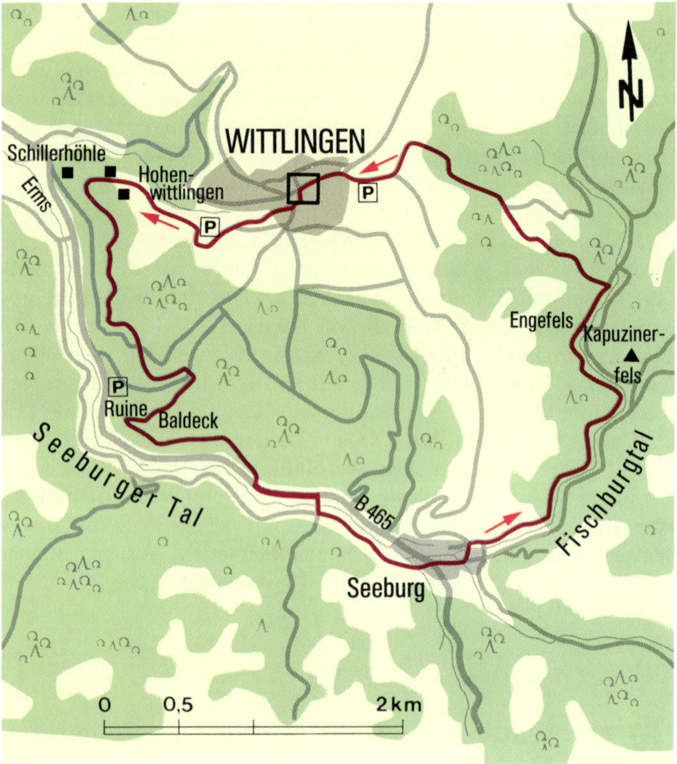

aus dem 11. Jahrhundert und brannte 1576 fast ganz ab. Die Ruine wurde in den fünfziger Jahren durch die Staatsforstverwaltung instandgesetzt. Unter der Ruine ist die Schillerhöhle, die Weinland in seinem »Rulaman« beschrieben hat. Auf dem Baldeck stand im 13. Jahrhundert eine Burg. Seeburg wurde schon im 8. Jahrhundert genannt; hier münden die drei Quelltäler der Erms: Fischburgtal, Seetal und Mühltal.

Tourenbeschreibung Vom Bad Uracher Ortsteil *Wittlingen* führt ein Fahrsträßchen auf der Höhe entlang hinüber zu Hof und *Ruine Hohenwittlingen.* Von der Kirche folgt man zunächst dem gelben Dreieck nach Süden, hält dann aber am Ortsrand an der Straßengabelung zweimal rechts. Beim Hof Hohenwittlingen geht man nach rechts zum Waldrand und trifft dort auf den mit gelber Raute bezeichneten Wanderweg an der Schillerhöhle vorbei zur Ruine. Hier hat man einen schönen Blick ins Seeburger Tal. Ein gelber Dreiblock führt nun am Hang entlang ermsaufwärts mit auf und ab zum Baldeck. Felsen und Aussichtspunkte lockern diesen Weg auf. Beim Abstieg ins *Seeburger Tal* kommt man auf ein Fahrsträßchen, dem man bis zur nächsten Kurve folgt.

Im Zickzack erreicht man dann die stark befahrene Bundesstraße 465, auf der man etwa 300 Meter aufwärts gehen muß. Zwei kleine Brücken bieten nun die Möglichkeiten, die Erms zu überschreiten. Am Waldrand hält man links und geht auf ebenem Weg am Waldrand entlang dem gelben Dreiblock bis *Seeburg* nach. In Seeburg überquert man wieder die Hauptstraße und folgt dem Sträßchen Richtung Hengen ins *Fischburgtal.* Vor der Kirche geht man links, dann wieder rechts und hält sich an die gute Markierung, jetzt mit gelbem Dreieck.

Am Waldrand entlang verläuft der Weg talaufwärts, bis man auf ein Wegschild nach Wittlingen trifft. Unten an der Straße im Tal ist ein Parkplatz das Orientierungszeichen. Man steigt auf dem Sträßchen, wieder einmal einer gelben Raute folgend, durch den Wald bergan. Durch ein Hochtal gelangt man schließlich auf die Hochfläche und kann schon die Häuser von Wittlingen erkennen. Daher läßt sich der Ausgangspunkt, den man am Friedhof vorbei erreicht, nicht mehr verfehlen.

44 Münsingen – Marbach – Sternberg – Offenhausen

Verkehrsmöglichkeiten Bahn bis Reutlingen oder Ehingen, Bus bis Münsingen; Bus ab Offenhausen.
Parkmöglichkeiten Marbach.
Wegmarkierungen Gelbes Dreieck auf der ganzen Strecke.
Tourenlänge 12 km.
Wanderzeit 3½ Stunden.
Höhenunterschiede Insgesamt 500 m; 40 m Aufstieg zur Fauserhöhe, 95 m hinunter nach Marbach, 195 m am Ende steiler Anstieg zum Sternberg, 170 m steiler Abstieg nach Offenhausen.
Wanderkarten 1:50 000 Blätter L 7722 Munderkingen und L 7522 Urach.
Anmerkung Man kann auch in Marbach parken und von Offenhausen aus auf dem Fahrweg unterhalb um den Sternberg herumgehen und zum Ausgangsweg zurückkehren.
Wissenswertes Münsingen mit Marktplatz, frühgotischer Stadtkirche und Schloß aus dem 15. Jahrhundert mit Heimatmuseum.

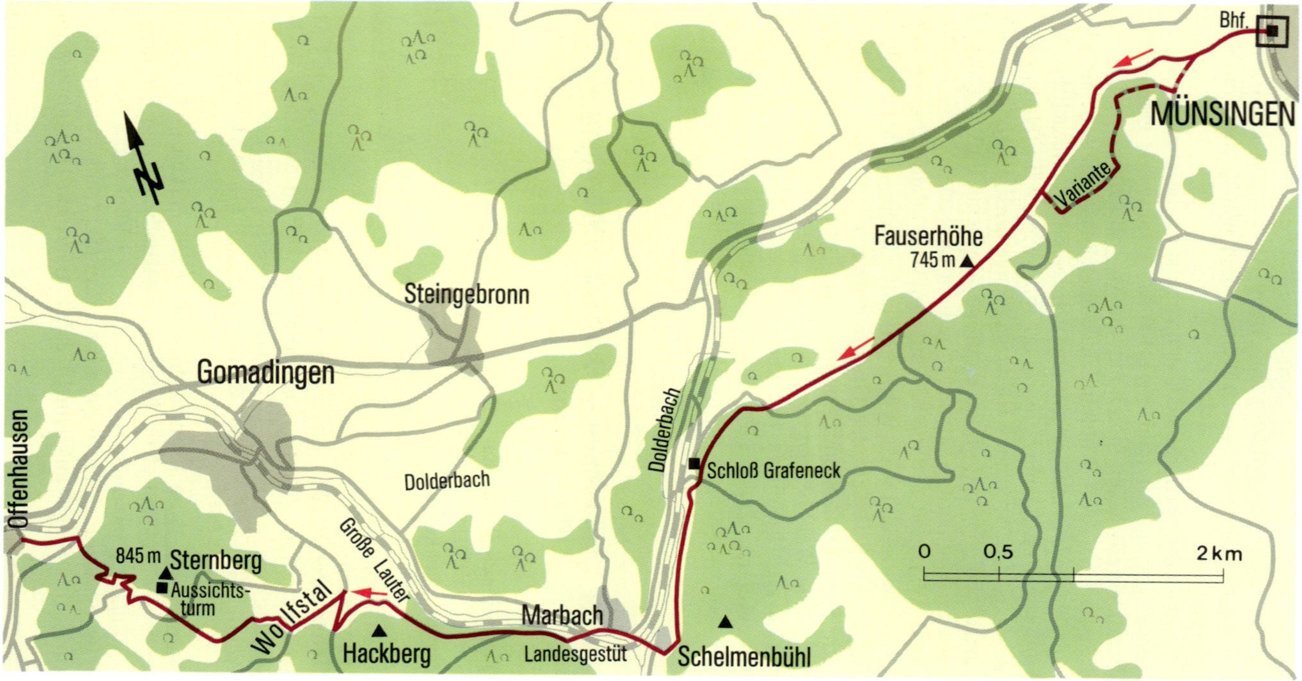
Bhf.
MÜNSINGEN
Variante
Fauserhöhe
745 m
Steingebronn
Gomadingen
Dolderbach
Schloß Grafeneck
Dolderbach
Offenhausen
845 m
Sternberg
Aussichts-
turm
Große Lauter
Wolfstal
Marbach
Hackberg
Landesgestüt
Schelmenbühl
0
0,5
2 km
N

Zu Tour 49, 50 **Aachtal mit Blick von Gossenzugen nach Zwiefalten**
(Foto: C. Ulrich)

Schloß Grafeneck aus dem 16. Jahrhundert, im 18. Jahrhundert umgebaut. In Marbach befindet sich das 1573 gegründete Haupt- und Landesgestüt von Württemberg. Vom Sternberg weite Sicht über die Alb bis zu den Alpen. Offenhausen – ein früheres Nonnenkloster – beherbergt heute Teile des Landesgestüts.

Tourenbeschreibung Von der *Münsinger* Stadtmitte führt ein mit gelbem Dreieck markierter Wanderweg in Richtung Fauserhöhe. Man überquert zunächst die Bahnlinie beim Bahnhof auf der Straße in Richtung Buttenhausen und hält auf der Höhe des Güterbahnhofs unterhalb vom Sportplatz rechts. Auf der Fahrstraße am Waldrand entlang gelangt man zur Fauserhöhe. Wer lieber die wenig befahrene Straße meiden möchte, kann weiter dem gelben Dreieck folgen und über Waldwege mit einem Höhenunterschied von etwa 80 Metern die Fauserhöhe erreichen, die etwa 40 Meter höher liegt als der Ausgangspunkt Münsingen.

Das gelbe Dreieck führt nun weiter auf der Fahrstraße durch ein kurzes Waldstück, dann wieder am Waldrand entlang zum Schloß Grafeneck. Hier geht man ins Dolderbachtal, dem man links, auf dem mit gelben Dreieck gekennzeichneten Wanderweg folgt. So erreicht man den »Gestütsgasthof« in Marbach. Auf dem Gehweg neben der Fahrstraße erreicht man das Landgestüt. Am Ortsende, schon im Lautertal, hält man bei der Straßengabelung links und überquert mit dem gelben Dreieck die Große Lauter und die Bahn. Das Fahrsträßchen führt durch den Wald bergauf in Richtung Ödenwaldstetten.

Von links trifft der Wanderweg mit gelber Raute aus Dapfen auf die Straße. Kurz danach hält man rechts und geht auf einem Waldweg dem Zeichen nach weiter. Das gelbe Dreieck weist nun noch kurz durch den Wald, dann über freies Gelände und wieder ein kurzes Waldstück um den Hackberg ins Wolfstal. Hier kreuzt man die Straße von Gomadingen und folgt einem Fahrsträßchen nach links ins Wolfstal. Am Waldrand hält man rechts. Ein Forstweg durch den Wald bergauf ist nun der Wanderweg mit dem gelben Dreieck. Als kerzengerader Fußweg ist die Markierung durch den Wald weiterzuverfolgen, bis man die Hütte am 844 Meter hohen Sternberg und den Aussichtsturm erreicht. Im Zickzack durch den Wald gelangt man auf die Fahrstraße und vollends hinunter zum Gestütshof *Offenhausen* mit dem Ursprung der Großen Lauter.

45 Hüften – Karlshof – Briel – Kätheren Küche – Weilersteußlingen – Grötzingen – Tiefental – Hütten

Parkmöglichkeiten Im Ort Hütten oder bei der Schmiechtalhalle.
Wegmarkierungen Zunächst ohne Markierung, kurze Zeit der rote Dreiblock, ohne Markierung, blauer Dreiblock ins Brieltal, blaues Dreieck nach Grötzingen, im Tiefental roter Dreiblock.
Tourenlänge Etwa 20 km.
Wanderzeit 5 Stunden.
Höhenunterschiede Insgesamt 530 m. Anstieg zum Karlshof 130 m, von Grötzingen nach Briel etwa 60 m abwärts, Ab- und Anstieg zur Ruine je etwa 20 m, Abstieg ins Brieltal etwa 50 m, Aufstieg nach Grötzingen etwa 150 m, steiler Abstieg ins Tiefental 30 m, dann noch 70 m Abstieg.
Wanderkarten 1:50 000 Blätter L 7722 Munderkingen und L 7724 Ulm.
Anmerkung Beim Aufstieg zum Karlshof schöner Rückblick auf Hütten, das Schmiechtal und die Ruine Justingen.

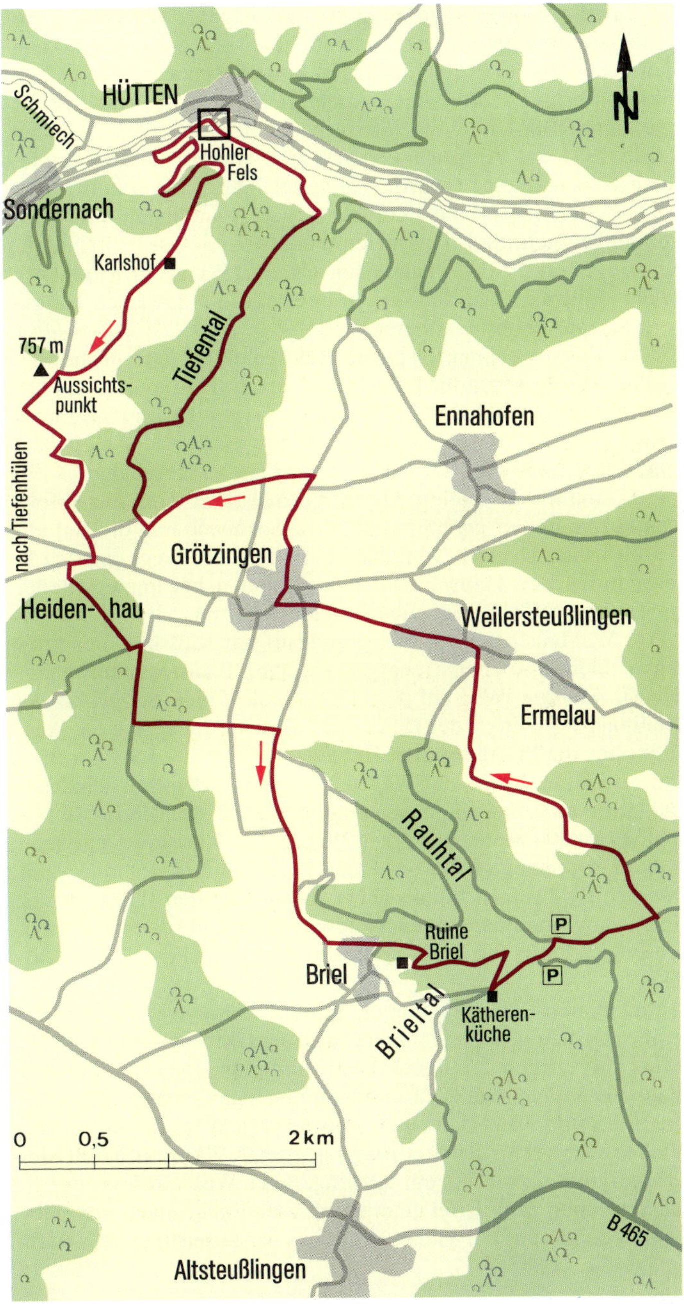

HÜTTEN
Schmiech
Hohler Fels
Sondernach
Karlshof
757 m
Aussichtspunkt
Tiefental
nach Tiefenhülen
Ennahofen
Grötzingen
Heiden-hau
Weilersteußlingen
Ermelau
Rauhtal
Ruine Briel
Briel
Brieltal
Kätherenküche
P
P
0
0,5
2 km
B 465
Altsteußlingen
N

Wem die ganze Wanderung zu weit ist, der kann auch vor Grötzingen wieder durchs Tiefental zurückgehen. Auch kann man eventuell zur Ruine Justingen hinaufsteigen.

Wissenswertes Hütten mit Barockkirche von 1717. Das anstelle einer alten Burg im Jahr 1567 erbaute Schloß Hohenjustingen wurde 1834 auf Abbruch verkauft und ist seither eine Ruine. Auch Neusteußlingen wurde 1812 zum Abbruch verkauft, aber 1897 wieder neu erbaut. Zur Herrschaft Steußlingen von Neusteußlingen gehörten die Dörfer Weilersteußlingen, Ennahofen, Grötzingen und Sondernach, die, als sie 1581 an Württemberg fielen, reformiert wurden und in einer rein katholischen Umgebung waren, daher »Lutherische Berge«.

In Weilerstreußlingen ist eine Rokokokirche. Die »Kätheren Küche« wurde vermutlich einst als Zufluchtsort benützt. Im 18. Jahrhundert wohnte dort eine Familie, deren Tochter »Käther« hieß.

Tourenbeschreibung In *Hütten* folgt man zunächst dem Wegzeiger »Schmiechtalhalle«. Das Sträßchen führt dann am »Mohren« vorbei immer geradeaus über die Schmiech und die Bahnlinie mit rotem Dreieck. Man bleibt auf dem Teerweg, der sich in Serpentinen den Hang hinaufzieht, schaut dabei immer wieder ins Tal und auf die gegenüberliegenden Felsen.

Am Waldaustritt geht man geradeaus am Karlshof, der links liegen bleibt, vorbei (rechts steht ein Transformatorenhäuschen). Auf dem Weg auf der Höhe wandert man weiter, bis bei dem höchsten Punkt, der Baum- und Buschgruppe, sich die Aussicht über die »Lutherischen Berge«, das Heu- und Schmiechtal und manchmal bis zu den Alpen, öffnet. Bei den Aussichtsbäumen trifft man auf einen Feldweg, den man nach links weitergeht. Etwa 200 Meter nach dem Wegzeiger »Karlshof«, ehe man an die Obstbäume an der Straße nach Tiefenhülen kommt, wählt man den Feldweg nach links leicht abwärts auf den Waldrand zu. Hier schlägt man den ersten Waldweg rechts ein, dann geht man den Feldweg um den Wald herum zu der Kreuzung in der Waldecke.

Man bleibt weiterhin immer am Waldrand aufwärts bis zur Straße Grötzingen-Tiefenhülen, die man kreuzt; wendet sich rechts, dem roten Dreiblock nach, und geht dann links in den Wald *Heidenhau.* Bei der Einmündung in den Querweg hält man kurz links und wählt dann den ganz geraden Weg, der im spitzen Winkel nach rechts leicht abwärts abzweigt. Nach etwa 500 Metern verläuft nach links ein kerzengerader Weg abwärts, der in das Sträßchen nach Briel einmündet; dieser geht man nach. Obwohl ungefähr auf der Hälfte des Wegs der bezeichnete Wanderweg nach links abzweigt, bleibt man auf dieser wenig befahrenen Straße bis nach *Briel.* Vor Briel, bei der Gabelung weist der Wegzeiger links zur *»Kätheren Küche«*, bei den ersten Häusern links findet man die Markierung. Zwischen Stall und Dunggrube führt der Weg in eine Senke und von dort halbrechts bergauf zum Sattel bei der Ruine Briel. Von der Ruine ist kaum etwas zu sehen; der Abstecher lohnt also nicht.

Von der Kehre am Sattel verläuft der Weg an der Bergseite gut markiert leicht abwärts, trifft am »Hohen Rain« auf den Forstweg auf dem man abwärts ins Tal weiterwandert. Hier kann man zur »Kätheren Küche« aufsteigen. Im Frühjahr sollte man von hier noch einen kurzen Abstecher talaufwärts machen, da hier viele geschützte »Märzenbecher« wachsen (Pflücken verboten). Von der *»Kätheren Küche«* (598 m) wandert man das *Brieltal* weiter abwärts Richtung Weilersteußlingen (blauer Dreiblock). An der Straßenkehre wechselt man links auf die andere Talseite und geht auf dem Talweg weiter abwärts.

Zu Tour 49, 50 **Barockmünster Zwiefalten,** Westansicht (Foto: C. Ulrich)

Das *Brieltal* ist ein Trockental, das aber bei Schneeschmelze reißendes Wasser führen kann, wie alle derartigen Trockentäler auf der Alb. Nach guten 500 Metern auf der Straße trifft man im Tal auf eine Kreuzung und folgt nun dem blauen Dreieck und dem Wegzeiger »Weilersteußlingen«; links beim Waldstück »östliche Jägerwies« folgt man dem Seitental aufwärts. Bei der Gabelung am *»Bühlhäule«* weist die Markierung wieder links auf die Straße nach *Weilersteußlingen.* Man geht nach links durch die ganze Ortschaft und erreicht auf der aussichtsreichen Straße *Grötzingen.* In der Ortsmitte hält man rechts aufwärts in der Richtung Talsteußlingen. Etwa 500 Meter, nachdem man die Höhe erreicht hat, folgt man dem mit blauem Dreiblock markierten Weg nach links an den Waldrand und geht an diesem entlang, bis man um eine Waldecke herum auf den Weg mit rotem Dreiblock stößt, der nach rechts ins *Tiefental* führt. An einer Rasthütte mit Grill- und Spielplatz vorbei wandert man durchs *Tiefental* abwärts in Richtung Hütten. Am Ende des Tals bei der Gabelung hält man links, geht wieder dem roten Dreiblock nach, am Skilift vorbei, und im *Schmiechtal* vollends nach *Hütten* zurück.

46 Erbstetten – Ruine Wartstein – Laufenmühle – Wolfstal – Erbstetten

Parkmöglichkeiten Bei Erbstetten an der Straße von Granheim an der Einmündung des Wegs vom Vogelhof.
Wegmarkierungen Bis Wartstein rotes Dreieck, bis Laufenmühle blaues Dreieck, Wolfstal blaue Raute, bis Erbstetten blaues Dreieck.
Tourenlänge 14 km.
Wanderzeit Etwa 4 Stunden.
Höhenunterschiede Insgesamt 250 m, Aufstieg zum Wartstein 60 m, steiler Abstieg ins Lautertal 118 m, Aufstieg zum Vogelhof steil 40 m, in den Tälern unmerkliche Steigungen.
Wanderkarten 1:50 000 Blatt L 7722 Munderkingen.
Anmerkung Einkehrmöglichkeit nur in Erbstetten; Waldlehrpfad bei der Laufenmühle.
Wissenswertes Erbstetten mit alter Kirche, Ruine Wartstein 1495 niedergebrannt, Schildmauer jetzt Aussichtsturm.
Tourenbeschreibung Man geht auf der Straße von Granheim nach *Erbstetten* hinunter, zunächst in Richtung Anhausen. An

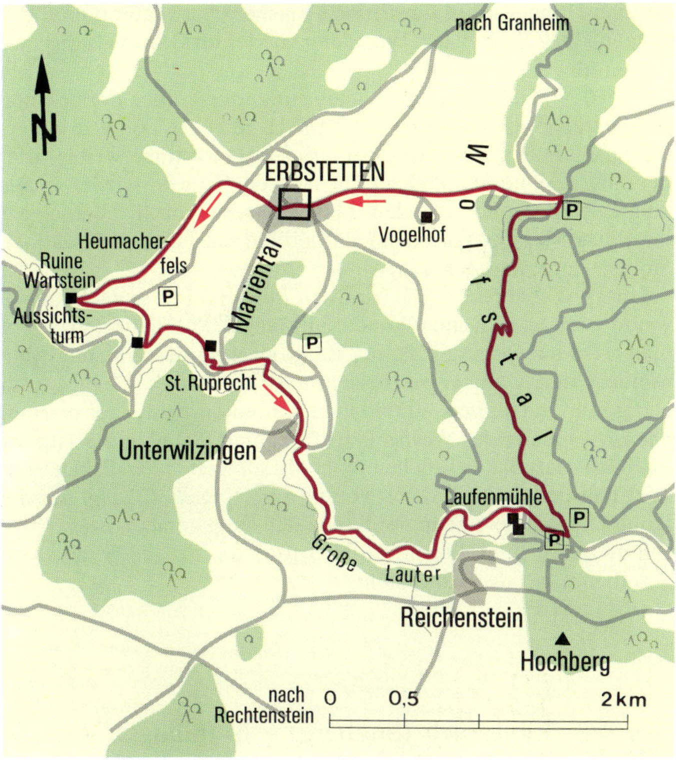

der Gabelung hält man links, am »Rößle« vorbei, dem roten Dreieck mit dem Wegzeiger »Heumacherfels-Wartstein« nach, dann halblinks und schließlich geradeaus den Waldweg aufwärts.

Die Markierung ist gut, so daß man auf der Höhe gleich wieder nach links den Weg findet. Er führt als Forstweg weiter, bis ein Waldpfad nach links zum »Heumacherfels« abzweigt. Vom Aussichtspunkt auf dem Felsen sieht man ins Lautertal, Obermarchtal, den Bussen und bei klarer Sicht die Alpen.

Nun wandert man weiter dem roten Dreieck nach am Trauf entlang zum *Wartstein*. Von hier an folgt man dem blauen Dreieck *»Unterwilzingen«*. Der Weg führt steil durch die Mauern der Burg hinunter und dann nach links zum Rastplatz am Waldaustritt in der Senke. Man findet wieder einen Wegzeiger »Unterwilzingen-Laufenmühle« an einem mit blauem Dreieck markierten Fußweg am Trauf entlang. Die Lauter macht hier eine Schlinge, so daß man oben im Wald ziemlich weit nach rechts auf den Höhenrücken der Ruine Monsberg vorwandern muß. Im spitzen Winkel führt der Weg dann wieder im Bogen abwärts ins Lautertal.

Auf dem Talfahrweg hält man links, quert über den kleinen Lautersteg (Wegzeiger) den Bach nach rechts in den Ort Unterwilzingen, geht geradeaus eben auf der Hauptstraße weiter, wieder über die Lauter und gleich nach der Brücke wieder rechts den Talweg flußabwärts dem blauen Dreieck nach. Hier macht die Lauter wieder Flußschlingen und hat die Felsen zu richtigen Höhlen ausgewaschen.

Unser Wanderweg führt von der *Laufenmühle* zunächst noch weiter abwärts. Beim Wanderparkplatz (Waldlehrpfad) geht man links aufwärts der blauen Raute nach in das *Wolfstal*. Man wandert durch ein enges Felsentor. Zur Bärenhöhle links am Hang führen Treppen, so daß man hier einen Abstecher machen kann. Am Ende des Wolfstals trifft man am Park- und Rastplatz *»Grund«* auf das Sträßchen von Mundingen nach Erbstetten. Hier hält man links in der Richtung zum *Vogelhof*, steigt auf die Höhe und wandert beim Feldkreuz den Weg geradeaus (der Vogelhof bleibt links liegen). Man trifft nun auf die Straße von Granheim, wo das Auto steht.

47 Lauterach (Sauberg) – Mundingen – Landgericht – Mochental – Lauterach

Verkehrsmöglichkeiten Von der Bundesstraße Ehingen–Riedlingen zweigt die Straße nach Lauterach und dann nach Mundingen ab.
Parkmöglichkeiten Wanderparkplatz »Sauberg« an der Straße nach Mundingen.
Wegmarkierungen Blaue Raute.
Tourenlänge Etwa 10 km.
Wanderzeit Etwa 2½ Stunden.
Höhenunterschiede Insgesamt 220 m. 70 m Aufstieg (anfangs steil), dann 30 m Abstieg nach Mundingen, wieder 40 m Aufstieg zum Totenbuch, Abstieg durchs Bachtal 80 m.
Wanderkarten 1:50 000 Blatt L 7722 Munderkingen.
Wissenswertes Bei Mundingen wurden ein römischer Gutshof und alemannische Reihengräber entdeckt. Es kam schon 1383 zu Württemberg und ist deshalb evangelisch. Die Gerichtsstätte ist

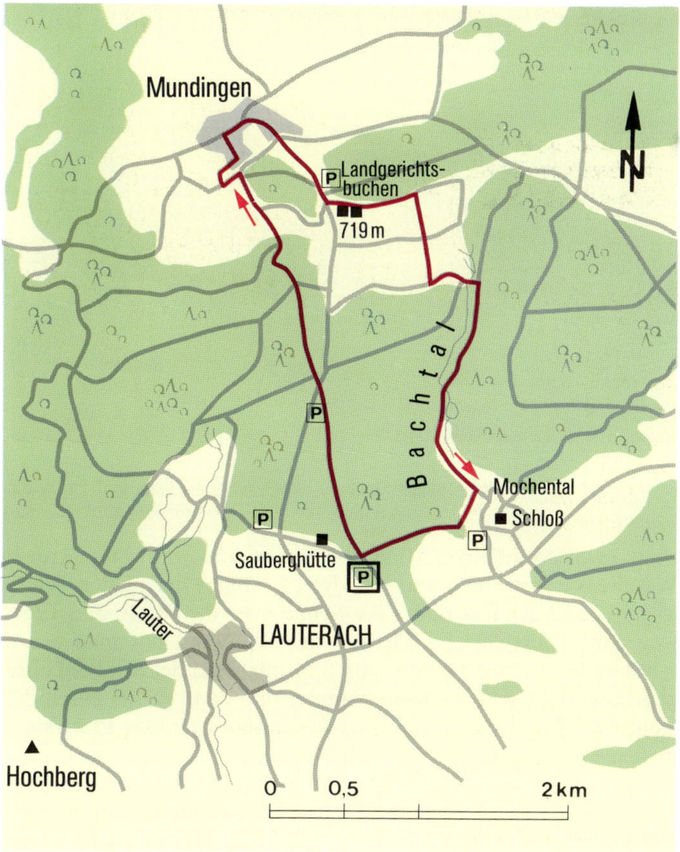

ein hallstattzeitlicher Grabhügel. Schloß Mochental wurde von den Zwiefalter Äbten als Prälatenschloß zur Zeit der Renaissance und teilweise im Barock gebaut. Es gehört dem Land Baden-Württemberg. Galerie für moderne Kunst, Besenmuseum.

Tourenbeschreibung Vom *Parkplatz Sauberg* überquert man die Straße und kommt am Spielplatz mit Grillstellen vorbei. Der Weg ist mit blauer Raute markiert. Bis zum Eintritt in den Wald hat man – schon vom Parkplatz – eine herrliche Aussicht über Oberschwaben: Munderkingen, Obermarchtal, den Bussen und bei klarem Wetter dahinter die Alpen von der Zugspitze über den Säntis bis zu den Glarner Bergen.

Man wandert den Forstweg weiter bis zur Kurve im Wald mit dem mit blauer Raute bezeichneten Wanderweg von Munderkir-

Zu Tour 52 **Im Tal der »Jungen Donau«,** zwischen Sigmaringen und Tuttlingen (Foto: Reinhard Kuntzke)

chen nach Mundingen. Ihm folgt man links aufwärts, kreuzt Waldwege, die Straße und Rundwege (immer der blauen Raute folgen!) und erreicht durch die Senke über die Wiese den Teerweg zum Sportplatz. Auch hier am Waldrand hat man einen schönen Blick über die Alb. Am Sportplatz bei der Straßenkehre geht man links den Teerweg hinunter und dann rechts durch die Neubausiedlung vorbei am Fachwerkrathaus (früher Pfarrhaus) in den Ort *Mundingen*. (Man kann auch gleich auf der Straße rechts halten, wenn man nicht durch den Ort abkürzen will.)

Durch *Mundingen* wandert man wieder rechts die Straße aufwärts und links von der Kriegergedächtnisstätte die Alte Steige hinauf bis zur Höhe, kurz auf der Straße weiter und dann links am Waldrand entlang (Fernsicht!). Dort stehen die beiden alten *Landgerichtsbuchen* (eine davon Ruine) auf einem seit dem Mittelalter bezeugten Platz, von wo sich erst im 19. Jahrhundert der Name *Landgericht* auf den gesamten Höhenzug ausdehnte. Man geht solange am Wald entlang, bis ein Feldweg nach rechts zum gegenüberliegenden Waldrand führt, von wo man zum Wasserhäuschen am Anfang des Bachtals hinabsteigt. Hier geht man in das waldige Tal, kommt an drei Weihern vorbei und sieht dann vor sich *Schloß Mochental* auf seinem Bergsporn. Von dort aus wendet man sich auf dem auch mit blauer Raute bezeichneten Fahrweg nach links westwärts, geht am Hang entlang weiter und trifft wieder auf den Anfangsweg, dem man zurück zum Parkplatz am Sauberg folgt.

48 Lauterach – Obermarchtal – Brühlhof – Hochberg – Lauterach

Parkmöglichkeiten In Lauterach.
Wegmarkierungen Blaues Dreieck bis Hochberg, dann ohne Markierung.
Tourenlänge 8 km.
Wanderzeit Etwa 2 Stunden.
Höhenunterschiede Insgesamt 355 m, Treppen: Donau-Kloster je 30 m, Anstieg zum Hochberg 150 m, Abstieg nach Lauterach 145 m.
Wanderkarten 1:50 000 Blatt L 7722 Munderkingen.
Wissenswertes Kloster Obermarchtal 776 als Benediktinerkloster gegründet, 1171 als Prämonstratenserstift erneuert, heutige Gebäude aus dem 17. und 18. Jahrhundert. Klosterkirche von M. und Ch. Thumb und F. Beer, Stukkaturen von J. Schmuzer.
Tourenbeschreibung In *Lauterach* hinter der Wirtschaft »Engel« geht man links den Fahrweg mit blauem Dreieck lauterabwärts. In der Talenge beim Elektrizitätswerk führt ein schmaler Fußweg am Zaun entlang weiter in der Richtung zur Donau. Man überschreitet auf dem letzten Fußsteg die Lauter zur Felsenwand mit der Höhle, geht dort gleich links und bleibt immer unterhalb des Hangs am Wiesenrand donauaufwärts nach rechts (die Donau fließt hinter dem Bahndamm). Dem Teerweg folgt man zum Bahnwärterposten 51, quert dort die Gleise (Wegzeiger Obermarchtal) und wandert an der Donau entlang (links halten) bis zur Brücke bei dem Wehr. Nach der Brücke steigt man die Treppen zum *Kloster Obermarchtal* hinauf. Hier steht der Wegzeiger »Donau–Rechtenstein–Hochberg–Lautermündung«, der das blaue Dreieck führt.

Man steigt jetzt wieder die Staffeln hinunter zur Donau. Von dort geht es nach der Brücke geradeaus zum Bahnübergang und über das Gleis (Markierung fehlt), dann schräg links aufwärts an den zwei Häusern vorbei. Bei dem Haus mit den roten Fensterläden (Schild *»Brühlhof«*) schlägt man rechts den steinigen Weg aufwärts ein. Hier findet man wieder eine Markierung (blaues Dreieck), folgt dem Fahrweg weiter zwischen merkwürdigen Betonpfosten hindurch bis zum Teersträßchen (Blick auf das Kloster) und wandert dort rechts weiter nach *Talheim.*

Am ersten Hof links steht ein Wegzeiger »Hochberg 1 km« und das blaue Dreieck. Man steigt weiter aufwärts durch den ganzen Ort; an der Gabelung bei den letzten Häusern ohne Markierung (durch den Hof) links steil aufwärts. Man findet nun

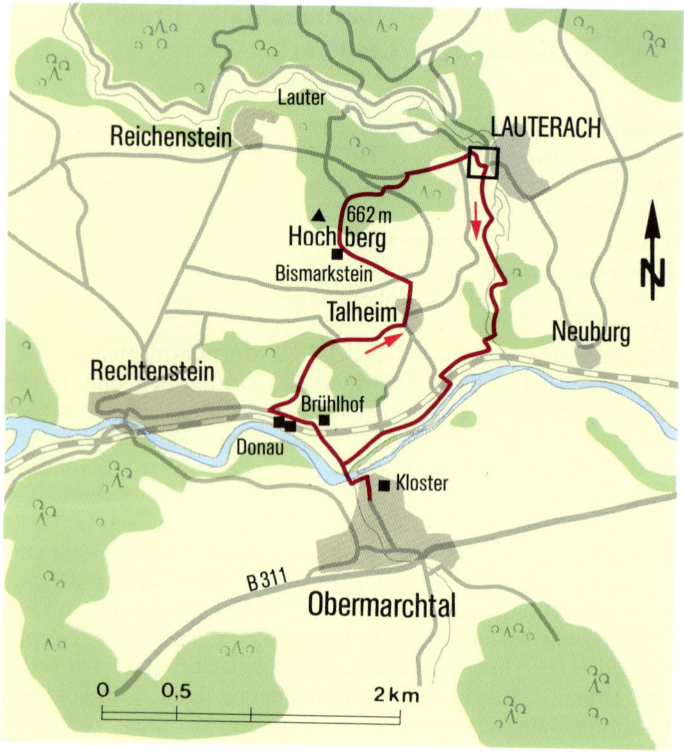

wieder eine verwaschene Markierung und geht immer den Feldweg aufwärts bis zum Wegzeiger »Hochberg 100 m«. Rechts ist nun der Aussichtspunkt *Hochberg,* 662 m, mit Bismarckstein, Hütte und Rastplatz. Man hat vor sich die beiden Türme vom Kloster Obermarchtal, den Bussen und sieht weit über das Oberland bis zu den Alpen. Der Weg führt (wieder markiert) geradeaus abwärts; nach knapp 300 Metern vor der Schonung (die Markierung weist links ab über Reichenstein) wandert man ohne Markierung den Waldweg zwischen dem Waldstück »westlicher und östlicher Hochberg« halbrechts abwärts. Nach dem Schotterweg steigt man zur Straße nach Lauterach ab, die nach rechts in die Ortschaft hinunterführt.

49 Oberstetten – Tiefental – Glastal – Zwiefalten

Verkehrsmöglichkeiten Bahn bis Reutlingen, Bus ab Reutlingen–Oberstetten–Zwiefalten.
Wegmarkierungen Bis Oberstetter Tal ohne Markierung, gelbes Dreieck bis Straße Aichelau–Aichstetten, gelbe Raute bis Hayinger Brücke, ab dort bis Zwiefalten rotes Dreieck.
Tourenlänge 20 km.
Wanderzeit 5 Stunden.
Höhenunterschiede Oberstetten 770 m, bequemer Abstieg ins Tal auf 728 m, unmerklicher Abstieg nach Zwiefalten 538 m.
Wanderkarten 1:50 000 Blatt L 7722 Munderkingen.
Anmerkung Einkehrmöglichkeit in Wimsen, Goßenzugen, Zwiefalten. Bushaltestellen bei Schloß Ehrenfels und bei Wimsen jeweils an der Hauptstraße. Besichtigung der Wimsener Höhle ganzjährig.
Wissenswertes In Oberstetten Renaissancekirche, Schloß Ehrenfels 1735 als Lustschloß vom Zwiefalter Abt gebaut. Die Wimsener Höhle ist die Achquelle und kann mit dem Nachen besichtigt werden. Die Zwiefalter Klosterkirche wurde anstelle einer romanischen Kirche in den Jahren 1740 bis 1765 im Barockstil errichtet.
Tourenbeschreibung In Oberstetten folgt man an der Bushaltestelle dem Wegzeiger »Sportplatz« in den Schachenweg. Oberhalb des Sportplatzes hat man eine schöne Aussicht. Nach dem Sportplatz bleibt man auf dem Hauptweg zur Kapelle, wandert zwischen den Forsthütten durch, geradeaus an einem Feldkreuz vorbei und dann steiler abwärts ins *Oberstetter Tal.* Im Tal trifft man auf der gegenüberliegenden Seite (Stein mit schwarzem Kreis) auf die Markierung mit dem gelben Dreieck. Nun wandert man in diesem einsamen Tal den Forstweg nach rechts abwärts dem Zeichen nach, bleibt immer auf dem Talweg, der teilweise auch als Grasweg bis zur Straße Aichstetten–Aichelau verläuft. Hier, beim Wegzeiger »Glastal–Wimsen« mit gelber Raute, quert man die Straße und geht den bezeichneten Weg auf der Talsohle mit Tiefental weiter abwärts bis zur Hayinger Brücke.

Am Rastplatz zeigt nun das rote Dreieck ins »Glastal–Wimsen–Zwiefalten. Der Name *Glastal* kommt von einer Glashütte, die hier gegenüber dem Lämmerstein gestanden sein soll. Bei der Einmündung des Schweiftals geht man über den Hasenbach und befindet sich nun in der engsten Stelle des Glastals. Das Tal

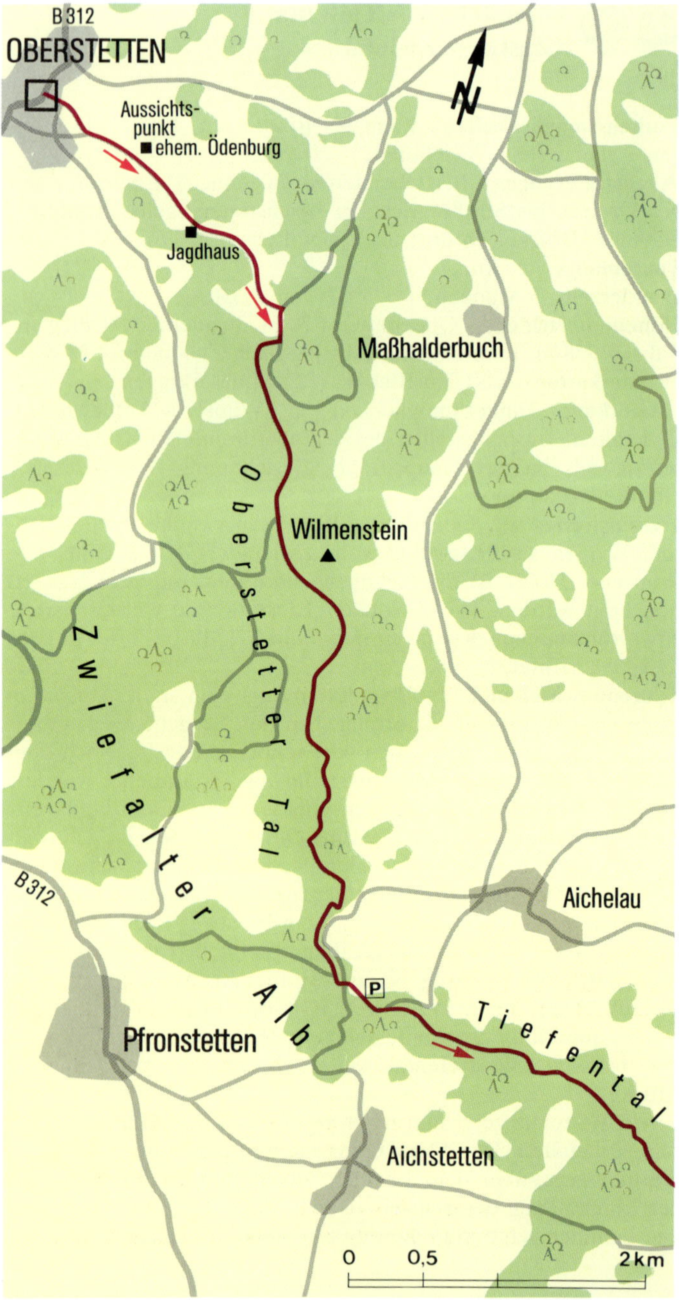
B 312
OBERSTETTEN
Aussichts-
punkt
ehem. Ödenburg
Jagdhaus
Maßhalderbuch
Oberstetter Tal
Wilmenstein
Zwiefalter Alb
B 312
Aichelau
P
Tiefental
Pfronstetten
Aichstetten
0
0,5
2 km

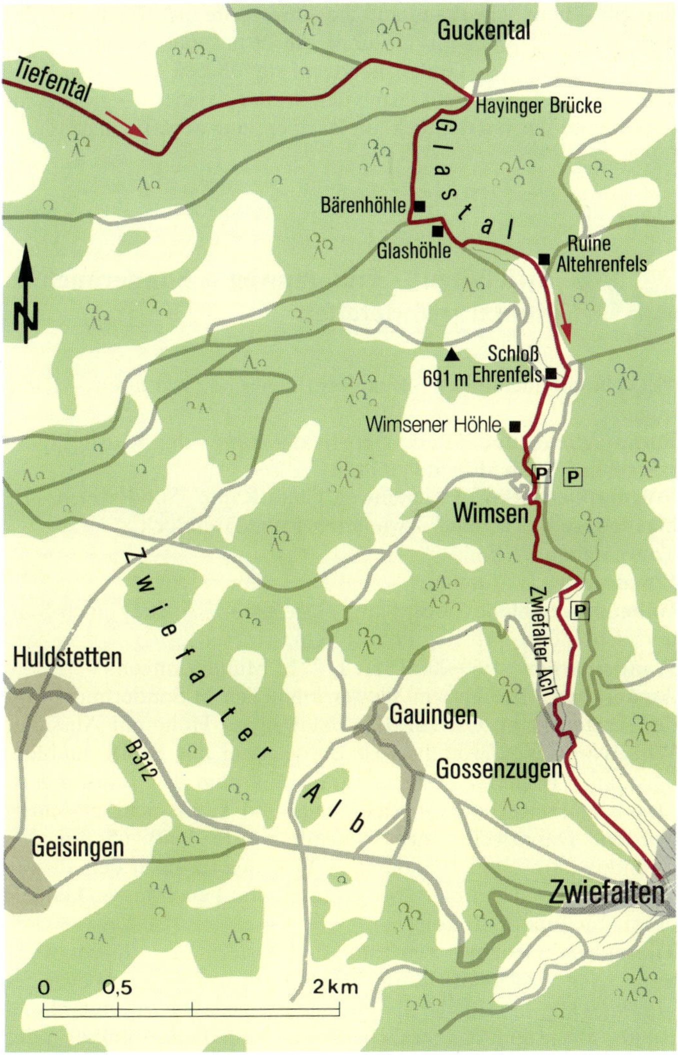

weitet sich wieder bei Schloß Ehrenfels (hier links an der Straße Bushaltestelle, Postbus Metzingen–Riedlingen).

Der Wanderweg führt auf der Zufahrt zum Schloß über die Brücke und dann dem Zeichen nach am Hang links durch die Kastanienallee nach *Wimsen*. Von dort verläuft der Weg über den Steg beim Gasthaus auf die linke Seite des Bachs wieder dem roten Dreieck nach durch die Wimsener Klamm. Man bleibt bis kurz vor Goßenzugen auf der linken Seite der Ach, überquert sie dann, geht durch den Weiler, wieder über die Achbrücke und das letzte Stück am Bach entlang abwärts nach *Zwiefalten.*

50 Zwiefalten – Prälatenweg – Sonderbuch – Rental – Zwiefalten

Verkehrsmöglichkeiten Bus Reutlingen – Zwiefalten – Riedlingen.
Parkmöglichkeiten Beim Sportplatz, hinter der Klostermauer oder beim Freibad in Zwiefalten.
Wegmarkierungen Prälatenweg blaue Raute, Sonderbuch blauer Dreiblock, nach Zwiefalten roter Dreiblock.
Tourenlänge 8 km.
Wanderzeit 2 Stunden.
Höhenunterschiede Insgesamt etwa 300 m, Anstieg nach Sonderbuch 150 m, Abstieg etwa 140 m.
Wanderkarten 1:50 000 Blatt L 7722 Munderkingen.
Anmerkung Bei klarem Wetter lohnt sich in Sonderbuch noch der Abstecher im Ort auf dem Feldweg zur Höhe mit Aussicht.
Wissenswertes Zwiefalten ist Barockabtei mit Klostermühlen, Gasthaus, Brauerei, Klosterbauten aus dem 17. Jahrhundert. Das Kloster ist Landeskrankenhaus und kann nicht besichtigt werden. Das zweitürmige Münster wurde 1740–65 auf den Grundmauern einer romanischen Vorgängerin nach den Plänen von J. M. Fischer erbaut. Stukkaturen von Feuchtmayr, Gablerorgel. Im Innern Rokoko.
Tourenbeschreibung Am Ende der Kostermauern in der Richtung nach (Zwiefaltendorf) Riedlingen weist der Wegzeiger »*Prälatenweg*–Freibad« die Brunnensteige aufwärts mit blauer Raute. Man steigt das Sträßchen zum Freibad und Bühlhof (oder den steilen Grasweg links abkürzend an dem Kreuz mit den vier Bänken vorbei wieder zur Teerstraße) hinauf. Beim Aufstieg hat man einen hübschen Rückblick auf das *Kloster* und in das gegenüberliegende Tobeltal.

Nach dem Bühlhof findet man wieder die blaue Raute und den Wegzeiger »Oberwilzingen–Wartstein«. An der Kreuzung wandert man der Markierung nach, geradeaus weiter auf dem

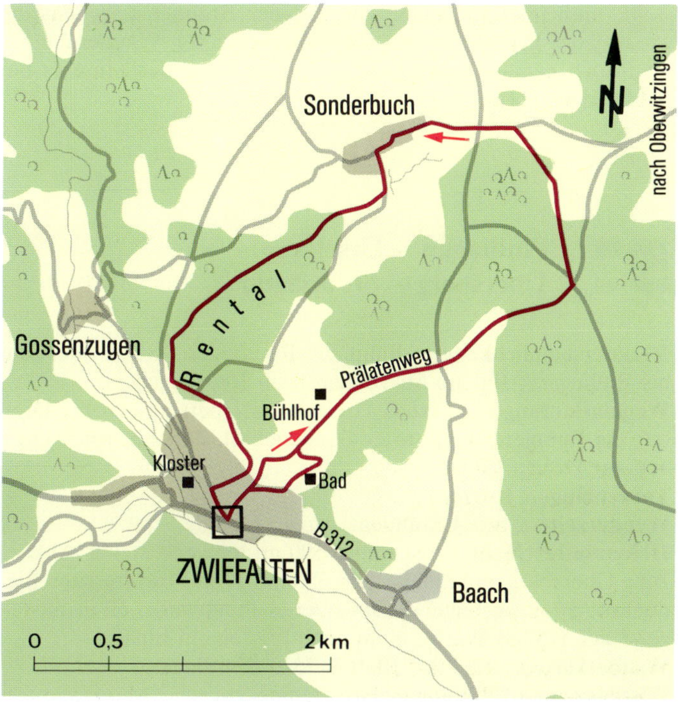

Weg am Waldrand entlang und in den Wald, bleibt bei der Gabelung links auf dem Weg und trifft auf einer Kreuzung im Wald auf den blauen Dreiblock und den Wegzeiger *»Sonderbuch–Hayingen«*, dem man nach links folgt. Gleich dahinter bei der Gabelung bleibt man auf dem markierten Weg nach rechts (noch blauer Dreiblock), dem man bis auf das Sträßchen, das von Oberwilzingen nach Sonderbuch führt, nachgeht. Nun wandert man nach links (Wegzeiger »Zwiefalten 4 km«) in die Ortschaft *Sonderbuch* (auf der Höhe oberhalb vom Ort hat man bei klarem Wetter einen weiten Ausblick). Der Wanderweg führt mit rotem Dreiblock durch Sonderbuch abwärts, an der Viehwaage vorbei, dann links an einem Haus mit dem Wegzeiger »Zwiefalten durch Rental« steil abwärts. Bei der Kreuzung geht es rechts den Weg abwärts (markiert) durch das *Rental*, das wieder ins Tal der Ach mündet. Unten im Tal bei der Gabelung wählt man den Talweg halblinks ohne Markierung und geht am Sportplatz vorbei zur Klostermauer. Hat man den Wagen am Freibad abgestellt, muß man an der Mauer und der Brunnensteige entlang wieder zum Freibad gehen. Bei dieser kürzeren Wanderung hat man noch genug Zeit und Kraft, um in Ruhe das Münster besichtigen zu können.

51 Pfullingen – Urselberg – Übersberg – St. Johann

Verkehrsmöglichkeiten Bahn bis Reutlingen, Bahn oder Bus bis Pfullingen; Bus ab St. Johann nach Reutlingen.
Wegmarkierungen Blaues Dreieck bis Übersberg, rotes Dreieck bis Eninger Steige, roter Dreiblock St. Johann, rotes Dreieck zur Hohen Warte.
Tourenlänge 16 km.
Wanderzeit Etwa 4 Stunden.
Höhenunterschiede Insgesamt: 590 m; teilweise steiler Abstieg zum Übersberg mit Mädlesfels 350 m, 70 m abwärts zum Lindenhof, 50 m ansteigend zum oberen Pumpwerk, 60 m ansteigend zur Hohen Warte, 60 m nach St. Johann hinab.
Wanderkarten 1:50 000 Blatt L 7520 Reutlingen.
Wissenswertes Pfullingen besitzt eine gotische Martinskirche, das mittelalterliche Rathaus und den Renaissancebau des neuen Rathauses. Der Urselberg, ebenso wie der Mädlesfels, ist von Sagen umsponnen. Von der Ernsthütte aus hat man einen schönen Blick ins Echaztal, vom Mädlesfels aus aufs Albvorland. Der Übersberger Hof gehört Pfullingen. Das Schafhaus gehört wie das Gestüt St. Johann zum Haupt- und Landgestüt Marbach. Das Pumpspeicherwerk Glems wurde in den 60iger Jahren von den Technischen Werken Stuttgart gebaut. Tagsüber fließt das Wasser vom Obersee nach unten und wird nachts wieder hinaufgepumpt. Die alten Bauten von St. Johann stammen von 1564, 1767 und 1817.
Tourenbeschreibung Vom *Pfullinger Bahnhof* aus überquert man zunächst die Gleise und folgt der Schulstraße, danach dem Elisenweg bergwärts. Mit blauem Dreieck ist dabei der Wanderweg an der Schillerlinde vorbei als Fußweg neben dem Fahrsträßchen markiert. Beim Wanderparkplatz mit Grillstelle und Spielplatz am Waldrand steigt man auf einem Fußweg hinauf zum *Hörnle.* Nach einem kurzen weiteren Anstieg über ein Forststräßchen erreicht man die Hochfläche des *Urselsberges.*

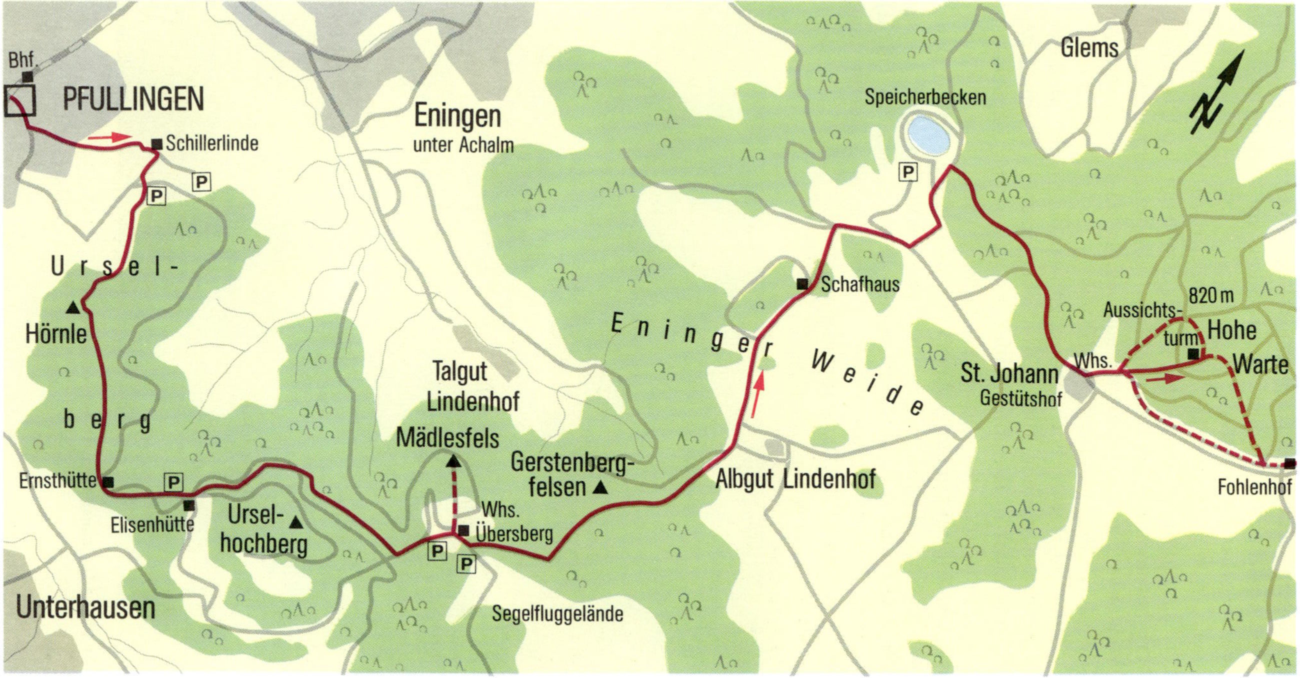
Bhf.
PFULLINGEN
Schillerlinde
Eningen
unter Achalm
Speicherbecken
Glems
Ursel-
Hörnle
berg
Ernsthütte
Elisenhütte
Ursel-
hochberg
Unterhausen
Talgut
Lindenhof
Mädlesfels
Whs.
Übersberg
Gerstenberg-
felsen
Segelfluggelände
Eninger Weide
Schafhaus
Albgut Lindenhof
St. Johann
Gestütshof
Whs.
Aussichts-
turm
820 m
Hohe
Warte
Fohlenhof

An einem weiteren Aussichtspunkt, der Ernsthütte, bei einem Wanderparkplatz mit Blick zum Lichtenstein stößt man auf die neu ausgebaute Fahrstraße.

Der Wanderweg verläuft nun parallel dazu durch den Wald zur Elisenhütte und weiter neben der Straße um den Urselshochberg herum mit blauem Dreieck gut gekennzeichnet. Von der Wanderwegespinne »Rangen« aus beginnt dann der letzte Anstieg durch den Wald auf den *Übersberg*.

Zum 774 Meter hoch gelegenen Aussichtpunkt *Mädlesfels* kann man nun einen kurzen Abstecher machen, ehe man dem roten Dreieck in Richtung St. Johann weiterfolgt. Zunächst auf einem Forstweg, dann auf einem Fußweg verläuft der Wanderweg am Albtrauf entlang. Am Gerstenbergfelsen vorbei gelangt man zu einem Feldweg, der zum *Albgut Lindenhof* führt. Dieser Obere Lindenhof (unten bei Eningen befindet sich das Talgut) dient heute als Versuchsstation für Pflanzen- und Tierzüchtung der Universität Stuttgart-Hohenheim.

Zu Tour 52 **Sigmaringen, Hohenzollernschloß**

(Foto: Verkehrsamt Sigmaringen)

Kerzengerade steigt nun der Weg über die Eninger Weide bergauf, den Lindenhof läßt man rechts liegen. Ein Lehrpfad führt dann am Waldrand entlang zum Schafhaus und über eine Allee zur St. Johanner Steige. Oberhalb von einem Steinbruch überquert man diese Straße und wandert hinüber zum Speicherbecken des *Pumpspeicherwerkes* in Glems. Der mit blauem Dreiblock gekennzeichnete Hans-Widmann-Weg führt nun durch den Wald zum *Gestüt St. Johann*. Im Gestütsgasthof erhält man den Schlüssel für den Aussichtsturm auf der Hohen Warte. Auf demselben Weg oder am Fohlenhof vorbei kehrt man zum Endpunkt St. Johann zurück.

52 Sigmaringen – Fürstenhöhe – Oberschmeien – Sigmaringen

Verkehrsmöglichkeiten Bahn bis Sigmaringen.
Parkmöglichkeiten Parkplatz unter dem Kloster Gorheim an der Straße nach Unterschmeien.
Wegmarkierungen Roter Dreiblock auf der ganzen Strecke.
Tourenlänge 14 km.
Wanderzeit Etwa 4 Stunden.
Höhenunterschiede Insgesamt 644 m; Aufstieg zur Fürstenhöhe 222 m, Abstieg nach Oberschmeien 174 m, Aufstieg zur Römerstraße 100 m, Abstieg nach Sigmaringen 148 m.
Wanderkarten 1:50 000 Blatt L 7920 Sigmaringen.
Wissenswertes Sigmaringen mit Schloß und Museum, Stadtpfarrkirche. Fürstenhöhe mit schöner Aussicht, bei klarem Wetter bis zu den Alpen.
Tourenbeschreibung Vom *Kloster Gorheim* geht man zurück bis zum Taleinschnit bei der Bundesstraße 32. Hier hält man links über die Straße und findet am Berghang und Waldrand den Wegzeiger *Großwieshof–Fürstenhöhe*. Ein steiler Fußpfad ist mit dem roten Dreiblock aufwärts bezeichnet (bequemer steigt der Forstweg im Bogen auf die Höhe). An der Kreuzung »Straßenhauweg« bei der Hütte treffen beide Wege zusammen.

Man bleibt auf dem Forstweg geradeaus bis zur Kreuzung an der Ebinger Steige, wo rechts der Weg zum Großwieshof abzweigt. Nun muß man neben der Straße auf dem Fahrweg wandern.

Nach links weist der Wegzeiger Fürstenhöhe. Kurz vor dem Hof verläuft der bezeichnete Weg an dem Waldstück nach links

N
794 m
NSG
Fürstenhöhe
P
B 463
Großwieshof
Ober-
schmeien
Römerstraße
Weintal
Sigmaringer
Stadtwald
Unterschmeien
B 32
Kloster Gorheim
SIGMARINGEN
Donau
Laiz
Inzigkofen
B 313
0
0,5
2 km

zur Hütte auf der *Fürstenhöhe* (794 m). Man sieht von dort über die Alb und Oberschwaben, den Bussen und bis zu den Bayerischen und Schweizer Alpen. Der rote Dreiblock führt ganz kurz den gleichen Weg zurück, leitet dann aber den Betonweg nach rechts abwärts nach *Oberschmeien.* Am Waldrand hält man auf dem markierten Weg nach links und steigt auf dem Höhenrücken dann steil ab nach Oberschmeien. Auf der Straße kurz nach links, beim Straßenwegzeiger Sigmaringen, weist der rote Dreiblock Gorheim–Sigmaringen direkt an einem Haus nach links steil aufwärts. (Bequemer ist der ansteigende geteerte Fahrweg, der nach einer Kurve auf den steilen Fußweg trifft).

In einem Einschnitt bei einem Feldkreuz mit Aussichtsbank steigt man über den Sattel auf die andere Seite, hält bei der Gabelung rechts weiter auf dem Teerweg und wandert dann geradeaus den grasigen Feldweg bergauf. Man kreuzt im Wald einige Forstwege, steigt aber weiter geradeaus, bis man die Römerstraße, das alte Sträßle zur Fürstenhöhe, erreicht. Hier steht der Wegzeiger »Simaringen 5 km«, der weiterhin geradeaus über die Straße weist. Der Wanderweg verläuft nun, immer der Bezeichnung nach, die Querwege kreuzend zuerst rechts an der Senke vorbei, dann an der nächsten links, leicht absteigend zum *Kloster Gorheim.* Hier steigt man steil ab zu den Häusern und dem Kloster.

53 Sigmaringen/Laiz – Gebrochen Gutenstein – Dietfurt – Inzigkofen – Sigmaringen

Verkehrsmöglichkeiten Bahn bis Sigmaringen, Bus bis Laiz.
Parkmöglichkeiten Wanderparkplatz Donautal bei Laiz.
Wegmarkierungen Rundweg 5 bei Gespaltener Fels, rotes Dreieck bis Dietfurt, roter Dreiblock bis Laiz.
Tourenlänge 15 km.
Wanderzeit Etwa 4 Stunden.
Höhenunterschiede Insgesamt 445 m; Aufstieg zum Gespaltener Fels und Nonnenhof 95 m, Abstieg ins Schmeietal 70 m, 30 m am Hang aufwärts und 40 m steil ab ins Tal, 90 m aufwärts nach Inzigkofen. 70 m ab zur Teufelsbrücke (teilweise steil), 20 m auf- und 30 m abwärts bis Laiz.
Wanderkarten 1:50 000 Blatt L 7920 Sigmaringen.
Anmerkung Abkürzungsmöglichkeit von Gebrochen Guten-

stein aus direkt zum Bahnhof Inzigkofen und über den Nickhof nach Inzigkofen.

Wissenswertes In Laiz Kirche mit schönem Chor. Gebrochen Gutenstein ist eine Ruine auf unzugänglichen Felsen. In Dietfurt ist auch auf einem Felsklotz eine Turmruine. Inzigkofen mit Schloß, das ehemals Augustinerinnenkloster war und heute der Volkshochschule gehört, Bauernmuseum.

Tourenbeschreibung Vom Wanderparkplatz im Donautal in Laiz aus steigt man die Treppen am Hang (Rundwege) hinauf, überquert die Straße und steigt auf den nächsten Treppen weiter. (Von der Bushaltestelle aus geht man auf der Straße nach Unterschmeien bis zur zweitletzten Straße am Berghang und dann links.) Hier hält man links und geht den Fahrweg beim Schützenhaus vorbei und weiter den Weg am Hang, bis man auf den bezeichneten Wanderweg zum *Gespaltenen Fels* trifft, dem man nach links leicht abwärts folgt. Man hat von hier aus eine hübsche Aussicht ins Donautal mit seinen Felsen.

Auf dem markierten Weg wandert man zurück bis zu dem Wegkreuz bei dem großen Findlingsblock (Naturdenkmal). Das rote Dreieck weist nun nach links auf einem Forstweg, zur *Ruine Gebrochen Gutenstein*. Der Blick auf die Ruine auf schroffem Felsen ist von den verschiedenen Seiten sehr schön.

Der Weg biegt am Trauf nach rechts und steigt hinab ins Schmeietal. Neben der Bahn geht man in der Richtung zur Donau, unter dem Viadukt hindurch und auf dem Teerweg zur Straße. Hier folgt man den Wegzeigern über das Viadukt und steigt auf dem Forstweg oberhalb der Straße parallel zur Straße am Hang hinauf. Am Ende der Schmeirer Bergs zweigt der Weg nach *Dietfurt* mit rotem Dreieck links ab, überquert die Straße, Bahn und Donau und verläuft dann nach dem letzten Haus mit rotem Dreiblock nach links (Wegzeiger Inzigkofen–Laiz).

Man wandert zunächst unten am Hang und Waldrand entlang, dann steigt der Weg im Wald nach oben und führt am Prallhang

Zu Tour 53 **Ruine Gebrochen Gutenstein** (Foto: Erwin Pfeifer)

der Donau am Waldrand nach *Inzigkofen.* Bei den großen Bäumen kann man nun entweder dem roten Dreiblock durch den Schloßpark oder dem Rundweg 4 über die Teufelsbrücke nachgehen. Nach der Teufelsbrücke hat man einen schönen Blick auf den Amalienfelsen; im Schloßpark sehenswertes Schloß. Beide Wege treffen nach dem Schloßpark zusammen. Auf dem markierten Weg Laiz–Strandbad hat man nun nochmals eine gute Aussicht aufs Sigmaringer Schloß. Kurz vor der Donaubrücke erreicht man die Bundesstraße, geht über die Brücke und gleich darauf auf der Donaustraße zurück zum Parkplatz.

54 Trochtelfingen – Steinhilben – Augstbergturm – Neuban – Mägerkingen

Verkehrsmöglichkeiten Busverbindung von und nach Reutlingen.
Parkmöglichkeiten In Trochtelfingen.
Wegmarkierungen Gelbes Dreieck.
Tourenlänge Bis Mägerkingen 11 km, Rundwanderung zurück nach Trochtelfingen 14 km.
Wanderzeit 4 Stunden.
Höhenunterschiede Insgesamt 300 m; Aufstieg zum Augstberg 150 m, Abstieg vom Neuban 150 m.
Wanderkarten 1:50 000 Blatt L 7720 Albstadt.
Anmerkung Grillstellen vor dem Augstberg, auf dem Neuban; Aussichtsturm auf dem Augstberg. Abkürzung: direkt vom Augstberg nach Mägerkingen, dort Busverbindung.
Wissenswertes Trochtelfingen war werdenbergische Festung aus dem 14. Jahrhundert: Hoher Turm, Schloß, Rathausplatz, Kirche, Kapellen. Augstberg mit Aussicht auf die Alpen vom Watzmann, Zugspitze, Allgäuer Berge bis Berner Oberland in der Schweiz.
Tourenbeschreibung Von *Trochtelfingen* aus (Bushaltestelle) folgt man zunächst dem Wegzeiger nach *Steinhilben,* später *»Augstbergturm«.* Nach dem letzten Haus an der Straßenkurve zweigt nach links aufwärts der mit gelbem Dreieck markierte Feldweg ab. Bei der Gabelung geht man den Wiesenweg weiter an den Büschen entlang und an den Kreuzen vorbei nach Steinhilben zur Gammertinger Straße. Die Ortsmitte liegt links, der Wegzeiger führt dann von dort nach rechts zum »Augstberg-

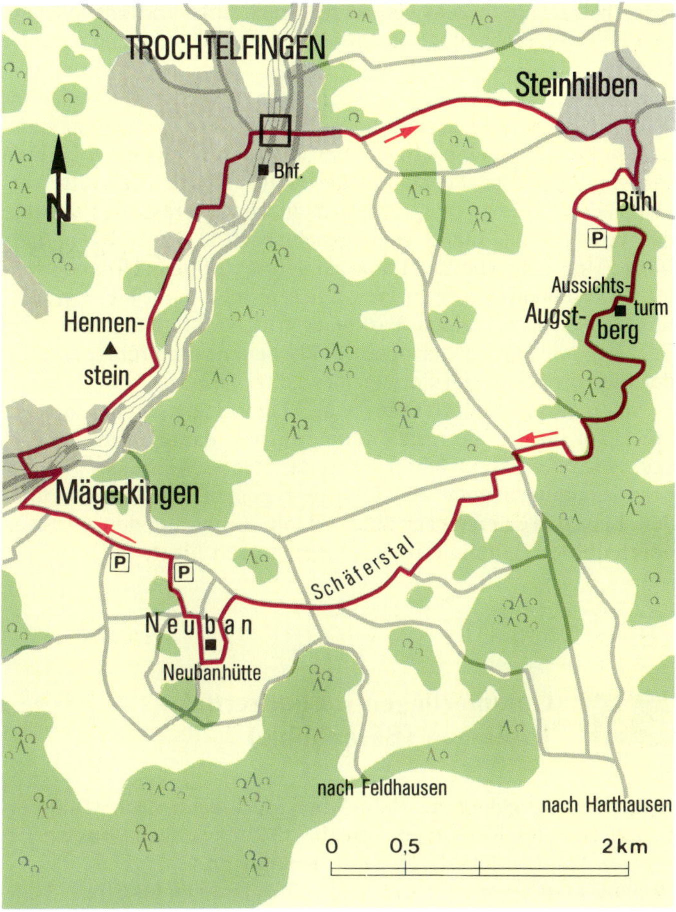

turm–Neuban–Mägerkingen«, in die Augstbergstraße, auf der man bis zum geschnitzten Wegzeiger »Augstbergturm« bleibt. Links geht es dann am Kinderspielplatz, Grillstelle und am Parkplatz vorbei dem gelben Dreieck nach zum immer offenen Turm auf dem Augstberg (849 m).

Beim Ausgang des Turmes geht man links abwärts dem Wegzeiger *»Neuban AP–Mägerkingen«* nach. Die Markierung führt dann links in den Wald und zweigt unten in der Senke wieder links ab. Der Weg kreuzt dann nach rechts das Tal und führt im Wald um die Kuppe herum. Beim Austritt aus dem Wald geht man links im Bogen am Waldrand bis zur Straße Trochtelfingen

–Harthausen. Man geht ein kurzes Stück links und schlägt dann den Feldweg rechts über das freie Feld ein (Markierung an einer Hütte) bis zur Senke.

Hier bei der Kreuzung wandert man entweder geradeaus ins Tal nach Mägerkingen oder links der Markierung »Neuban« und dem gelben Dreieck nach. Bei der nächsten Kreuzung folgt man dem Fahrweg nach rechts auf die Höhe. Neben der Hütte verläuft der markierte Weg aufwärts zu einem grasigen Fahrweg, der im Bogen zur Linde, zur Aussichtsbank und zur *Neubanhütte* führt. Man geht von der Bank zur Hütte auf dem Grasweg weiter bis zu einem geteerten Weg. Diesem folgt man, bis man nach links abwärts auf einen Parkplatz trifft. Man bleibt auf dem Teerweg, der halbrechts an der Feldscheuer vorbeiführt, und findet hier die feste Markierung, das gelbe Dreieck.

Auf diesem Weg erreicht man Mägerkingen, geht dort ein Stück auf der Straße nach Gammertingen, dann rechts zur Kirche. Nach der Kirche hält man wieder rechts, Wegzeiger »Augstberg–Gammertingen« und folgt dem gelben Dreieck, das über den Leiselberg, erst nach links, dann rechts auf den Grasweg oberhalb der Bahnlinie nach Trochtelfingen führt.

55 Gammertingen – Laucherttal – Erpfingen (Bärenhöhle)

Verkehrsmöglichkeiten Bahn über Hechingen nach Gammertingen oder bis Reutlingen, Bus bis Gammertingen. Bus ab Erpfingen bis Reutlingen, Bahn ab Reutlingen.
Wegmarkierungen Ab Bronnen gelbes Dreieck bis Straße Hausen, ab Hörschwag gelbes Dreieck.
Tourenlänge 14 km (zur Bärenhöhle und zurück 5 km mehr).
Wanderzeit 4 Stunden (5 Stunden).
Höhenunterschiede Insgesamt 480 m; Anstieg zum Scheiterwald 110 m, Abstieg nach Hausen 65 m, Anstieg zur Ruine Stetten 95 m, Abstieg 80 m, Anstieg Hohenerpfingen 70 m, Abstieg 60 m (Bärenhöhle 70 m An- und Abstieg).
Wanderkarten 1:50 000 Blatt L 7720 Albstadt.
Wissenswertes Gammertingen war, da es zu Hohenzollern gehörte, preußisch. Es besitzt eine klassizistische Pfarrkirche; das Rathaus ist ein Schloß aus dem 18. Jahrhundert. Im oberen Teil von Hausen ist ein »Bröller«, eine Höhle, die als Hungerbrun-

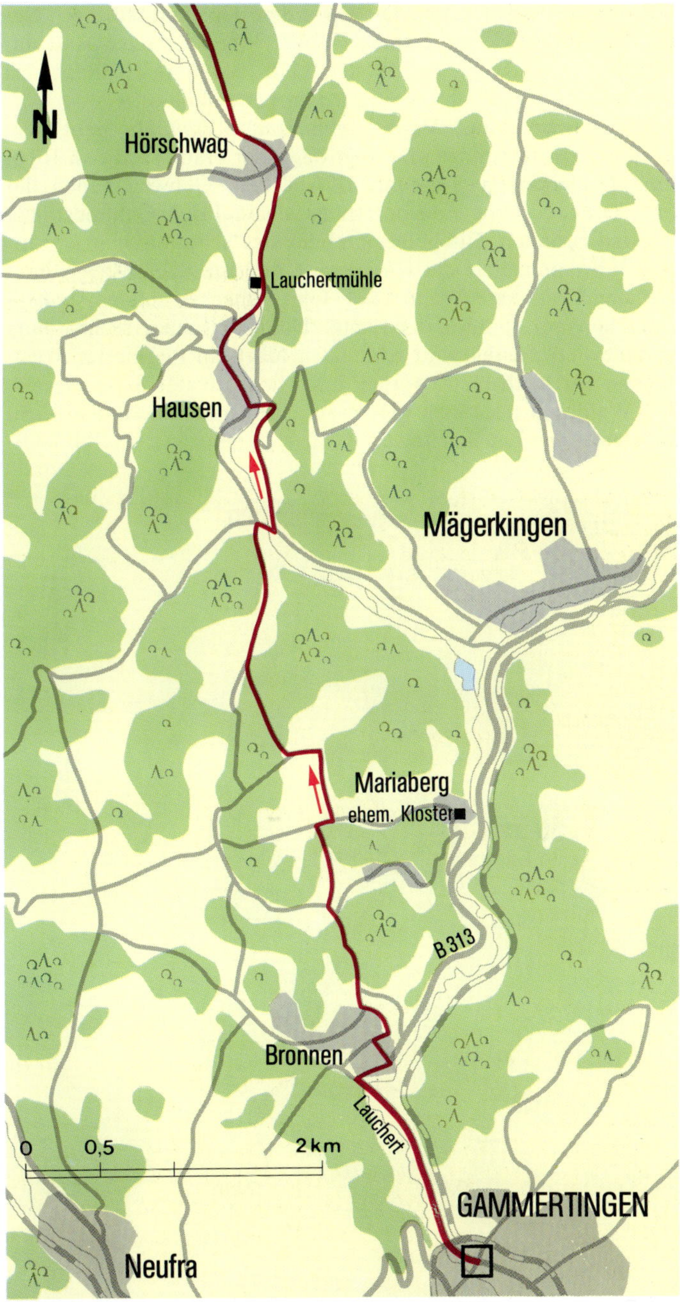
N
Hörschwag
Lauchertmühle
Hausen
Mägerkingen
Mariaberg
ehem. Kloster
B 313
Bronnen
Lauchert
0
0,5
2 km
GAMMERTINGEN
Neufra

nen Wasser führen kann. Die Burgruine Holstein hat ihren Namen nach der Höhle darunter. Von Hohenerpfingen sind nur noch Reste vorhanden. Das schon 778 erwähnte Erpfingen ist durch seine Bärenhöhle bekannt (Tropfsteinhöhle).

Tourenbeschreibung Vom *Gammertinger Bahnhof* geht man zunächst zur Ortsmitte und folgt dann der Hauptstraße in Richtung Mägerkingen–Reutlingen. Auf dem Gehweg neben der Fahrstraße erreicht man durchs *Laucherttal* den Gammertinger Ortsteil Bronnen. Ein gelbes Dreieck des Schwäbischen Albvereins führt nun über die Kirchstraße und die Schloßsteige links aus dem Tal. Der Wanderweg folgt zunächst einem Asphaltsträßchen am Waldrand entlang. Dann hält man rechts, kurz darauf wieder links, und schließlich führt ein markierter Forstweg an der Roth-Hütte vorbei durch den privaten Scheiterwald. Am Waldrand stößt man wieder auf eine Fahrstraße und erreicht so wieder das Laucherttal.

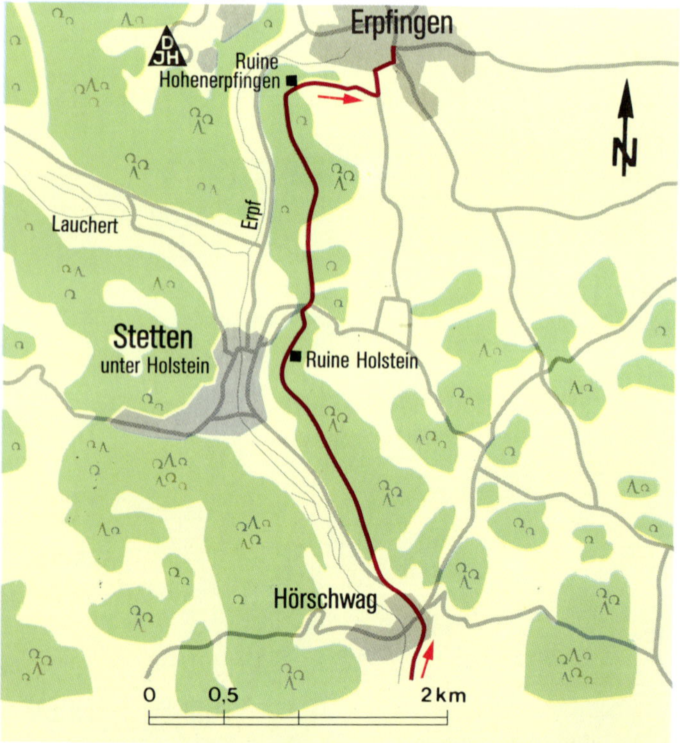

Auf der Fahrstraße verläuft nun der Wanderweg nach Hausen an der Lauchert. Wenn es die Bodenbeschaffenheit zuläßt, kann man jedoch auch den Feldweg auf der linken Lauchertseite hinüber nach Hausen wählen. Nachdem man das *Straßendorf Hausen* bis hin zur Lauchert- oder Gukenmühle durchquert hat, ist es nach Hörschwag nur noch ein Katzensprung. Hier hält man in der Ortsmitte links (Richtung Erpfingen) und verläßt am Ortsende die Fahrstraße nach rechts. Steil steigt nun der Wanderweg hinauf in den Wald. Nahezu geradeaus verläuft dieser Weg zur *Ruine Holstein*, die einst die Ortschaft Stetten im Laucherttal überragte und so zum Namen »Stetten unter Holstein« führte. Durch einen kleinen Sattel, aber dann wieder durch den Wald, führt der Wanderweg mit dem gelben Dreieck weiter zur *Ruine Hohenerpfingen* und nach *Erpfingen*, Gemeinde Sonnenbühl. Von Erpfingen aus besteht noch die Möglichkeit, einen Abstecher zur Bären- oder auch Karlshöhe zu unternehmen.

56 Burladingen – Neufra – Fehlatal – Hettingen

Verkehrsmöglichkeiten Bahn oder Bus ab Hechingen, bis Burladingen, Bahn oder Bus ab Hettingen bis Sigmaringen (Hechingen).
Wegmarkierungen Gelbes Dreieck bis Hettingen.
Tourenlänge 20 km.
Wanderzeit 5 Stunden.
Höhenunterschiede Insgesamt 340 m; 130 m Anstieg zum Lichtenstein, 165 m Abstieg nach Neufra, 45 m abwärts bis Hettingen.
Wanderkarten 1:50 000 Blatt L 7720 Albstadt.
Wissenswertes Burladingen war schon früh besiedelt; in der Nähe war ein römisches Kastell. Die Doppelburg Vorder- und Hinterlichtenstein war von den Lichtensteinern (über Honau) angelegt worden. Neufra mit Muttergotteskapelle von 1591 im Ort und Hochberg-Wallfahrtskapelle von 1751. – Hettingen mit Schloß, barock umgebaut, spätgotischer Kirche, Sebastianskapelle von 1612, Marienkapelle von 1582.
Tourenbeschreibung Vom Bahnhof *Burladingen* aus folgt man zunächst der Bahnhofstraße, dann nach rechts dem Kirchweg zur Hauptstraße. Diese Straße überquert man, hält wenige Meter rechts und geht dann auf der Hermannsdorfer Straße aus dem

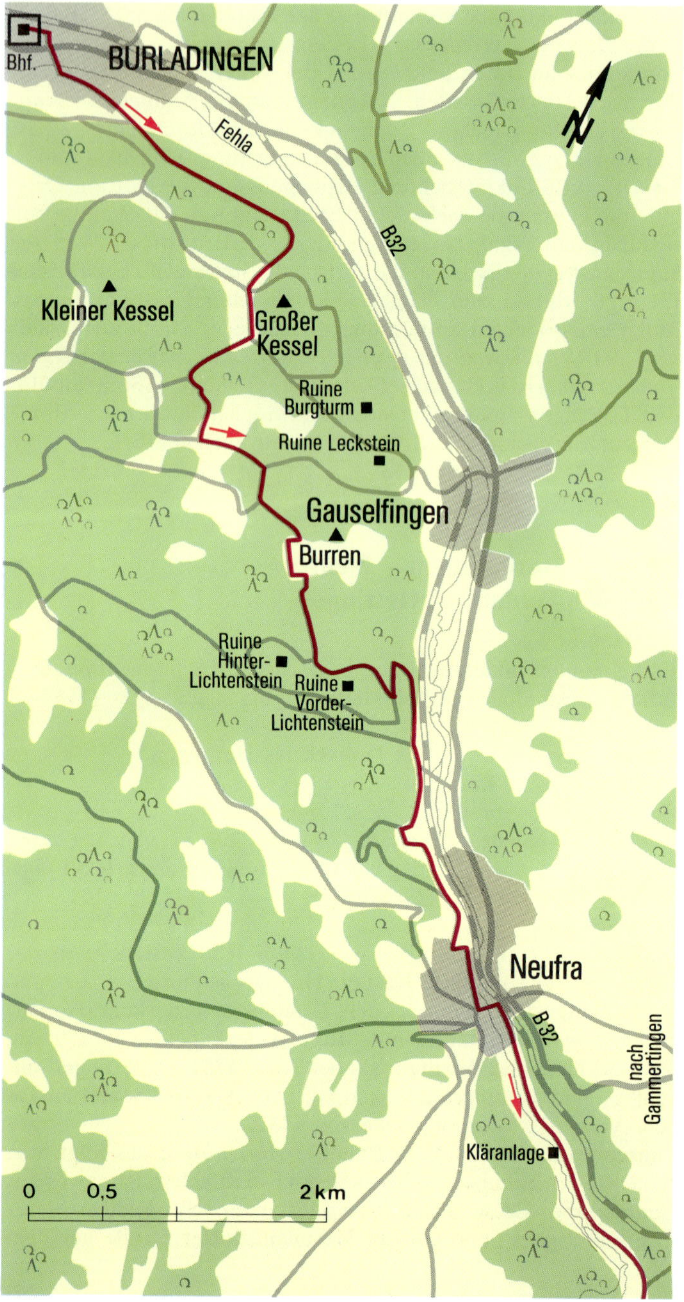

Bhf.
BURLADINGEN
Fehla
B32
Kleiner Kessel
Großer Kessel
Ruine Burgturm
Ruine Leckstein
Gauselfingen
Burren
Ruine Hinter-Lichtenstein
Ruine Vorder-Lichtenstein
Neufra
B32
nach Gammertingen
Kläranlage
0
0,5
2 km

Ort. Bei der ersten Spitzkehre am Waldrand geht man geradeaus auf dem Forstweg weiter am Hang entlang.

Auf dem mit gelbem Dreieck markierten Wanderweg um den »Großen Kessel« kommt man zum Waldrand. Man geht nun am Wald entlang weiter und hält sich im nächsten, beidseitigen Wald links. Auf dem Feldweg stößt man dann auf den Wanderweg nach Gauselfingen unterhalb der Ruine Leckstein. Am Beginn des Waldtales zweigt der mit gelbem Dreieck markierte Wanderweg Richtung Neufra nach rechts ab. Über den Burren gelangt man zu den *Ruinen Vorder- und Hinterlichtenstein*. Von Vorderlichtenstein benützt man den Wanderweg nach *Neufra* auf einem Forststräßchen ins *Fehlatal* (auch: Vehlatal).

Am Waldrand hält man vor der Bahnlinie bei einer Ruhebank rechts und geht am Wald entlang talwärts nach Neufra. Man durchquert den Ort und erreicht über die Rathausstraße und die Bahnhofstraße auf einem Asphaltweg den Friedhof. Bis zur

Zu Tour 53 **Inzigkofen/Donautal** (Foto: Erwin Pfeifer)

Kläranlage ist der Weg in Richtung Hettingen dann noch geteert. Als Feldweg führt der weiter mit gelbem Dreieck bezeichnete Wanderweg nun meist am Waldrand entlang. Man passiert die Fehlatalhütte und folgt dem Lauf des Flüßchens nun bis zur Mündung in die Lauchert. Hier hält man vor der Bahnlinie links und geht zwischen Wald und Schienen zum Endpunkt, dem *Bahnhof Hettingen*, der wie der Bahnhof Burladingen an der Strecke Hechingen–Sigmaringen der Hohenzollerischen Landesbahn liegt.

57 Gutenstein – Thiergarten – Schaufelsen – Hausen an der Donau

Verkehrsmöglichkeiten Bahn bis Sigmaringen, Bus nach Gutenstein und ab Hausen.
Parkmöglichkeiten In Thiergarten
Wegmarkierungen Rotes Dreieck bis Schloß Hausen, dann ohne Markierung.
Tourenlänge 13 km.
Wanderzeit Etwa 4 Stunden.
Höhenunterschiede Insgesamt etwa 700 m; von Gutenberg 33 m Aufstieg, 50 m Abstieg an die Donau, 160 m Aufstieg zum Falkenstein, 77 m Abstieg zum Sattel, dann wieder 100 m Aufstieg, 25 m ins Reiftal ab, 50 m Aufstieg zum Schloß Hausen, 196 m teils sehr steiler Abstieg nach Hausen.
Wanderkarten 1:50 000 Blatt L 7920 Sigmaringen.
Anmerkung Mit dem Auto kann man die Wanderung von Thiergarten aus machen, nach den Steighöfen im Reiftal nach Neidingen absteigen und auf der anderen Donauseite den Talweg zurückgehen (12 km). Man kann auch die beschriebene Wanderung nach Beuron von Hausen aus anschließen. Naturfreundehaus Donautal (Steighöfe).
Wissenswertes Gutenstein mit Ruine Burgfelden und dem Schloß auf dem Donaufelsen, das einst dem Grafen Castell (Malefizschenk) gehörte. Thiergarten war der Wildpark für den Falkenstein, der auch den Grafen Zimmern und dann den Grafen Fürstenberg gehörte. Schloß Hausen aus dem 11. Jahrhundert wurde 1813 abgebrochen, heute Gutshof.
Tourenbeschreibung In *Gutenstein* geht man von der Straße nach Meßkirch bei der Post rechts ab zur »Sonne«, hier rechts, gleich wieder links, an Schloß und Kinderspielplatz vorbei, bei der Kreuzung links, bis man rechts beim Landschaftschutzgebiet den Wegzeiger Thiergarten 2 km findet. Man steigt steil abwärts, folgt dann dem Weg an der Donau entlang, kommt oberhalb des Bahntunnels auf einen Fahrweg, den man nach links abwärts wieder verläßt und bei den Häusern über die Donaubrücke nach *Thiergarten* gelangt.

Beim »Hammer« kreuzt man die Hauptstraße und wandert den Steinbruchweg beim Wegzeiger Falkenstein–Schaufelsen –Steighöfe hinauf dem roten Dreieck nach. Bei der Gabelung wählt man den mittleren Weg und geht dann auf dem ersten Feldweg direkt nach links auf die andere Talseite. Hier wählt man entweder das rote Dreieck Schaufelsen direkter Anstieg

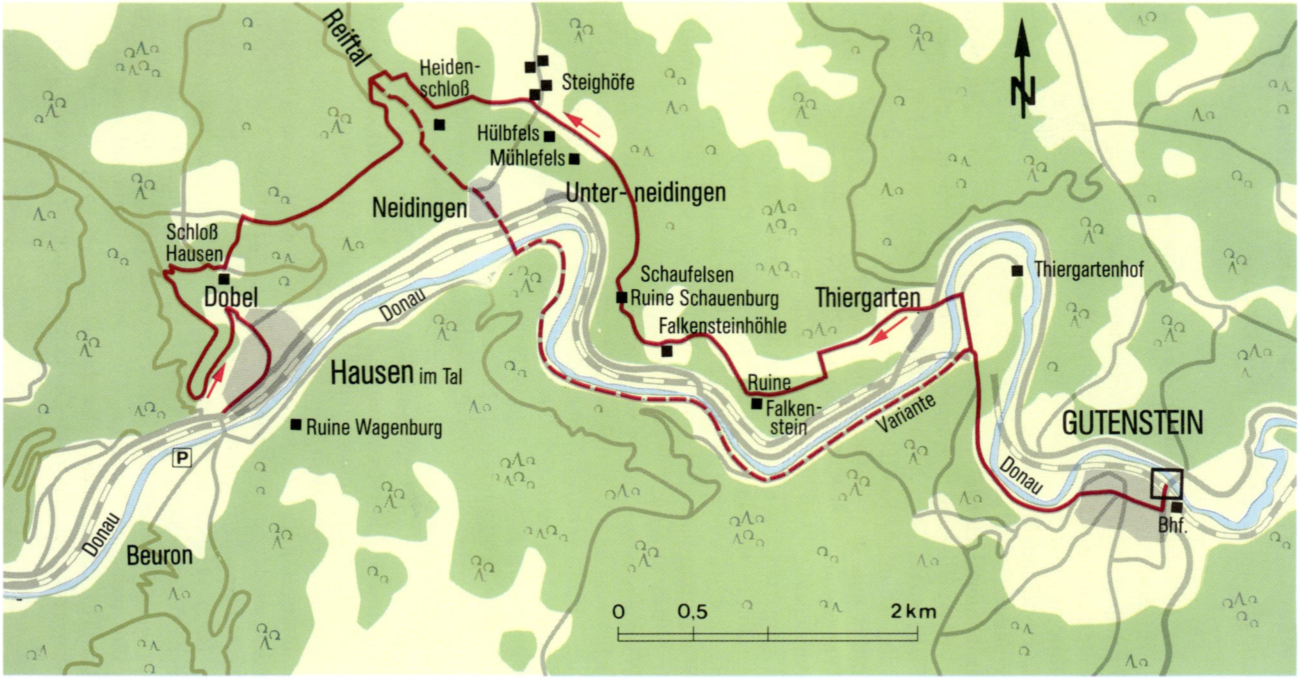
Reiftal
Heiden-
schloß
Steighöfe
Hülbfels
Mühlefels
Neidingen
Unter-neidingen
Schloß
Hausen
Dobel
Donau
Hausen im Tal
Ruine Wagenburg
Schaufelsen
Ruine Schauenburg
Falkensteinhöhle
Thiergarten
Ruine
Falken-
stein
Variante
Thiergartenhof
GUTENSTEIN
Donau
Bhf.
Beuron
Donau
P
N
0
0,5
2 km

oder am Trauf entlang den roten Dreiblock über den *Falkenstein.* Auf Stufen erreicht man durch das Tor die Reste der oberen Burg. Man gelangt wieder auf den Weg mit dem roten Dreieck und in den Sattel (Bergwachthütte) und steigt dann auf den *Schaufelsen*, der seinen Namen nicht zu Unrecht trägt.

Ohne großen Höhenunterschied wandert man zu den *Steighöfen* mit dem Naturfreundehaus. Hier geht man mit dem roten Dreieck nach *Schloß Hausen* weiter. Man kommt ins Reiftal und folgt dort dem roten Dreieck geradeaus, das auf einem Forstweg aus dem Tal führt. Der Weg macht einen Bogen nach rechts und nach einem guten Kilometer zweigt scharf links ein Fußweg markiert nach Schloß Hausen ab. (Auf dem Forstweg bleibend macht man einen Umweg). Vom Schloß Hausen steigt man auf einem steilen Zickzackweg ab in den Ort Hausen.

Im Reiftal kann man auch einen anderen Weg vor der Brücke links (markiert) steil absteigen und in Neidingen geradeaus durch den Ort über die Donau auf den abwärts führenden Talweg gehen.

Zu Tour 54 **Trochtelfingen**, ein vollständig erhaltenes **Türmchen der Stadtbefestigungsanlagen** (Foto: Stadtverwaltung Trochtelfingen)

58 Hausen – Werenwag – Eichfelsen – Beuron

Verkehrsmöglichkeiten Bahn bis Sigmaringen, Bus bis Hausen und ab Beuron.
Parkmöglichkeiten Wanderparkplatz an der Donau bei Hausen.
Wegmarkierungen Rote Raute bis Werenwag, roter Dreiblock bis Rauher Stein, rote Raute oder gelbes Dreieck nach Beuron.
Tourenlänge 11 km (18 km).
Wanderzeit 3 Stunden (5 Stunden).
Höhenunterschiede Insgesamt 630 m; 185 m Aufstieg zum Schloß Werenwag, 140 m Abstieg ins Finstertal, 145 m Aufstieg zum Eichfelsen, 180 m Abstieg nach Beuron.
Wanderkarten 1:50 000 Blätter L 7920 Sigmaringen und L 7918 Spaichingen.
Anmerkung Diese Wanderung kann im Anschluß an die Wanderung Nr. 57 von Gutenstein gemacht werden. Autowanderer parken in Hausen und gehen von Beuron aus auf dem Talweg mit rotem Dreiblock wieder zurück, dann sind es 18 km.
Wissenswertes Schloß Werenwang war schon im 11. Jahrhundert bekannt; es gehörte unter anderem den Herren von Werenwag, zu Vorderösterreich und seit dem 19. Jahrhundert den Fürstenbergs. Irndorf wurde schon im 8. Jahrhundert erwähnt und besitzt eine spätgotische Friedhofskapelle. Beuron wurde 1077 als Augustinerkloster gegründet, 1687 wurde es Abtei. Jetzt ist es Benediktiner-Erzabtei. Das Kloster und die Klosterkirche sind barock (F. Beer und M. Scharpf, Vorarlberger Schule). Die Beuroner Schule wurde Ende des letzten Jahrhunderts als Kunstschule bekannt.
Tourenbeschreibung Vom Bahnhof *Hausen* aus geht man der roten Raute nach die Steige halblinks, dann rechts den steilen Fußweg zum Waldrand und nun nach links aufwärts zur Kurve der Straße nach Werenwag. Man kürzt wieder die nächste Serpentine ab und gelangt nach *Werenwag*. Am Schloß vorbei schaut man vom Schreyfelsen ins Tal; der Weiterweg zum Eichfelsen ist mit rotem Dreiblock gekennzeichnet. Der markierte Weg verläuft nun vom Schluchtende aus steil abwärts, um den Berg herum ins Finstertal und führt auf einem Forstweg gut bezeichnet wieder aus dem Finstertal auf die Höhe, die er kurz vor dem Eichfelsen wieder erreicht. Auch vom *Eichfelsen* aus sieht man wieder ins Tal und zum Wildenstein hinüber.

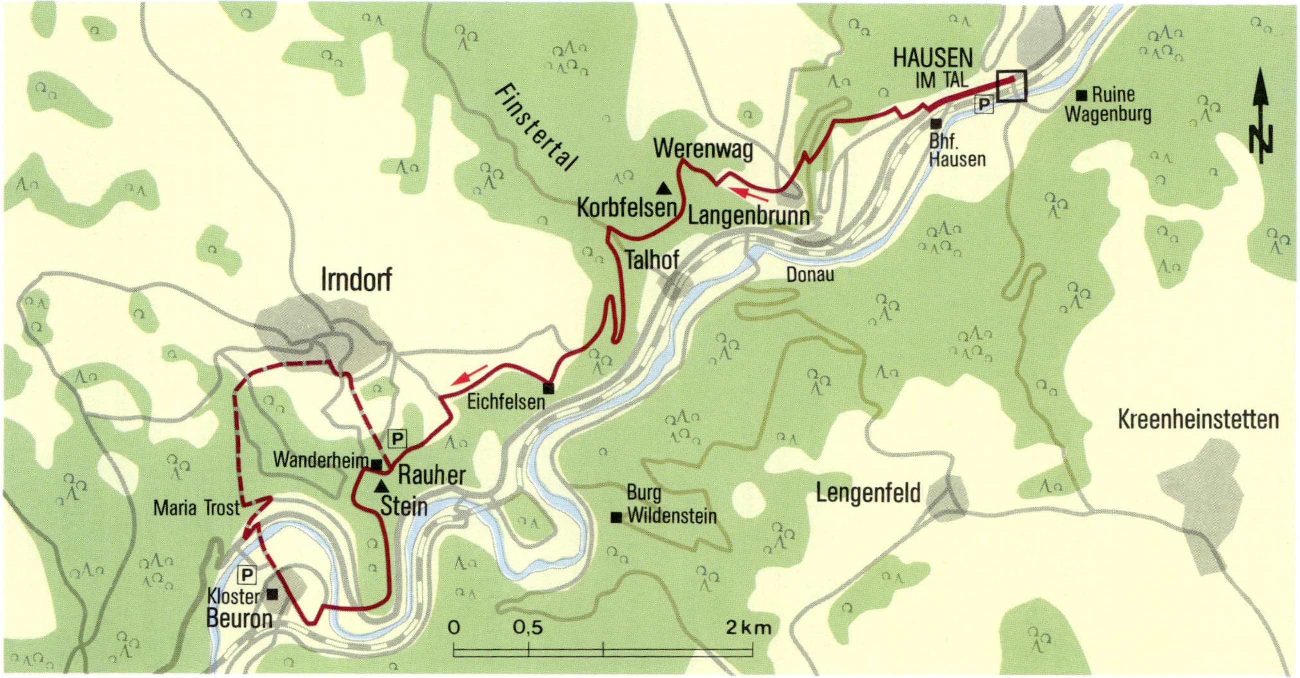
HAUSEN
IM TAL
Ruine
Wagenburg
Bhf.
Hausen
P
N
Werenwag
Finstertal
Korbfelsen
Langenbrunn
Talhof
Donau
Irndorf
Eichfelsen
Kreenheinstetten
Wanderheim
Rauher
Stein
Lengenfeld
Burg
Wildenstein
Maria Trost
Kloster
Beuron
0
0,5
2 km

Man wandert nun am Trauf entlang weiter zum *Rauhen Stein*. Über das Wanderheim des Albvereins führt der Weg entweder scharf links durch das Tal abwärts zur Donautalstraße und dann auf dem Fußweg nach rechts zum Donausteg und Bahnhof Beuron. Ober man wandert noch bis zum Ortsrand von Irndorf, hält beim ersten Weg in der Mulde links, an der Friedhofskapelle wieder links abwärts und kommt bei Maria Trost auf die Straße nach Beuron. Autofahrer gehen nun am Kloster vorbei aufwärts über die Brücke der Bahnlinie, halten gleich links und wandern auf dem mit rotem Dreiblock bezeichneten Weg übers Donauhaus zurück zum Parkplatz bei Hausen.

59 Leibertingen – Burg Wildenstein – Hohler Felsen – Bandfelsen – Leibertingen

Parkmöglichkeiten Wanderparkplatz Burg Wildenstein bei Leibertingen.
Wegmarkierungen Rotes Dreieck bis Lengenfelder Steige, roter Dreiblock ab Lengenfelder Steige.
Tourenlänge 11 km.
Wanderzeit Etwa 3 Stunden.
Höhenunterschiede Insgesamt 440 m; 220 m sehr steiler Abstieg ins Donautal, 220 m Aufstieg zurück.
Wanderkarten 1:50 000 Blatt L 7920 Sigmaringen.
Anmerkung Wem der Abstieg über die Burg Wildenstein zu steil ist, der kann vom Parkplatz aus den Forstweg Richtung Beuron absteigen und dann die Donausteige, immer rechts halten, in Serpentinen ans Donauhaus kommen. Ruhetag der Burgschänke Wildenstein montags.
Wissenswertes Die Burg Wildenstein wurde im 11. Jahrhundert erstmals erwähnt und kam von den Wilden von Wildenstein Ende des 14. Jahrhunderts an die Grafen von Zimmern. Im 17. Jahrhundert kam es an die Fürstenbergs. Das Jugendherbergswerk hat in den 70er Jahren mit viel Verständnis und Kosten die Burg renoviert und den heutigen sanitären Bedürfnissen angepaßt.
Tourenbeschreibung Vom Wanderparkplatz *Wildenstein* bei *Leibertingen* mit Grillstelle, Rast- und Spielplatz geht man zur Burg. Vor der Brücke weist das rote Dreieck Tobelweg–Beuron nach links abwärts. Bei der Abschrankung an den Felsen genießt

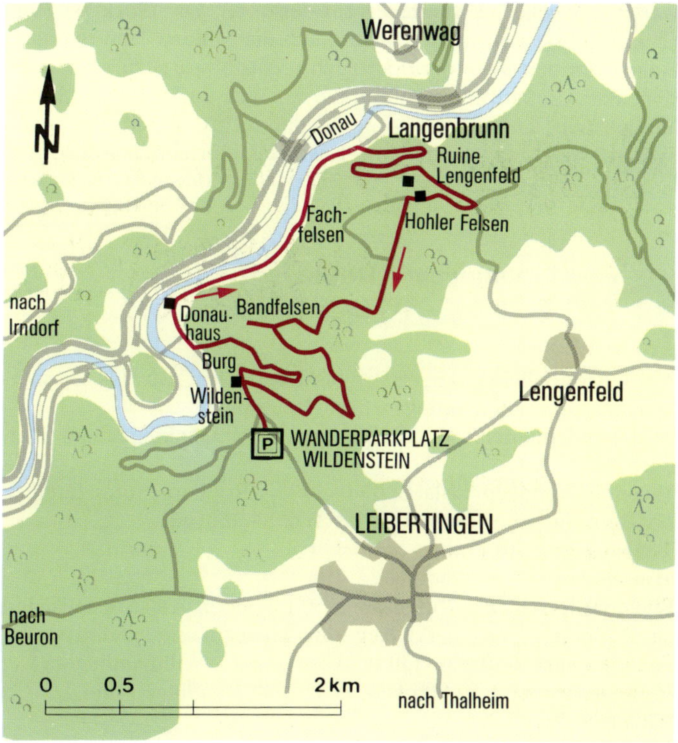

man noch den hübschen Blick ins Tal und auf den gegenüberliegenden Eichfelsen. Zwischen der Vorburg und der Hauptburg im tiefen Graben führt der Weg, mit interessanten Aufblicken zur Burg, um die Felsenecke in die Schlucht und darin steil abwärts zur Donau. Auf dem Talweg hält man rechts und wandert am *Donauhaus* vorbei unter den Felsen donauabwärts dem roten Dreieck nach.

Vor der Donaubrücke, am Waldrand, erreicht man einen nach halbrechts aufwärts verlaufenden Forstweg (unbezeichnet), dem man folgt. Er führt in Serpentinen nach Lengenfeld. Nach dem Felsenüberhang, in einer Kurve, trifft man auf den mit rotem Dreieck markierten Weg, der rechts aufwärts zum *Hohlen Felsen–Wildenstein* steigt. Bei der Wanderwegegabelung auf der Höhe kann man entweder links dem roten Dreiblock folgen oder rechts einen Bogen der roten Raute nach machen und zum Aussichtspunkt auf dem Fachfelsen vorgehen. Auch dieser lohnenswerte Abstecher führt wieder auf den roten Dreiblock-Weg zurück. Auf diesem wandert man durch die Mulde, dann in einem Bogen um den Berg und hält nach rechts abwärts zum *Bandfelsen.* Man geht zurück zum markierten Weg und rechts Richtung Wildenstein, an der Kreuzung wieder rechts; durch das kleine Waldtal steigt man wieder zum Rastplatz oberhalb der Burg auf.

60 Gönningen – Roßberg – Bolberg – Willmandingen

Verkehrsmöglichkeiten Bahn bis Reutlingen, Bus bis Gönningen, Bus ab Willmandingen nach Reutlingen.
Parkmöglichkeiten Wanderparkplatz bei Genkingen am Rinderberg.
Wegmarkierungen Blaues Dreieck bis Roßberg, rotes Dreieck bis Bolberg, roter Dreiblock bis Willmandingen.
Tourenlänge 10 km.
Wanderzeit 3½ Stunden.
Höhenunterschiede Insgesamt 950 m; 330 m Aufstieg teils steil zum Roßberg, 240 m Abstieg zum Hirschhäusle, 250 m steiler Aufstieg zum Bolberg, 130 m Abstieg nach Willmandingen.
Wanderkarten 1:50 000 Blätter L 7520 Reutlingen und L 7720 Albstadt.
Anmerkung Als Rundwanderung vom Parkplatz Genkingen aus auf den Roßberg, vom Bolberg aus dann am Hang wieder mit rotem Dreiblock zurück; 2 km mehr Weg, 210 Höhenmeter weniger.
Wissenswertes Gönningen wurde durch seinen Samenhandel bekannt. Auf dem Roßberg ist außer dem Aussichtsturm noch ein Wanderheim vom Albverein. Die Aussicht ist umfassend und reicht bei klarem Wetter bis zu den Alpen und in den Schwarzwald. Der Ausblick vom Bolberg reicht nicht so weit, ist aber auch sehr reizvoll. Willmandingen am Laucherursprung mit frühgotischer, umgebauter Kirche.
Tourenbeschreibung Vom Reutlinger Stadtteil *Gönningen* führt der mit blauem Dreieck bezeichnete Wanderweg direkt auf den 869 Meter hohen *Roßberg.* Der Weg schneidet dabei die S-Kurven des Fahrwegs durch den Wald immer wieder ab. Nach einem Besuch des Aussichtsturms geht man auf dem Fahrweg wieder hinunter an den Waldrand. Bei dem Wanderparkplatz hält man rechts und folgt dem mit rotem Dreieck markierten

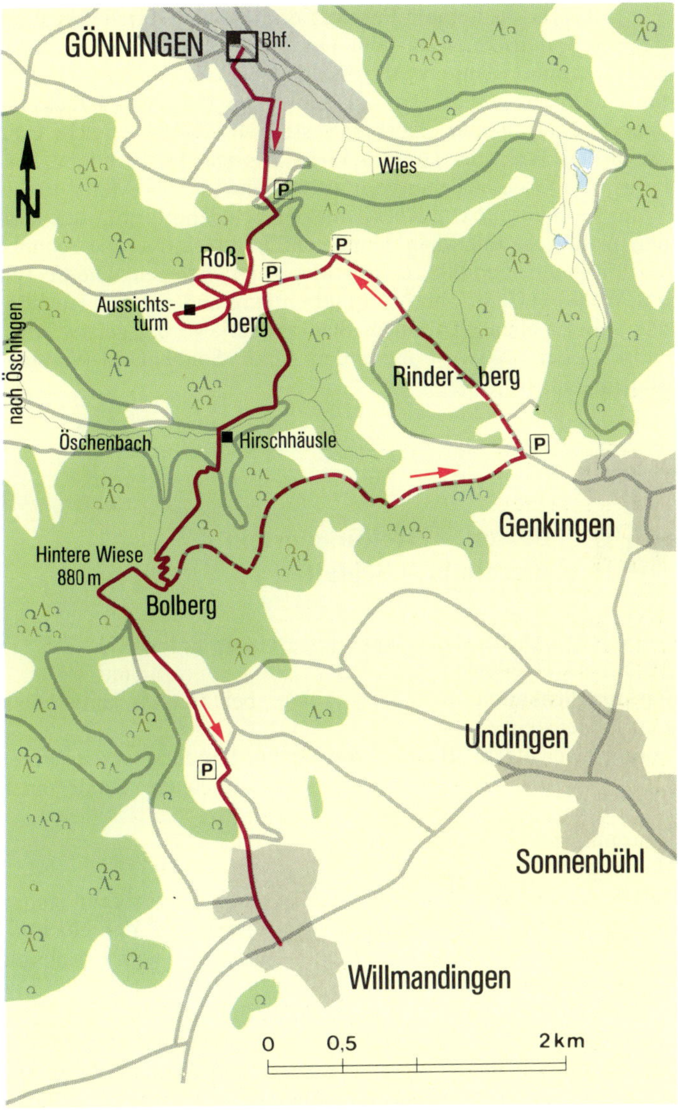
GÖNNINGEN
Bhf.
Wies
Roß-
berg
Aussichts-
turm
nach Öschingen
Rinder-
berg
Öschenbach
Hirschhäusle
Genkingen
Hintere Wiese
880 m
Bolberg
Undingen
Sonnenbühl
Willmandingen
0
0,5
2 km

Weg abwärts. Auf einem Fahrweg erreicht man durch den Wald das *Öschenbachtal.* Man geht nun zunächst ein Stück talwärts und überquert dann beim Hirschhäusle links den Bach. Steil führt nun der Wanderweg mit dem roten Dreieck im Zickzack den Albtrauf hinauf. Nochmals steil ansteigend erreicht man durch den Wald die Hintere Wiese des 881 Meter hohen Bolbergs. Im Öschenbachtal war man mehr als 200 Meter tiefer. Vom *Aussichtspunkt Bolberg* mit der Schutzhütte und der kleinen Waldwiese folgt man dem roten Dreiblock über die Schanze und die Seebachmühle in Richtung *Willmandingen.* Dieser Teil des Weges verläuft am Waldrand entlang und auf der Hochfläche nahezu eben. An einem Schotterwerk vorbei gelangt man dann auf der Bolbergstraße in den Zielort Sonnenbühl-Willmandingen.

61 Belsen – Dreifürstenstein – Kornbühl – Schlatt

Verkehrsmöglichkeiten Bahn bis Belsen, Bahn oder Bus ab Schlatt bis Hechingen.
Parkmöglichkeiten Wanderparkplatz bei Beuren unter dem Dreifürstenstein.
Wegmarkierungen Blaues Dreieck bis Dreifürstenstein, roter Dreiblock über Kornbühl zum Albtrauf, blaue Raute nach Schlatt.
Tourenlänge 18 km.
Wanderzeit 4½ Stunden.
Höhenunterschiede Insgesamt 860 m; 350 m teils sehr steiler Aufstieg zum Dreifürstenstein, 50 m abwärts auf der Hochfläche, 80 m Aufstieg zum Kornbühl, 80 m Abstieg vom Kornbühl, 300 m Abstieg nach Schlatt.
Wanderkarten 1:50 000 Blatt L 7720 Albstadt.
Anmerkung Als Rundwanderung vom Parkplatz Beuren aus sind es 300 Höhenmeter weniger, man muß dann am Trauf zurück zum Dreifürstenstein, die Kilometerzahl bleibt dieselbe.
Wissenswertes Belsen mit uralter romanischer Kapelle mit seltenen Reliefs. Auf dem Dreifürstenstein sollen die drei Fürsten von Württemberg, Hohenzollern und Fürstenberg, jeder auf seinem Grund sitzend, getagt haben. Der Kornbühl bietet bei klarem Wetter eine Aussicht bis zu den Alpen; die Kapelle ist vom

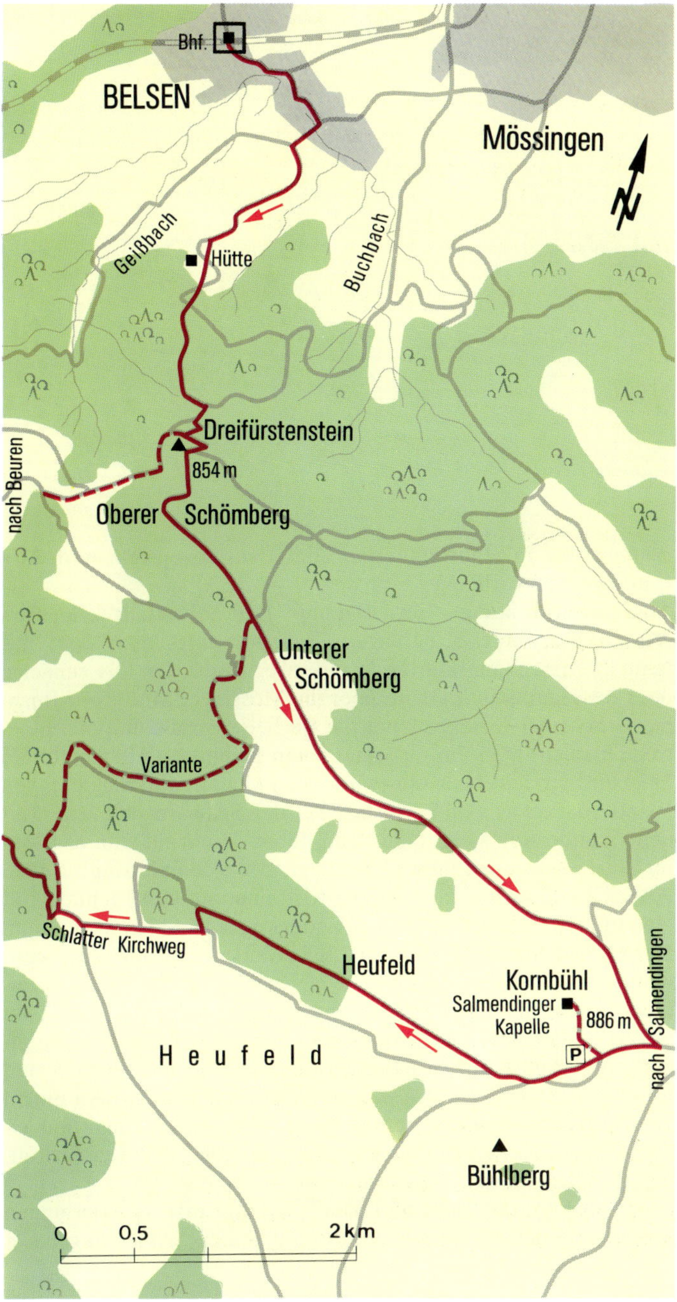

Bhf.
BELSEN
Mössingen
Geißbach
Hütte
Buchbach
Dreifürstenstein
854 m
nach Beuren
Oberer
Schömberg
Unterer
Schömberg
Variante
Schlatter Kirchweg
Heufeld
Kornbühl
Salmendinger
Kapelle
886 m
nach Salmendingen
P
H e u f e l d
Bühlberg
0
0,5
2 km

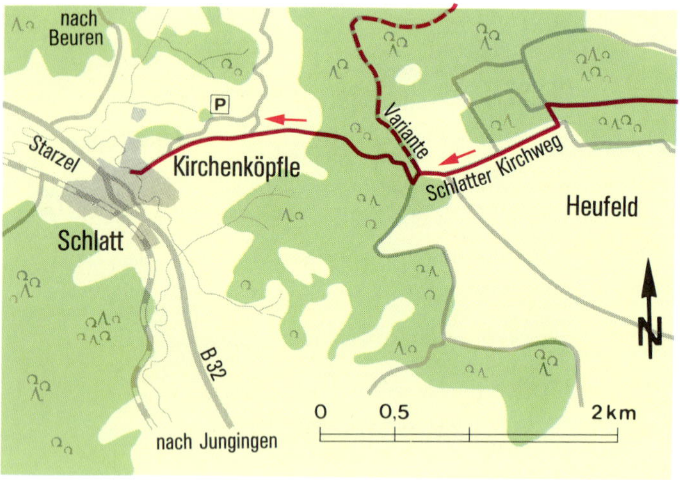

Anfang des 16. Jahrhunderts. Vom Dreifürstenstein und Albtrauf schöne Ausblicke.

Tourenbeschreibung Vom Bahnhof Bad Sebastiansweiler-Belsen an der Strecke Tübingen–Balingen folgt man dem mit blauem Dreieck markierten Wanderweg durch den Ort zunächst über die Hauptstraße, dann über die Mössinger Straße zur Bernhard–Schlegel–Straße. Über die Barbelsenstraße und die Steiggasse erreicht man am Ortsrand einen Spielplatz. Hier hält man links und erreicht über Obstwiesen auf einem Fahrsträßchen den Wanderparkplatz Alter Morgen bei der Schwarzbühlhütte. Auf dem Wanderweg steigt man dann durch den Wald zum 854 Meter hoch gelegenen *Dreifürstenstein.* Vor dem letzten, steilen Aufstieg auf einem Zickzackweg trifft man auf den ebenfalls mit blauem Dreieck markierten Wanderweg aus Mössingen. Vom Dreifürstenstein mit seiner Aussicht und der Schutzhütte geht man einem roten Dreieck und gleichzeitig einem roten Dreiblock nach in Richtung Jungingen oder Salmendingen. Am Bergtrauf des Oberen Schömbergs entlang bleibt man bis zu einer Wegespinne am Waldrand. Hier hält man geradeaus und folgt dem roten Dreiblock in Richtung Salmendingen. An einem Wanderparkplatz und einem Kreuz vorbei wandert man auf einem Fahrsträßchen über die Hochfläche des Unteren Schömbergs wieder an den Waldrand.

Auf der nun asphaltierten Straße gelangt man in Windungen an den Fuß des *Kornbühls* mit der bekannten *Salmendinger Ka-*

pelle. An der Hauptstraße hält man rechts und steigt auf dem Stationsweg auf den *Kornbühl* mit seiner umfassenden Aussicht. Nach dem Rückweg zu einem Wanderparkplatz weist der rote Dreiblock nun nach rechts in Richtung *Schlatt*. Neben der Landstraße zieht sich der Wanderweg auf einem Feldweg über das Heufeld und durch ein Waldstück. Am Bergtrauf ins Starzeltal verläuft dieser Schlatter Kirchenweg als Zickzackweg über das Kirchenköpfle hinunter nach Schlatt an Bahn- und Buslinie nach Hechingen.

62 Jungingen – Backofenfelsen – Raichberg – Onstmettingen

Verkehrsmöglichkeiten Bahn bis Hechingen, Bahn oder Bus nach Jungingen, Bahn oder Bus ab Onstmettingen.
Wegmarkierungen Blaues Dreieck bis Albhöhe, rotes Dreieck zum Backofenfelsen, rotes Dreieck zum Raichberg, rote Raute nach Onstmettingen.
Tourenlänge 12 km.
Wanderzeit 3 Stunden oder 4½ Stunden.
Höhenunterschiede Insgesamt 495 m; 275 m steiler Anstieg auf den Himberg, 80 m Anstieg auf den Raichberg, 140 m Abstieg nach Onstmettingen.
Wanderkarten 1:50 000 Blätter L 7720 Albstadt und L 7718 Balingen.
Anmerkung Wer weiter wandern will (18 km), geht von Onstmettingen aus der roten Raute nach zum Wirtshaus »Stich«, dann dem roten Dreieck nach über den Heiligenkopf und Thanheim nach Bisingen (265 m Abstieg).
Wissenswertes In Jungingen Kirche mit Renaissance-Bildwerken. Die Herren von Jungingen trugen zum Teil den Namen »Affenschmalz«. Bei der Traufwanderung hat man immer wieder schöne Ausblicke. Der Hangende Stein neigt sich immer weiter vor, so daß der Steg immer wieder verlängert werden muß. Unter dem Backofenfels ist eine kleine Höhle, daher der Name. Der Raichbergturm und das Nägelehaus gehören dem Albverein. Vom Turm umfassende Aussicht bei klarem Wetter bis zum Schwarzwald und zu den Alpen. In Onstmettingen hat der Pfarrer Ph. M. Hahn gelebt, der Gründer der feinmechanischen Industrie auf der Alb.

Bisingen
Thanheim
Zeller Horn
912 m
Backofenfelsen
942 m
Raichbergturm
Nägelehaus
Raichberg
923 m
Hangender Stein
Kohlwinkelfelsen
Heufeld
JUNGINGEN
Bhf.
Junginger
Wald
Heiligen-kopf
Klingenbach
Lengenloch
Schmiecha
Whs. Stich
Onstmettingen
Heuberg
zum Bahnhof
0
0,5
2 km

Tourenbschreibung Vom Bahnhof *Jungingen* der Hohenzollerischen Landesbahn folgt man dem mit blauem Dreieck markierten Wanderweg zunächst talwärts und überquert die Gleise. Am Ortsende trifft man auf eine Wegegabelung und hält hier zunächst rechts, gleich darauf links. Gut markiert führt der Wanderweg mit dem blauen Dreieck nun in den *Junginger Wald.* Stetig steigt der Forstweg dabei und wird immer enger, bis man an den Anfang des Steilanstiegs gelangt.

Ein rotes Dreieck kennzeichnet jetzt den Weg auf der Waldhöhe direkt am Bergrand entlang nach rechts. Der Wald Gockeler bleibt links liegen. Um die Schluchtspitze herum erreicht man wieder am Trauf den *Hangenden Stein,* zu dem man über einen tiefen Spalt über einen Steg gehen muß.

Am Trauf wandert man weiter zum *Backofenfelsen,* hält hier links und folgt dem roten Dreieck zum *Raichbergturm* und *Nägelehaus.* Eine rote Raute zeigt dann den Rückweg nach Onstmettingen. Hier verläuft der bezeichnete Weg teils auf, teils neben dem Fahrweg. In Albstadt-Onstmettingen muß man nahezu den ganzen Ort durchqueren, um zum Bahnhof zu kommen. Nach Bisingen geht man durch den Ort auf die andere Talseite und folgt am Hang des Heubergs der roten Raute zum Stich. Hier beim Parkplatz steigt man auf die Höhe zum Heiligenkopf und steil mit dem blauen Dreieck nach Thanheim und Bisingen.

Zu Tour 56 **Burladingen**
(Foto: Lizenznummer 9/47 311, Luftbild Elsäßer, Stuttgart, Motiv Nr. 45 400, freigegeben vom Regierungspräsidium Nordwürttemberg)

63 Onstmettingen – Linkenboldshöhle – Schloßfelsen – Albstadt/Ebingen

Verkehrsmöglichkeiten Bahn oder Bus bis Albstadt-Onstmettingen, Bahn ab Albstadt-Ebingen.
Wegmarkierungen Rote Raute ab Straße Hausen bis Straße nach Bitz, roter Dreiblock von Straße Truchtelfingen bis Ebingen.
Tourenlänge 15 km.
Wanderzeit 4 Stunden.
Höhenunterschiede Insgesamt 465 m; Aufstieg zur Linkenboldshöhle 115 m, nach Neuweiler 65 m ab, auf die Hochfläche 75 m auf, steil ab nach Ebingen 210 m.
Wanderkarten 1:50 000 Blatt L 7720 Albstadt.
Anmerkung Rucksackvesper empfehlenswert.
Wissenswertes Onstmettingen, nahe am Zollerngraben, ist meist das Zentrum der in Württemberg auftretenden Erdbeben. Die Linkenboldshöhle ist eine Tropfsteinhöhle, in der der sagenhafte Linkenbold versteinert haust. Der Ebinger Schloßfelsen war wohl früher befestigt, schöne Aussicht. Ebingen kam 1469 an Württemberg, wurde aber wahrscheinlich schon um 1250 gegründet. Die ehemals gotische Kirche (Turm und Chor erhalten) wurde im 17. Jahrhundert umgebaut. Der Marktbrunnen stammt von 1545. Onstmettingen und Ebingen haben viel Industrie.
Tourenbeschreibung Von der Ortsmitte in *Albstadt-Onstmettingen* folgt man zunächst der Linkenboldstraße in Richtung Hausen im Killertal. Auf dem Weg links neben der Straße verläßt man das Schmiechatal und geht links an einem Steinbruch vorbei bis zu dem mit roter Raute markierten Wanderweg, der auch als Rundweg 5 bezeichnet ist. Man kreuzt nun die Landstraße und folgt einem Feldweg bis zum Waldstück und der *Linkenboldshöhle.* Dieser 140 Meter lange Felsspalt enthält Tropfsteine.

Der Weg mit der roten Raute verläuft nahezu eben an einem Umspannwerk vorbei hinüber zur Straße bei *Neuweiler.* Hier hält man rechts, geht nach ungefähr 300 Metern nach links aufwärts der roten Raute nach über die Höhe des Schönbuchs. Beim Abstieg trifft man nach einer Hütte auf ein Fahrsträßchen, bei dem man wieder im spitzen Winkel (roter Dreiblock) nach links am Waldrand weiterwandert. Man bleibt im Bogen am halben Hang, erreicht wieder das Sträßchen, das man unter der Hochspannungsleitung überquert.

Ein roter Dreiblock weist nun den Weg über die Hochfläche in den Wald und am Waldheim vorbei zum *Schloßfelsen* über

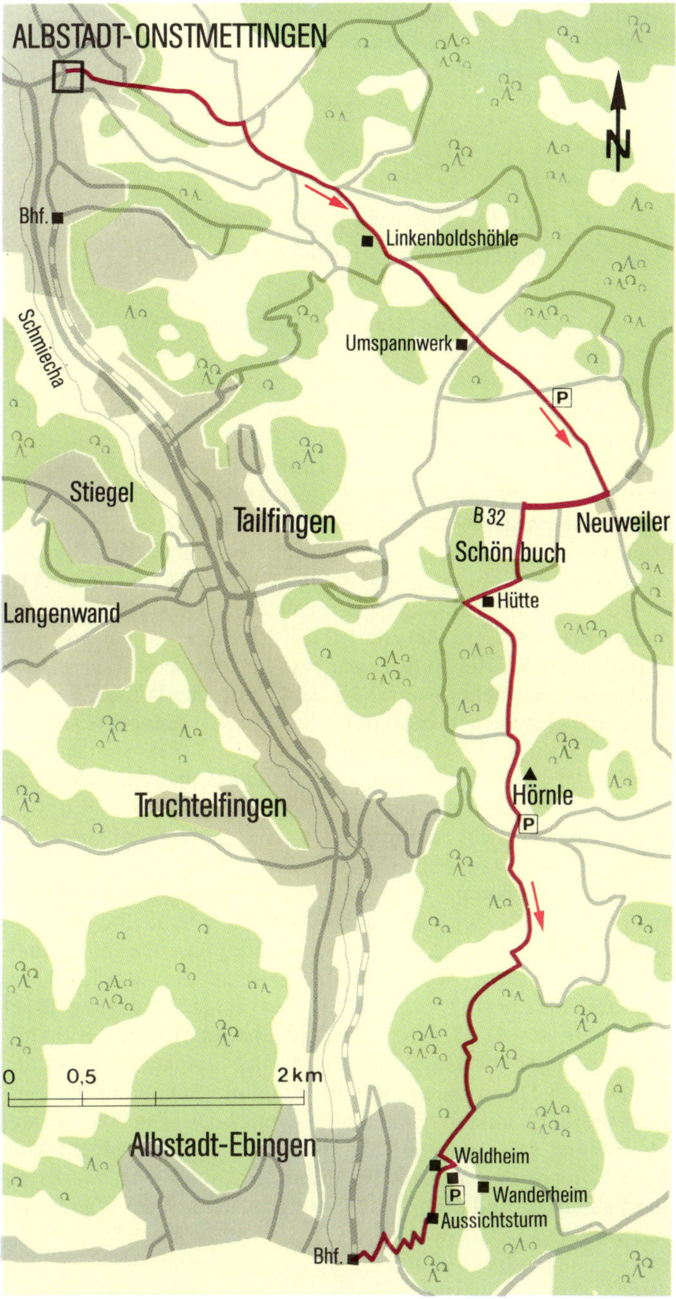
ALBSTADT-ONSTMETTINGEN
Bhf.
Linkenboldshöhle
Schmiecha
Umspannwerk
P
Stiegel
Tailfingen
B 32
Neuweiler
Schönbuch
Hütte
Langenwand
Hörnle
P
Truchtelfingen
0
0,5
2 km
Albstadt-Ebingen
Waldheim
P
Wanderheim
Aussichtsturm
Bhf.

Albstadt-Ebingen. Vom Aussichtsturm führt ein Zickzackweg hinunter in den größten Stadtteil von *Albstadt*. An einer Spitzkehre trifft man auf die Bitzer Steige und kann dann die Stadtmitte und den Bahnhof nicht mehr verfehlen.

64 Hechingen – Hohenzollern – Raichberg – Bisingen

Verkehrsmöglichkeiten Bahn bis Hechingen, Bahn und Bus ab Bisingen.
Wegmarkierungen Blaues Dreieck zum Raichberg, rotes Dreieck zum Zollersteighof, rotes Dreieck zum Blasenberg, blaues Dreieck nach Bisingen.
Tourenlänge 16 km, mit Hohenzollern 3 km mehr.
Wanderzeit 4 Stunden oder 5½ Stunden.
Höhenunterschiede Insgesamt 865 m; 430 m teils steiler Aufstieg zum Zeller Horn, 45 m Anstieg zum Raichberg, 70 m Abstieg zum Blasenberg, 320 m steiler Abstieg Thanheim und Bisingen. Hohenzollern 455 m Höhenunterschied mehr.
Wanderkarten 1:50 000 Blatt L 7718 Balingen.
Wissenswertes Hechingen war Hauptstadt des Fürstentums Hohenzollern. Sehenswert: Die klassizistische Stiftskirche, das Rathaus, die Renaissancekirche St. Luzen. Heiligkreuzkapelle vor der Bahnlinie, Mariazeller Kapelle von 1643 am Aufstieg zum Zeller Horn. Raichberg mit Nägelehaus und Aussichtsturm, bei klarem Wetter sieht man die Alpen. Zeller Horn und Blasenberg mit Aussicht hauptsächlich ins Albvorland und den Schwarzwald.
Tourenbeschreibung Vom Bahnhof *Hechingen* aus durchquert man zunächst die Stadt und geht hinunter ins Starzeltal und dann wieder hinauf in die Stadtmitte zum Marktplatz. Der mit blauem Dreieck markierte Wanderweg folgt dann der Straße in den Stadtteil Boll und unterquert die vierspurige Umgehungsstraße der Bundesstraße 27. Beim Friedhof überquert man die Bahnlinie Hechingen–Balingen und folgt noch ein kurzes Stück der Fahrstraße. Dabei bietet sich die markante Silhouette der Burg Hohenzollern immer wieder als Etappenziel. Der Wanderweg als Fußweg schneidet die Kurve der Fahrstraße an einem Wasserbehälter vorbei ab. Am Waldrand trifft man dann wieder auf die Fahrstraße und kreuzt nach wenigen Metern den Wanderweg aus Boll.

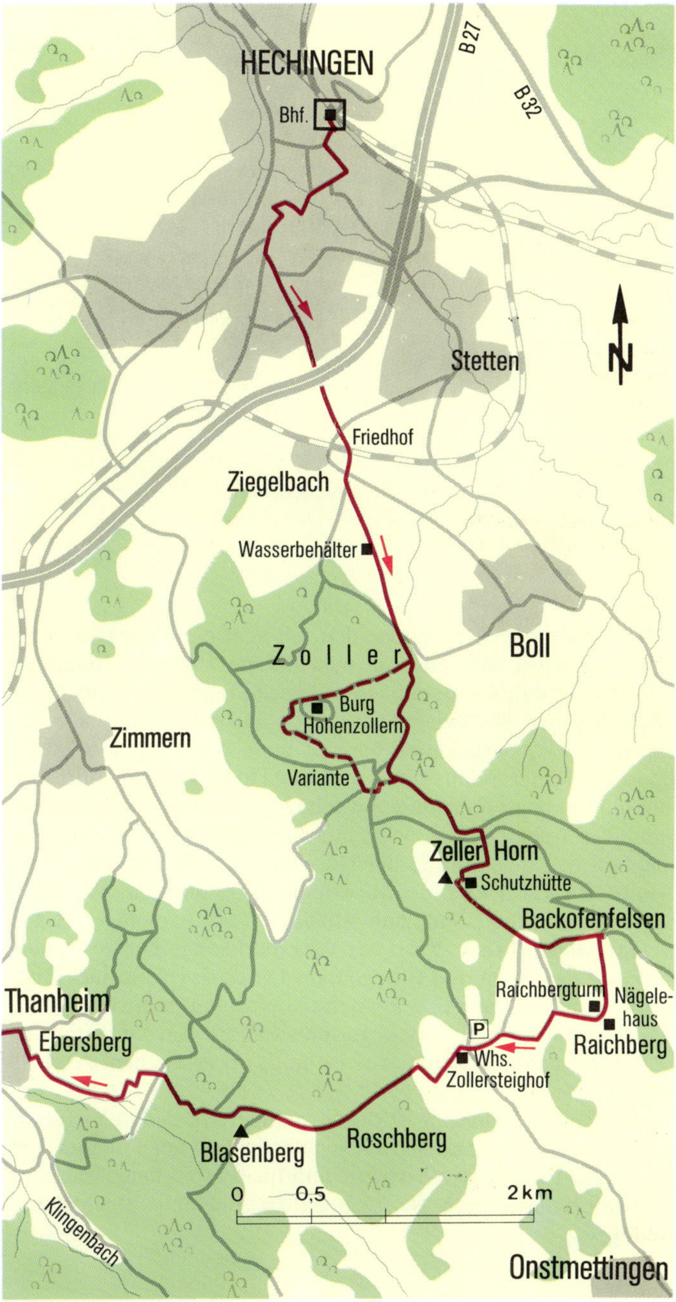
HECHINGEN
Bhf.
B27
B32
Stetten
Friedhof
Ziegelbach
Wasserbehälter
Zoller
Boll
Burg
Hohenzollern
Zimmern
Variante
Zeller Horn
Schutzhütte
Backofenfelsen
Raichbergturm
Nägele-
haus
Raichberg
Thanheim
Ebersberg
P
Whs.
Zollersteighof
Blasenberg
Roschberg
0
0,5
2 km
Klingenbach
Onstmettingen

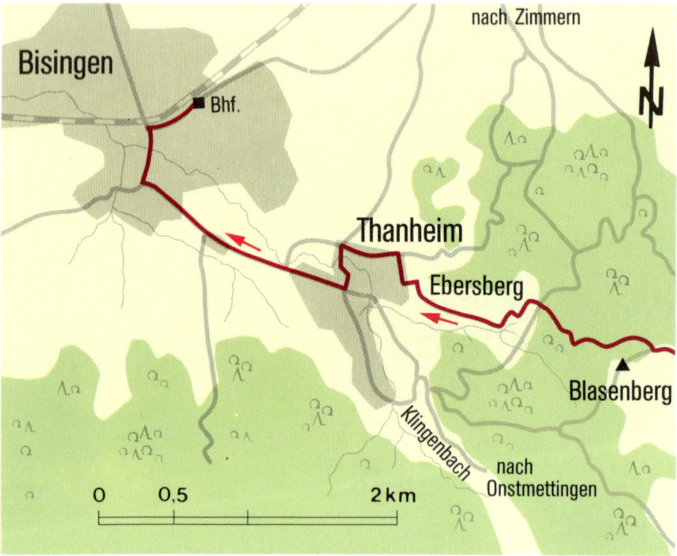

Hier muß man sich entscheiden, ob man die *Burg Hohenzollern* besichtigen will, oder ob man diesen Abstecher unterläßt. Der Wanderweg mit dem blauen Dreieck folgt weiter der Forststraße bergauf. Bei einer Abzweigung hält man links und steigt bei einem Wasserbehälter bergauf zum *Aussichtspunkt Zeller Horn* mit seiner Schutzhütte. Auf der Hochfläche wandert man nun hinüber zum *Raichberg* mit seinem Sender und dem Nägelehaus. Ein rotes Dreieck weist nun den Weg weiter zum Zollersteighof, den man vom Zeller Horn mit roter Raute auch direkt erreichen kann. Durch den Roschberg Wald führt das rote Dreieck direkt am Steilabfall zum *Aussichtspunkt Blasenberg*. Schon wenige Meter vorher zweigt der Weg mit blauem Dreieck hinunter nach Thanheim und Bisingen ab. Durch das Waldstück Sulzhau kommt man auf eine Forststraße und muß nun zweimal bei Wegkreuzungen der Forstwege links halten. Ein kurvenreicher Weg führt dann bis zu einer Gabelung, wo er in einen Asphaltweg einmündet.

In *Bisingen-Thanheim* ist dieser Asphaltweg dann als Härlenstraße bezeichnet. Durch Neubaugebiete und am Friedhof vorbei erreicht man den Ortstkern und die Verbindungsstraße mit Gehweg hinüber nach Bisingen an der Bahnlinie Hechingen–Balingen.

65 Pfeffingen – Zitterhof – Irrenberg – Bisingen

Verkehrsmöglichkeiten Bahn bis Albstadt-Ebingen, Bus ab Ebingen nach Pfeffingen, Bahn oder Bus ab Bisingen.
Wegmarkierungen Rotes Dreieck bis Zitterhof, blaues Dreieck bis Bisingen.
Tourenlänge 11 km oder 19 km.
Wanderzeit 3 oder 5 Stunden.
Höhenunterschiede Insgesamt 665 m; 135 m Anstieg zum Zitterhof, 20 weitere Meter zum Irrenberg, 60 m Abstieg zum Sattel, 70 m Aufstieg zum Hundsrücken, 380 m meist steiler Abstieg nach Bisingen.
Wanderkarten 1:50 000 Blatt L 7718 Balingen.
Anmerkung Diese Wanderung kann auch von Laufen/Eyach aus angetreten werden und führt über Schalksburg, Burgfelden, Pfeffinger Böllat zum Zitterhof. 8 km mehr und 425 m Höhenunterschiede.
Wissenswertes Der Zitterhof hat seinen Namen von der Erdbebenhäufigkeit (Zollerngraben) in diesem Gebiet. Der Irrenberg ist Naturschutzgebiet. Auf dem Hundsrücken sind zwei Schan-

Zu Tour 64 Hechingen, **Burg Hohenzollern**
(Foto: Verwaltung Burg Hohenzollern)

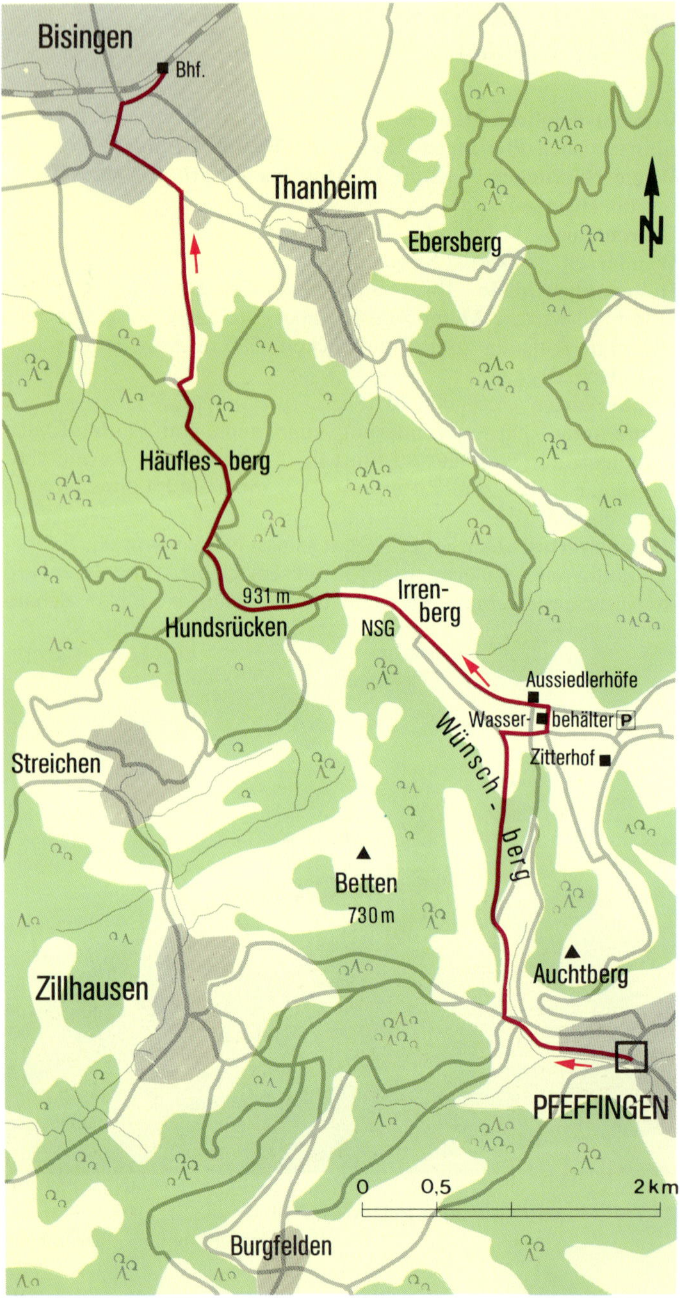

Bisingen
Bhf.
Thanheim
Ebersberg
N
Häufles-berg
931 m
Hundsrücken
Irren-
berg
NSG
Aussiedlerhöfe
Wasser-
behälter
P
Zitterhof
Wünsch-berg
Streichen
Betten
730 m
Auchtberg
Zillhausen
PFEFFINGEN
0
0,5
2 km
Burgfelden

Zu Tour 58, 79 **Das Donautal bei Beuron** (Foto: Klaus Puntschuh)

zen, wohl aus vorgeschichtlicher Zeit. Man hat von dort eine schöne Aussicht; bei klarem Wetter bis zu den Alpen.

Tourenbeschreibung Von *Albstadt-Pfeffingen* aus folgt man der Tailfinger und anschließend der Zillhauser Straße mit Gehweg bis zum Ortsende. Der mit rotem Dreieck bezeichnete Wanderweg verläuft dann ein kurzes Stück auf der Landesstraße 442 bis zu einer Wegkreuzung. Hier hält man rechts und steigt einen Feldweg bergauf. An einem Wasserbehälter vorbei erreicht man durch ein Waldstück die Hochfläche des Wünschbergs. Bei der Kreuzung der teilweise asphaltierten Landwirtschaftswege ist die Markierung in Richtung Zitterhof nicht zu übersehen. Noch vor dem Zitterhof, bei einem Wirtshaus an der Fahrstraße Pfeffingen–Thanheim, hält man bei Aussiedlungshöfen links und folgt jetzt einem blauen Dreieck zum *Irrenberg* und *Hundsrücken.*

Ein geteerter Weg führt über die Hochfläche bis zum Naturschutzgebiet Irrenberg. Am Ende dieses Weges geht man geradeaus bis zum Bergtrauf.

Am Steilabfall mit Grenzsteinen von 1837 entlang hat man immer wieder einen hübschen Blick ins Tal und kann auch genau den Erdrutsch am Irrenberg erkennen. Der Wanderweg ist den Naturgewalten des Erdrutsches angepaßt. Er führt am jetzigen Bergtrauf weiter mit einigen Bänken zum Hundsrücken. Das blaue Dreieck weist nun den Weg talwärts in Richtung *Bisingen.* Auf einem Forstweg an einer Hütte vorbei erreicht man dann bald den Waldrand. Über freies Gelände kommt man zur Straße Bisingen–Thanheim, hält links und geht durch Bisingen, bis man das Bahngleis und damit den Bahnhof erreicht. Bei der Bahnunterführung muß man rechts halten.

66 Stockenhausen – Schalksburg – Burgfelden – Böllat – Zillhausen – Stockenhausen

Verkehrsmöglichkeiten Bus Balingen–Dürrwangen.
Parkmöglichkeiten Am Ortsrand von Stockenhausen oder Wanderparkplatz Wannental.
Wegmarkierungen Blaues Dreieck bis Schalksburg, rotes Dreieck bis Burgfelden, blaues Dreieck zurück.
Tourenlänge 9 km.
Wanderzeit 2½ Stunden.
Höhenunterschiede Insgesamt 685 m; 308 m teilweise steiler Aufstieg zur Schalksburg, Gratweg etwa 30 m fallend und ansteigend, von der Hochfläche beim Böllat zunächst steiler Abstieg nach Zillhausen 277 m, dann allmählich nach Stockenhausen.
Wanderkarten 1:50 000 Blatt L 7718 Balingen
Wissenswertes Schalksburg mit romanischem, viereckigem Bergfried, kam 1403 an Württemberg und wurde im 16. Jahrhundert abgebrochen. Burgfelden hat eine berühmte romanische Michaelskirche mit Wandmalereien. Der Böllat ist ein Felsen mit besonders schöner Aussicht bis zum Schwarzwald und Teilen der Alpen. In Zillhausen Wasserfall mit romantischer Mühle.
Tourenbeschreibung Vom Balinger *Stadtteil Stockenhausen* folgt man dem mit blauem Dreieck bezeichneten Wanderweg auf einem schmalen asphaltierten Sträßchen in Richtung *Wannental.*

Beim Wanderparkplatz hält man zunächst links, denn der Wannentalhof bietet mit Ponys, Wildschweinen, Zwergziegen, Gemsen und einem Esel einen Anziehungspunkt. Man geht nun zurück zum Waldparkplatz und folgt nach links dem blauen Dreieck weiter auf dem Forststräßchen. Im rechten Winkel hält man dann rechts und trifft in einer Spitzkehre auf den Wanderweg aus Dürrwangen. Man bleibt auf dem Forstweg und verläßt ihn erst an der nächsten Kehre. Auf einem Fußpfad steigt man hinauf zum Gratweg auf den Bergrücken. Hier hält man scharf rechts und erreicht die *Schalksburg*. Ruine und Bergfried mit hübschem Blick werden vom Albverein instandgehalten. Ein rotes Dreieck weist nun auf dem Gratweg nahezu eben hinüber nach *Burgfelden*. Hier hält man in der Ortsmitte links und verläßt am Albtrauf und Waldrand die Fahrstraße. Auf der Höhe ist es nun zum *Aussichtspunkt Böllat* – zehn Meter höher als die Schalksburg – nur noch ein Katzensprung. Nach diesem Abstecher kehrt man nach Burgfelden zurück und folgt jetzt in der Ortsmitte der Straße in Richtung Pfeffingen. Bei der Rechtskurve am Ortsrand geht man geradeaus weiter an einer Scheune vorbei und folgt dem Feldweg mit dem blauen Dreieck. Immer geradeaus führt der Weg über die Hochfläche. Kurz vor dem Pfeffinger Böllat erreicht man den Waldrand und beginnt nun links den steilen Abstieg zum Pfaffenbrunnen. Durch den Wald gelangt man zu einem Fahrsträßchen, überquert es und erreicht dann auf einem geraden, steil abfallenden Weg mit dem blauen Dreieck wieder dieses Sträßchen und kurz darauf die Straße Pfeffingen–Zillhausen. In dem Balinger Ortsteil Zillhausen hält man bei der Kirche links und folgt der wenig befahrenen Landstraße. Das blaue Dreieck führt noch einmal durch ein Waldstück zum Ausgangspunkt Stockenhausen zurück.

67 Lautlingen – Gräbelesberg – Laufen – Lautlingen

Verkehrsmöglichkeiten Bahn bis Balingen, Bus oder Bahn bis Lautlingen.
Parkmöglichkeiten Am Bahnhof Lautlingen oder Wanderparkplatz am Brunnental.
Wegmarkierungen Rote Raute zum Gräbelesberg, roter Dreiblock.
Tourenlänge 12 km.
Wanderzeit 3½ Stunden.
Höhenunterschiede Insgesamt 550 m; 200 m meist steiler bis sehr steiler Aufstieg über die Hossinger Leiter; 35 m Aufstieg auf den Gräbelesberg; 275 m teils steiler Abstieg nach Laufen; 40 m ansteigend zum Bahnhof Lautlingen.
Wanderkarten 1:50 000 Blätter L 7718 Balingen und L 7918 Spaichingen.
Wissenswertes Lautlingen gehörte den von Stauffenbergs und hat eine Barockkirche und ein Schloß. Der Gräbelesberg ist ein schroffer Berg mit Felsen, der deshalb als Fliehburg mit Wällen verstärkt wurde. Die Aussicht ist schön und reicht bis zum Schwarzwald. Laufen gehörte im 8. Jahrhundert zu St. Gallen und kam 1403 an Württemberg.
Tourenbeschreibung Am Bahnhof *Ebingen–Lautlingen* überquert man die Gleise und folgt auf einem Fahrweg der roten Raute. Bei den letzten Häusern an einer Kreuzung geht man geradeaus weiter und wandert zunächst unterhalb des Bühls, später unterhalb des Tierbergs am Hang – oberhalb vom Brunnental – entlang. Am Waldrand mündet im spitzen Winkel von rechts ein Feldweg ein, ebenfalls mit roter Raute markiert, welcher aus Laufen das Eyachtal heraufkommt. Unterhalb des Schuhmacher-

felsens erreicht man die *Hossinger Leiter* an der Felswand. Zwar ist dies heute keine Leiter mehr, sondern eine Eisentreppe, doch hat sich der Name des ersten Aufstiegs noch immer erhalten. *Hossingen* läßt man dann links liegen und folgt gleich dem mit roter Raute markierten Randweg am Albtrauf entlang zum *Gräbelesberg*. Immer wieder trifft man hier auf Bänke mit Ausblikken ins Eyachtal, hinüber zur Schalksburg und zum Böllat. Um den Heimberg herum kommt man zur ersten Schanze und erreicht hier den markierten Weg von Hossingen zum Gräbelesberg, dem man folgt. Vom Aussichtspunkt kehrt man zunächst ein kurzes Stück zurück und hält dann links, um der roten Raute auf dem Forstweg nach Laufen ins Eyachtal zu folgen. Beim steilen Abstieg kürzt die Wandermarkierung eine Kehre des Weges ab. In Laufen selbst geht man bis zum Bahndamm, hält hier rechts und folgt weiter der roten Raute und dem Feldweg am hohen Bahndamm entlang in Richtung Lautlingen. Nach einem guten Kilometer – man hat inzwischen den Lauterbach überquert – macht der Weg eine scharfe Rechtskurve. Nun geht es wieder bergauf in Richtung Hossinger Leiter, doch am Waldrand trifft man auf den Weg, auf dem man von Lautlingen gekommen ist, und kehrt auf diesem zum Ausgangspunkt zurück.

68 Tieringen – Hörnle – Lochenstein – Schafberg – Hausen – Tieringen

Parkmöglichkeiten Am Ortsrand von Tieringen.
Wegmarkierungen Rote Raute bis »Igeles Rain«; rotes Dreieck bis »Lochengründle«; roter Dreiblock über den »Lochenstein«, dann wieder rotes Dreieck bis Schafberg-Sattel; ab dort rote Raute bis Tieringen.
Tourenlänge 15 km.
Wanderzeit 4½ Stunden.
Höhenunterschied je 450 m auf/ab. Tieringen 807 m, Hörnle 956 m, Lochengründle 888 m, Lochenstein 963 m, Gespaltener Felsen 1000 m, Hinterer Schafberg 974 m, Oberhausen 795 m, Hausen 745 m, Tieringen 807 m.
Wanderkarten 1:50 000 Blatt L 7718 Balingen (L 7918 Spaichingen).
Wissenswertes Tieringen liegt auf der Europäischen Wasserscheide zwischen Rhein (Schlichem) und Donau (Bära). Das Hörnle ist eine Bergnase mit schroffen Felswänden und herrlicher Aussicht. Der Lochenstein bietet eine großartige Rundsicht; (Schutzhütte des SAV).
Tourenbeschreibung Von *Tieringen* (800 m) »Motel« durchs Dorf zum »Hirsch« und von dort dem Wegweiser »Hörnle« (rote Raute) folgen. »Hinter Burg« auf Waldweg bergan; links unten das Quellgebiet der Schlichem. An der Wegbiegung geradeaus auf Grasweg hoch zum Hörnle-Sträßle beim »Torbühl«. Über dieses Sträßle hinweg auf den Waldrand zu und dem Wegweiser »Hörnle-Traufweg« folgen. Beim »Igeles Rain«, oberhalb des Naturschutzgebiets »Untereck« trifft man auf den Hauptweg mit dem roten Dreieck. Schöner Traufweg über der Hörnle-Ostwand mit prächtigem Blick ins Eyachtal. Linker Hand die Hülenbuchwiesen, neuerdings Naturschutzgebiet mit Betretungsverbot.

Durch ein Waldstück und eine kleine Mulde kommt man hoch zum *Hörnle* (956 m). Großartige Aussicht ins »Unterland« über

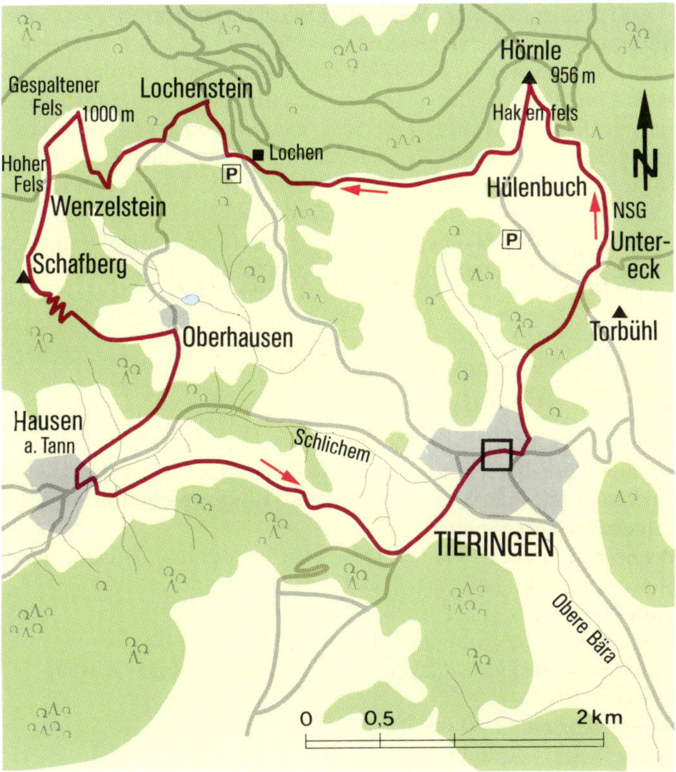

Balingen, am Horizont links die Schwarzwaldhöhen. Anschließend nach dem Wegezeichen Lochen – Schafberg auf weichem Wiesenweg mit freier Sicht. Rechts ab, durch ein kleines Waldstück wieder zum Albtrauf; beim Aussichtspunkt »Schinderlucke« nochmals sehr schöner Ausblick, besonders auch zum »Hohenzollern«. Dann durch Wald und abwärts an der Jugendherberge Lochen vorbei zum *Lochen-Paß* (888 m). Autostraße Balingen – Tieringen überqueren und Aufstieg zum Aussichtsberg *»Lochenstein«*, 963 m. Großartige Rundsicht; bei günstigem Wetter im Süden einen Teil der Alpenkette.

Abstieg in Richtung Schafberg. Durch eine schöne Wacholderheide geht es aufwärts zum Wenzelstein-Sattel. Nach rechts über die Schafweide geht es hoch zum *Gespaltenen Felsen* mit seinem Felsenlabyrinth und guter Aussicht von 1000 m Höhe aus. Bald darauf erreicht man den *Hohen Fels* und sieht gegenüber den Plettenberg-Turm.

Abwärts führt der Weg zum »Schafberg-Sattel«, wo der Hauptweg nach rechts abwärts zum Plettenberg führt. Man geht kurz links Richtung »Lochen« und dann gleich wieder rechts nach dem Wegezeichen »Hinterer Schafberg-Hausen«; jetzt wieder mit der roten Raute. Über das *Schafberg-Plateau* (987 m) erreicht man die Südspitze und steigt dort auf einem Zickzack-Fußweg im Wald ab zum Hofgut *Oberhausen*. Dann nach rechts auf dem Sträßle hinunter nach *Hausen a. T.* Am Ortsausgang Richtung Tieringen überquert man die Schlichem und wandert auf dem alten Verbindungssträßle aufwärts nach *Tieringen*.

69 Wehingen – Lützelhalb – Riedertal – Wehingen

Verkehrsmöglichkeiten Bus ab Rottweil oder Spaichingen.
Parkmöglichkeiten Beim Grill- und Kinderspielplatz »Lützelhalb« oberhalb Wehingen.
Wegmarkierungen Rotes Dreiblock bis Fernmeldeturm, dann ohne Markierung.
Tourenlänge 9 km.
Wanderzeit 2½ Stunden.
Höhenunterschiede Insgesamt 300 m; Auf- und Abstieg je 150 m.
Wanderkarten 1:50 000 Blatt L 7918 Spaichingen.
Anmerkung Grillplatz an der Lützelhalb und an der Josef-Albrecht-Hütte. Von der Höhe über dem Fernmeldeturm schöne Aussicht über die Alb und zu den Alpen.
Wissenswertes Wehingen wurde schon 793 und 843 in Klosterurkunden von St. Gallen und Reichenau genannt; es war Hauptort des Heubergs. Die spätgotische Fronhofkapelle war die einzige Kirche des Heubergs. Auf der Höhe der Lützelhalb Landschaftschutzgebiet.
Tourenbeschreibung Der Park- und Rastplatz *»Lützelhalb«* oberhalb der Ortschaft *Wehingen* ist Ausgangspunkt des Wandervorschlags zum *Fernmeldeturm* und zur *Josef-Albrecht-Hütte*. Ein roter Dreiblock weist zunächst auf dem Teerweg bis hinauf zur Höhe. Hier, in dem weiten Landschaftsschutzgebiet, zweigt links der bezeichnete Weg zur »Deilinger Kapelle« ab. An der ersten Gabelung im Wald geht man wieder links dem roten Dreiblock nach. Bei der nächsten Abzweigung führt der Weg immer geradeaus am Trauf entlang bis zur Teerstraße Delkhofen–Tanneck–Obernheim beim Fernmeldeturm.

Am Turm führt der Weg links vorbei auf den langsam ansteigenden Hang mit schöner Aussicht. Von diesem 1000 Meter hohen Aussichtspunkt wandert man wieder abwärts in der Richtung zum Turm, läßt ihn aber rechts und trifft am Waldrand auf die schmale Fahrstraße, auf der man etwa 500 Meter nach links bleibt. Bei schlechter Sicht kann man den Abstecher über den Hang sparen.

Am Waldrand geht man ohne Markierung entlang. Ein kurzes Stück rechts des Wegs steht eine Hütte mit rotem Ziegeldach, auf die man zugeht. Dort wandert man links auf dem Teerweg über freies Feld weiter. Dieser Weg fällt später leicht abwärts in den Wald. Bei der Gabelung bleibt man rechts, dann wieder rechts auf dem Teerweg, kommt an einer Waldwiese vorbei und erreicht kurz darauf die Josef-Albrecht-Hütte mit Grillplatz.

Von hier aus geht man nach links den Teerweg in Serpentinen abwärts und bleibt immer – rechts um den Berg herum – auf diesem Teersträßchen. Am Ende eines ehemaligen Steinbruchs zweigt ein Forstweg nach rechts am Hang entlang zum Parkplatz »Lützelhalb« ab.

70 Gosheim – Lemberg – Oberhohenberg – Hochberg – Gosheim

Verkehrsmöglichkeiten Bahn bis Spaichingen oder Rottweil, Bus bis Gosheim.
Parkmöglichkeiten In Gosheim oder am Wanderparkplatz unter dem Lemberg.
Wegmarkierungen Rotes Dreieck zum Oberhohenberg (Rundweg 2 und Rundweg 3), rotes Dreieck zum Parkplatz, Rundweg 4 bis Hochberg, ohne Markierung bis Gosheim.
Tourenlänge 14 km.
Wanderzeit Etwa 4 Stunden.
Höhenunterschiede Insgesamt 700 m; 167 m Aufstieg zum Lemberg, 89 m Abstieg zum Sattel, wieder 83 m Aufstieg zum

Zu Tour 59 Hof der **Burg Wildenstein** (Foto: Erwin Pfirrmann)

Hochberg, 43 m Abstieg, 45 m Aufstieg zum Oberhohenberg, 11 m Abstieg, 70 m Aufstieg am Hochberg, 122 m Abstieg nach Gosheim.

Wanderkarten 1:50 000 Blatt L 7918 Spaichingen.

Anmerkung Die Wanderung kann statt von Gosheim auch von dem Wanderparkplatz an der Straße Wilflingen–Gosheim aus gemacht werden.

Wissenswertes Der Lemberg ist der höchste Berg der Alb mit sehr schöner Aussicht. Die Oberhohenberger Burg wurde 1486 zerstört. Eine Hohenbergerin war die Frau König Rudolfs von Habsburg.

Tourenbeschreibung Von der Ortsmitte in *Gosheim* folgt man der Lembergstraße und damit dem mit rotem Dreieck markierten Albvereinsweg. Über die Kreisstraße 5905 kommt man zum 860 Meter hoch gelegenen Wanderparkplatz am Waldrand. Beim Aufstieg zum Turm auf dem Lemberg ist der Weg als Rundwanderweg 2 gekennzeichnet. Vom stählernen Aussichtsturm des Albvereins bietet sich ein hübscher Blick auf den Schwarzwald, die Alb und bei entsprechendem Wetter sogar bis zu den Alpen. Vom Turm geht man weiter zu einer Wanderweg-Spinne. Hier hält man sich geradeaus und läßt sich vom roten Dreieck den Weg weisen. Ein ziemlich steiler Fußweg führt nun auf dieser Albnordrandlinie auf den 1009 Meter hohen *Hochberg,* der eine hübsche Aussicht in Richtung Rottweil bietet. Weiter dem roten Dreieck nach hat man noch einen etwa 40 Meter tiefergelegenen Sattel zu überwinden, ehe man den 1011 Meter hohen *Oberhohenberg* erreicht. Vom *Hochberg* zum Oberhohenberg ist der Weg zusätzlich als Rundweg 3, 4 bezeichnet. Hier findet man noch die Reste der ehemaligen Burg Hohenberg. Bis zum Parkplatz Oberhohenberg folgt man jetzt dem Rundweg 4, steigt zunächst auf dem Albvereinsweg mit dem roten Dreieck in Richtung Schörzingen ab und hält am Waldrand rechts. Über den Wanderparkplatz Oberhohenberg und den Parkplatz Roßreute gelangt man auf dem Rundweg 4 dann wieder auf den Hochberg. Man erreicht das Forststräßchen und geht an der zweiten Kehre geradeaus weiter, Rundweg 5, zu einer 992 Meter hoch gelegenen Schutzhütte. In einem Bogen verläuft nun der Forstweg zurück. Am nächsten Wegedreieck hält man links und trifft nach steilem Abstieg auf eine größere Wegegabelung mit dem Wanderweg Wehingen–Lemberg (roter Dreiblock). Hier wählt man den Forstweg unterhalb des Lembergwegs und marschiert durch den Wald bergab. Am Waldrand nach einem Bach erreicht man den Roten-Rauten-Wanderweg, dem man nach rechts zur Wunderfichte folgt. Dieser hohe Baum mit sei-

nen leuchterartigen Zweigen fällt auf. Von der Wunderfichte geht man auf den Rundweg 1 weiter in Richtung Wanderparkplatz Lemberg. Über die Liegewiese geht man weiter talwärts zum ehemaligen Bahndamm der Heubergbahn und erreicht auf diesem den Ausgangpunkt Gosheim.

71 Reichenbach – Bubsheim – Ruine Granegg – Egesheim – Reichenbach

Verkehrsmöglichkeiten Bus ab Spaichingen.
Parkmöglichkeiten In Reichenbach/Heuberg.
Wegmarkierungen Gelber Dreiblock bis Bubsheim, gelbe Raute bis Egesheim, ohne Markierung zurück.
Tourenlänge 10 km.
Wanderzeit Etwa 3 Stunden.
Höhenunterschiede Insgesamt 350 m; steiler Aufstieg nach Bubsheim 165 m, steiler Abstieg von der Ruine Granegg 185 m.
Wanderkarten 1:50 000 Blatt L 7918 Spaichingen.
Anmerkung Bei klarem Wetter vor Bubsheim Abstecher zum AP Kirchberg (Sportplatz, Ehrenmal, Wacholderheide); bequemerer Abstieg ins Anhäusertal beim Wanderparkplatz nach der Ruine Granegg den Fahrweg abwärts.
Wissenswertes Bubsheim mit gotischer Kirche (1451), Egesheim mit gotischer (1758 veränderter) Kirche.
Tourenbeschreibung In der Ortsmitte *Reichenbach* auf der Straße Wehingen–Albstadt findet man an einem Baum einen Wegzeiger *»Bubsheim«* mit gelbem Dreiblock. Man folgt ihm über die Bärabrücke, steigt ziemlich steil aufwärts zum Waldrand bei der Aussichtsbank. Beim Holzlagerplatz geht man schräg links den »Albrecht-Weg« mit gelbem Dreiblock bezeichnet im Zickzack steil über die querenden Holzwege auf die Höhe. Auf dem höchsten Punkt trifft man auf eine Kreuzung und wieder einen Wegzeiger »Bubsheim–Wehingen« (ein direkter Weg nach Egesheim geht beim zweiten Weg links mit gelber Raute ab).

Man wandert dem gelben Dreiblock nach auf dem Teerweg, an der Gabelung links zur Straße nach Bubsheim. Hier hält man wieder links in die Ortschaft oder geradeaus weglos auf die Höhe des Kirchbergs zum Aussichtspunkt; von dort führt ein Teerweg zur Straße und nach Bubsheim. Im Ort bei der Kirche und den Straßenwegweisern links geht es weiter am »Waldhorn« (Wegweiser *»Ruine Granegg«*) und an der Fabrik vorbei die Forststraße dem Trauf entlang.

Nach einem Feldkreuz und einer Bank steigt man vor dem zweiten Feldkreuz links einen steilen Teerweg abwärts. Man bleibt auf diesem Weg bis zum Waldausgang. Hier findet man wieder einen Wegweiser zur Ruine, die man auf einem Waldweg nach wenigen Minuten erreicht. Es steht noch der Bergfried und etwas von der Schildmauer (schöner Ausblick ins Anhäuser- und

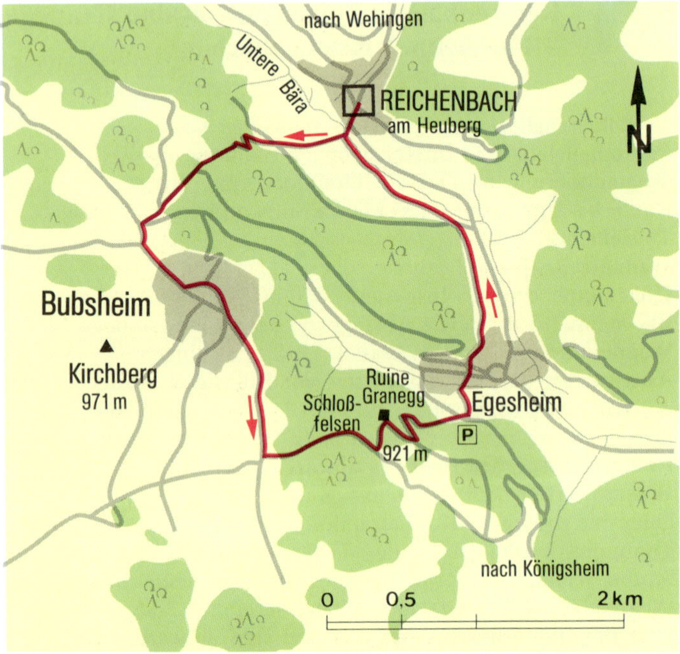

Päratal). Man geht dem Wegzeiger *»Egesheim«* und der gelben Raute nach, zunächst wieder am Trauf entlang, dann links den steilen Zickzackweg, die Forstwege querend abwärts bis zur Straße. Von der Straße nach Egesheim zweigt man nach links in das erste Sträßchen (gesperrt) aufwärts ab, geht geradeaus zur Mühlhaldenstraße, dann rechts zwischen der obersten Häuserreihe am Talrand entlang. An der Aussichtsbank und dem Feldkreuz am Waldrand wandert man weiter zum Teerweg. Diesem folgt man zunächst links aufwärts, um dann nach rechts ins Tal nach Reichenbach zurückzukommen.

72 Dreifaltigkeitsberg – Klippeneck – Längental – Birental – Dreifaltigkeitsberg

Parkmöglichkeiten Wanderparkplatz Dreifaltigkeitsberg bei Spaichingen.
Wegmarkierungen Rotes Dreieck bis Klippeneck, Flugplatzrandweg mit stilisiertem Flugzeug, gelber Dreiblock vom Längental bis Birental, gelbes Dreieck, dann roter Balken.
Tourenlänge 11 km.
Wanderzeit 3 Stunden.
Höhenunterschiede Insgesamt etwa 50 m.
Wanderkarten 1:50 000 Blatt L 7918 Spaichingen.
Anmerkungen Absprungstelle für Drachenflieger beim Parkplatz; hübsche Ausblicke vom Höhenrandweg; Feuerstelle beim Rastplatz; Klippeneck und Dreifaltigkeitsberg bewirtschaftet. Abstecher zum Aussichtspunkt »Alter Berg« bei Böttingen 5 km weiter, Höhenunterschied 170 m auf und ab.
Wissenswertes Barocke Wallfahrtskirche auf dem Dreifaltigkeitsberg, früher Baldenberg; war vorgeschichtliche Fliehburg. Aussicht bis zum Feldberg im Schwarzwald sowie den Alpen bis in die Schweiz. Wasserscheide Rhein/Donau auf dem Weg zum Klippeneck. Dort Segelflugplatz und Wetterstation.
Tourenbeschreibung Der Höhenrandweg zum Klippeneck (rotes Dreieck) führt unmittelbar am Steilabfall der Alb entlang und gibt immer wieder weite Ausblicke auf das Albvorland mit Spaichingen und Rottweil frei. Er ist gut bezeichnet und ausgebaut. Ein kurzer steiler Weg ist abgeschrankt; man geht in einer Schleife herum. Nach etwa 1,5 Kilometern erreicht man einen Rastplatz mit Feuerstelle, wo der Wanderweg nach Denkingen abzweigt. Durch Landschaftsschutzgebiet zieht sich der Forstweg zum *Flugplatz Klippeneck*.

Beim Austritt aus dem Wald geht man noch über die Wiese links zum Bergtrauf und hat wieder einen weiten Ausblick. Man wandert dann zurück zum Rand des Flugplatzes und trifft dort auf die Flugplatz-Rundwander-Markierung. Ihr folgt man nach rechts um den Flugplatz herum.

Man erreicht nach einem guten Kilometer am Waldrand des Steinenbergs wieder einen ausgebauten Weg. Der Weg am Rande des Flugplatzes ist nicht immer gut gekennzeichnet. Man sieht aber an den Verbotsschildern, wo er verläuft. Dem ausgebauten Weg folgt man zunächst geradeaus, dann rechts bis zum Parkplatz im *Längental*. Er liegt bei der Straße Gosheim–Böt-

nach Gosheim
N
Hummelsberg
Längenloch
993 m
928 m
Steinenberg
Folstein
Segelfluggelände
Klippeneck
985 m
Hüttenbühl
Böttingen
nach Denkingen
Abstecher
Sportplatz
Kapelle
Alter Berg
Birental
Dreifaltigkeitskirche
Dreifaltigkeitsberg
SPAICHINGEN
Bhf.
Balgheim
0
0,5
2 km

tingen. An diesem Parkplatz findet man einen gelben Dreiblock als Wegmarkierung hinüber ins *Birental.*

Kurz nach dem Parkplatz am Ende des *Längentals* kann man nach links dem Weg zum Sportplatz folgen. Von dort geht man auf dem Sträßchen nach *Böttingen* hinunter, vor der Kirche rechts auswärts zur Kapelle auf dem »Alten Berg«. Von hier hat man die umfassendste Aussicht auf die Alpen. Zurück geht man wieder den gleichen Weg bis zum Sportplatz, dort geradeaus weiter und trifft am Waldrand auf den Weg vom Längenloch ins Birental.

Der Weg steigt zunächst aufwärts durch den Wald, fällt dann über den Höhenrücken als Wiesenweg, rechts und links mit Bäumen bestanden, hinunter zur Waldecke vor dem Birental. Die verlassene Radarstation bleibt links. Der Waldweg führt talwärts an den Anfang des Birentals. Wo er links in Richtung Ursental abbiegt, wandert man geradeaus dem Grasweg nach. Man steigt langsam aufwärts und erreicht fast auf der Höhe einen Forstweg. Auf diesem geht man vor bis zur Wanderwegkreuzung und der Bezeichnung nach wieder zum Parkplatz Dreifaltigkeitsberg zurück.

Zu Tour 75, 76, 80 **Donaudurchbruch durch die Schwäbische Alb**
(Foto: Verkehrsamt Tuttlingen-Möhringen)

73 Spaichingen – Dreifaltigkeitsberg – Denkingen – Spaichingen

Verkehrsmöglichkeiten Bahn bis Spaichingen.
Parkmöglichkeiten An der Straße zum Dreifaltigkeitsberg am Ortsende.
Wegmarkierungen Zunächst roter Dreiblock, dann Stationsweg, rotes Dreieck auf dem Randweg, Abstieg nach Denkingen blaues Dreieck, zurück ohne Markierung.
Tourenlänge 10 km.
Wanderzeit Etwa 3 Stunden.
Höhenunterschiede Insgesamt 615 m; Aufstieg auf den Dreifaltigkeitsberg 325 m, Abstieg nach Denkingen–Bahndamm 290 m.
Wanderkarten 1:50 000 Blatt L 7918 Spaichingen.
Anmerkung An dem Aussichtpunkt vor dem Abstieg ist eine Grillstelle.
Wissenswertes Der Dreifaltigkeitsberg ist einer der schönsten Aussichtsberge der Alb, der oft gerade noch aus dem Nebel ragt, so daß man die hochgelegenen Alpengipfel wunderschön sehen kann. Die ehemalige Burg Baldenberg stand am vordersten Ende der Bergnase. Die Wallfahrtskirche ist im Barockstil gebaut.
Tourenbeschreibung Vom Bahnhof *Spaichingen* geht man zur Hauptstraße (B 14) und überquert diese beim Wegzeiger *»Dreifaltigkeitsberg«*, dem man folgt. Der mit rotem Dreiblock markierte Wanderweg führt an der ersten Straßengabelung geradeaus weiter. Man steigt auf diesem Wanderweg, wenn er links abzweigt, auf dem Stationsweg, weiter steil geradeaus den Berg hinauf, überquert die Fahrstraße, hält leicht rechts und kreuzt nochmals die Fahrstraße. Dann führt der Stationsweg zur Wallfahrtskirche mit dem herrlichen Ausblick. Man wandert an der Wirtschaft und dem Wanderparkplatz vorbei am Albtrauf entlang, kommt an einem Drachenflieger-Absprungplatz und an der Europäischen Wasserscheide vorüber und schlägt nach dem »Ave Maria«, wo der markierte Weg von Spaichingen heraufkommt, den Fußweg mit rotem Dreieck zum Klippeneck ein. Dieser Weg ist sehr gut bezeichnet. An einer Lichtung und Waldwiese mit Feldkreuz, Grillplatz und verschiedenen Forstwegen hat man einen schönen Blick auf die Baar, Rottweil und den Schwarzwald mit der Hornisgrinde und dem Feldberg.

Hier weist der Wegzeiger mit blauem Dreieck halblinks den Steilhang hinunter nach *Denkingen.* An der Kapelle vorbei er-

reicht man die Fahrstraße aufs Klippeneck, steigt ein Stück abwärts (der Schießplatz liegt rechts oben) und hält an der Rechtskurve oberhalb dem verlassenen Bahnhofsgebäude auf dem Feldweg links abwärts. Man kommt dann auf den *Bahndamm* der ehemaligen *Heubergbahn*. Man hat einen Überblick über die ganze Gegend. Man bleibt nun auf dem Bahndamm, bis man in Spaichingen wieder die Aufstiegsstraße zum Dreifaltigkeitsberg erreicht. Ist man mit der Bahn gekommen, so geht man wieder zur Hauptstraße und dann zum Bahnhof.

74 Spaichingen – Dreifaltigkeitsberg – Birental – Ursental – Nendingen

Verkehrsmöglichkeiten Bahn bis Spaichingen, Bahn von Nendingen.
Wegmarkierungen Roter Balken bis Nendingen.
Tourenlänge 19 km.
Wanderzeit Etwa 5 Stunden.
Höhenunterschiede Insgesamt 680 m; steiler Anstieg zum Dreifaltigkeitsberg 333 m, gemächlicher Abstieg bis Nendingen 346 m.
Wanderkarten 1:50 000 Blatt L 7918 Spaichingen.
Anmerkung Einkehrmöglichkeiten: Dreifaltigkeitsberg und Nendingen. Aussichtspunkte: Dreifaltigkeitsberg, Höhenrandweg.
Wissenswertes Dreifaltigkeitsberg, früher Baldenberg, mit vorgeschichtlicher Fliehburg; barocke Wallfahrtskirche; Aussicht über Albvorland, Schwarzwald, Hegauberge und Alpen; europäische Wasserscheide Rhein/Donau; Ursental: Trockental, das im Frühjahr Wildwasser führen kann.
Tourenbeschreibung Vom Bahnhof aus geht man quer durch die Stadt. An der Hauptstraße in der Nähe der Kirche beim Hotel Post steht der Wegzeiger *»Dreifaltigkeitsberg 5 km«*. Man geht diese Straße aufwärts bis nach den letzten Häusern die Straße nach links, der Wanderweg (roter Dreiblock) aber geradeaus aufwärts verläuft. Unser Wanderweg ist mit dem Stationsweg identisch. Er kreuzt mehrmals die Fahrstraße und führt teilweise über Treppen. Der mühevolle Anstieg wird durch eine schöne Aussicht belohnt. Am Steilabfall wandert man zunächst am Gasthaus, dann am Parkplatz vorbei (Drachenflieger-Absprung; immer wieder Ausblicke) durch den Wald bis zum Bildstock Ave Maria. Hier wählt man den Weg geradeaus. Auf dem kleinen Höhenrücken verläßt man in einer leichten Linkskurve den ausgebauten Waldweg und geht geradeaus abwärts bis zum Beginn des *Birentals,* wo man wieder auf einen Forstweg kommt und nach rechts durch das Birental absteigt. Nach gut zwei Kilometern kreuzt man die Straße Böttingen–Dürbheim. Man wandert weiter talwärts zunächst auf der Straße nach Mahlstetten, dann aber nach einem Kilometer, wenn die Straße aus dem Tal steigt, weiter nach rechts auf dem Talweg ins *Ursental.* Durch das tief eingeschnittene einsame Tal schlängelt sich der Weg abwärts. Erst bei der Einmündung des Weges von Risiberg, an einem Grill- und Rastplatz, wird es belebter. Unterhalb der Ruine

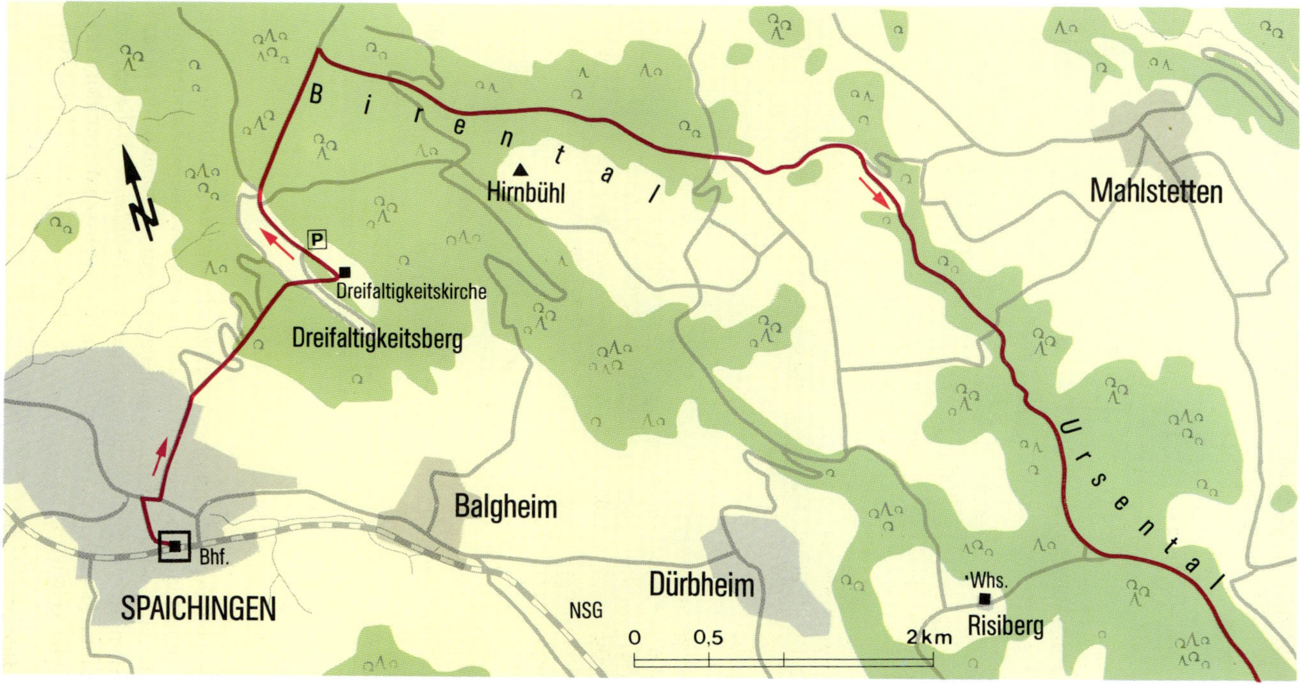
Birental
Hirnbühl
Mahlstetten
Dreifaltigkeitskirche
Dreifaltigkeitsberg
P
Ursental
Balgheim
Bhf.
SPAICHINGEN
Dürbheim
NSG
Whs.
Risiberg
0
0,5
2 km

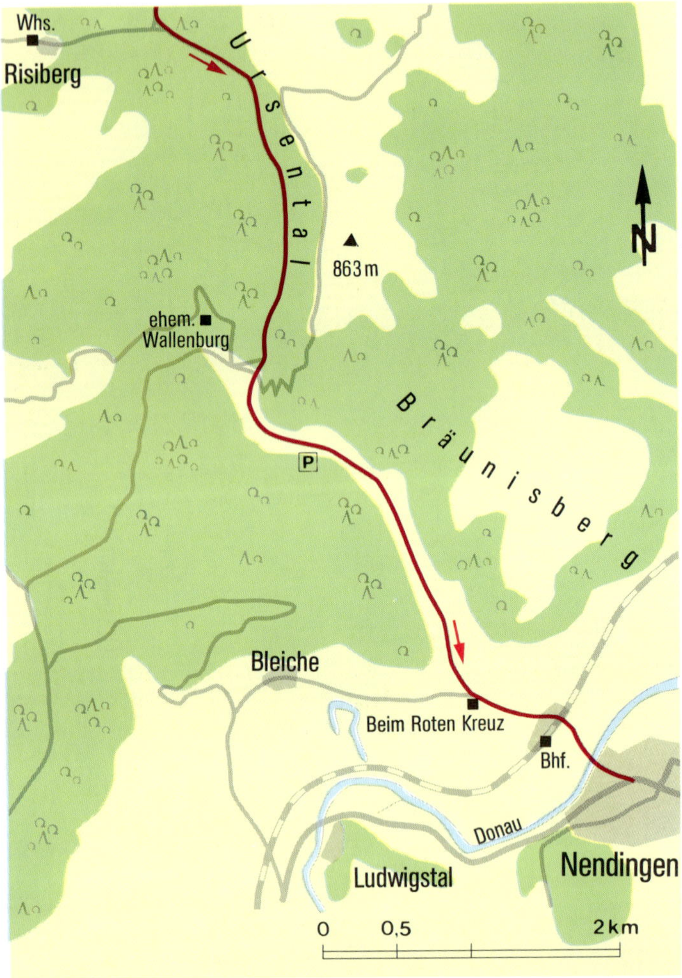

Wallenburg, beim nächsten Seitental, wird das Tal breiter. Man wandert in dem freundlichen Tal an einem weiteren Kinderspielplatz mit Grill vorbei, bis sich das Tal zum Donautal hin weitet. Beim Roten Kreuz erreicht man den *Nendinger* Bahnhof und kann, je nach Verbindung, auch in die Ortschaft zur Bushaltestelle gehen.

75 Spaichingen – Dreifaltigkeitsberg – Hirnbühl – Risiberg – Rußberg – Tuttlingen

Verkehrsmöglichkeiten Bahn bis Spaichingen und Rückfahrt von Tuttlingen.
Wegmarkierungen Roter Dreiblock bis Stationsweg, ab Dreifaltigkeitsberg rotes Dreieck »Albnordrandlinie« Tuttlingen.
Tourenlänge 20 km.
Wanderzeit 6 Stunden.
Höhenunterschiede Insgesamt 660 m, steiler Aufstieg zum Dreifaltigkeitsberg 320 m, meist gemächlicher Abstieg nach Tuttlingen 340 m.
Wanderkarten 1:50 000 Blätter L 7918 Spaichingen und L 8118 Tuttlingen.
Anmerkung Vom Dreifaltigkeitsberg Aussicht zum Schwarzwald, Baar, Hegau, Alb und zu den Alpen. Abkürzung vom Osterberg nach Dürbheim, von Risiberg nach Weilheim möglich (keine günstige Bahnverbindung).
Wissenswertes Dreifaltigkeitsberg, früher Baldenberg, mit vorgeschichtlicher Fliehburg und barocker Wallfahrtskirche; Wasserscheide Rhein/Donau.
Tourenbeschreibung Vom Bahnhof *Spaichingen* aus geht man an der Kirche vorbei zur Hauptstraße, hier ein kurzes Stück links, dann rechts dem Wegzeiger *»Dreifaltigkeitsberg«* nach.

Wo der Stationsweg von der Straße abzweigt, folgt man diesem steil aufwärts zur Kirche. Hier geht man zunächst links am Parkplatz vorbei (Wegzeiger »Albnordrandlinie« rotes Dreieck). Nach der europäischen Wasserscheide an der Kreuzung findet man den Wegweiser »Tuttlingen«. Dann geht es rechts zum *»Hirnbühl«*, ebenfalls mit rotem Dreieck gut bezeichnet. Bei klarem Wetter lohnt sich beim Wegzeiger »Hirnbühl Aussicht« der Abstecher nach links. Sonst führt der Wanderweg geradeaus weiter bis zum Teerweg, dem man nach rechts zur »Nordrandlinie Tuttlingen« folgt. Durch die Senke führt der Weg am Spielplatz vorbei und quert die Straße Böttingen–Dürbheim.

Am Trauf entlang geht es weiter zum Osterberg dem Wegzeiger *»Risiberg–Rußberg«* und dem roten Dreieck nach. Beim 900 m hohen *Osterberg* benützt man den Fahrweg nach Risiberg. Am Transformatorenhäuschen führt der Feldweg nach links mit rotem Dreieck in den Wald zum Wanderparkplatz »Sondersteig« mit Grill. Man quert die Fahrstraße und geht weiter der Markierung nach bis zu den Häusern.

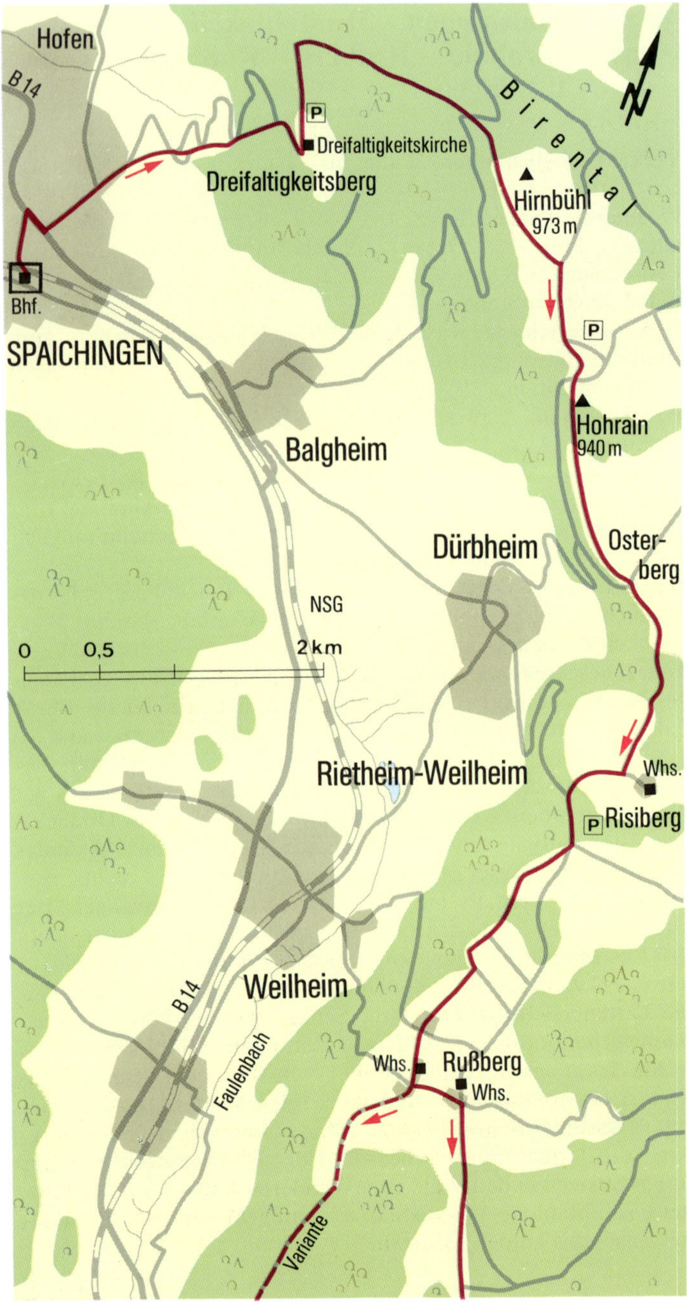

Hofen
B 14
Dreifaltigkeitskirche
Dreifaltigkeitsberg
Birental
Hirnbühl
973 m
Bhf.
SPAICHINGEN
Hohrain
940 m
Balgheim
Dürbheim
Oster-
berg
NSG
0
0,5
2 km
Rietheim-Weilheim
Whs.
Risiberg
B 14
Weilheim
Faulenbach
Whs.
Rußberg
Whs.
Variante

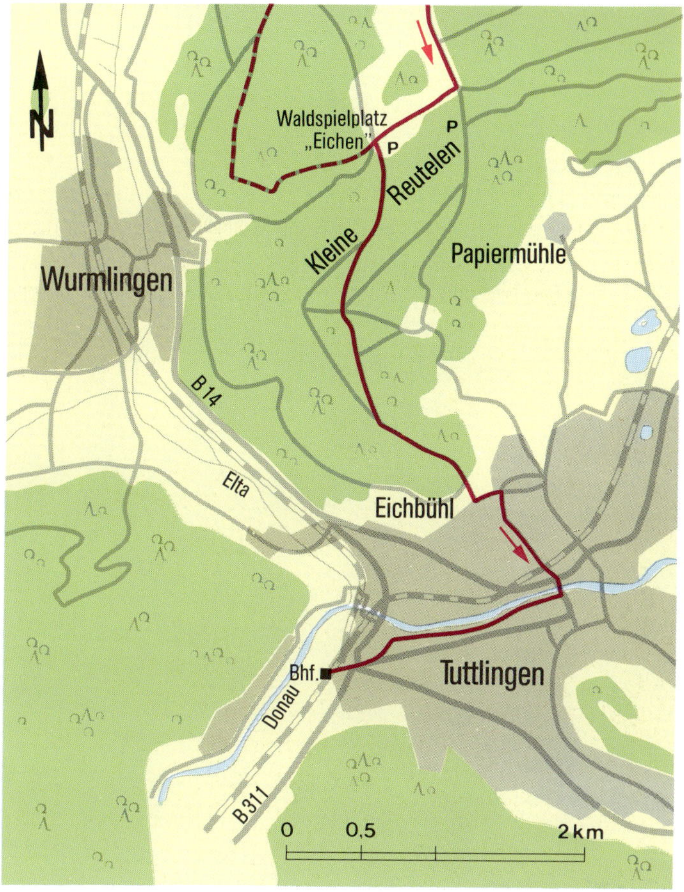

In *Rußberg* (886 m) zweigt der Weg nach links mit gelbem Dreieck ab (Burgweg Ruine Wallenburg). Man trifft auf das Sträßchen nach Tuttlingen oder folgt man rechts dem roten Dreieck am Trauf entlang bis zum Parkplatz am Sträßchen und geht darauf nach rechts weiter. Bald findet man neben der Straße den wieder mit rotem Dreieck bezeichneten Fußweg. Bis zum Waldspielplatz »Eichen« folgt man nun der Straße. 200 Meter danach, am Waldstück »Hinter Klein Reutelen«, geht der erste Forstweg halbrechts ziemlich eben ohne Markierung ab. An der Saatschule vorbei trifft man wieder auf das rote Dreieck (Wegzeiger »Tuttlingen«). Man kommt über den 48. nördlichen

Zu Tour 75, 76, 80 **Im Tal der »Jungen Donau«,** zwischen Sigmaringen und Tuttlingen (Foto: Reinhard Kuntzke)

Breitengrad und folgt dem Forstweg abwärts nach *Tuttlingen*. Die Markierung führt durch die Straßen »Am Eichbühl«, links »Marienbergstraße« zur Brückenstraße die Treppe abwärts zur Stuttgarter Straße, hier rechts, vor dem Bahnübergang links über den Donausteg, dann rechts donauaufwärts (Weimarstraße), bis bei der Tankstelle die Straße nach dem Rondell beim Bahnhof abbiegt.

76 Spaichingen – Hausen o. V. – Hohenkarpfen – Seitingen – Konzenberg – Tuttlingen

Verkehrsmöglichkeiten Bahn bis Spaichingen, Bahn ab Tuttlingen.
Wegmarkierungen Roter Balken bis Karpfen (Main-Neckar-Rhein-Weg), dann ohne Markierung bis Seitingen, roter Dreiblock bis Tuttlingen.
Tourenlänge 18 km.
Wanderzeit Etwa 5 Stunden.
Höhenunterschiede Insgesamt fast 900 m; Aufstieg nach Hausen 147 m, Aufstieg auf den Hohenkarpfen (letztes Stück steil) 106 m, Abstieg nach Seitingen 184 m, hinab über die Elta 55 m, Anstieg zum Mühlstein, teilweise steil 187 m, Abstieg nach Tuttlingen 215 m.
Wanderkarten 1:50 000 Blätter L 7918 Spaichingen und L 8118 Tuttlingen.
Wissenswertes Spaichingen gehörte seit dem 14. Jahrhundert zu Vorderösterreich und kam 1805 an Württemberg. Der Hohenkarpfen war ein Raubritternest und fiel 1444 an Württemberg. 1634 brannte die Burg ab. Vom Karpfen aus kann man bei klarem Wetter einen Teil der Alpen sehen. Die Konzenburg fiel 1806 an Württemberg und wurde 1838 abgetragen. Tuttlingen ist eine Industriestadt, die 1803 fast ganz abgebrannt ist.
Tourenbeschreibung Vom Bahnhof *Spaichingen* geht man links die Eisenbahnstraße entlang und wieder nach links über die Bahn. Der Weg ist mit einem roten Balken bezeichnet, Wegzeiger Karpfen–Konzenberg–Tuttlingen. An der Straßenkurve bei dem Wegkreuz bleibt man geradeaus auf dem Weg an dem Depot der Bundeswehr entlang, kürzt dann auf diesem Feldweg die Kehren der Fahrstraße ab (bei der Verenamühle den Wiesenweg halbrechts) und erreicht durch einen Hohlweg die Straße am Ortseingang und *Hausen ob Verena.* Auf der Hauptstraße geht man weiter durch den ganzen Ort (an der Kreuzung dem Wegzeiger nach rechts folgen) und geht auf der Höhe nach dem Ortsende bei den Linden auf dem Teerweg nach links zum *Hohenkarpfen.* An einem Wanderparkplatz vorbei erreicht man das *Hofgut Hohenkarpfen.*

Von hier aus steigt man steil hinauf zur *Ruine Hohenkarpfen.* Man muß wieder zurück zum Hofgut und etwa 100 Meter auf dem Teerweg zurückgehen. Dann hält man scharf links und steigt auf dem Feldweg unterhalb des Hofs abwärts in der Rich-

B 14
SPAICHINGEN
Verenamühle
N
Hausen
ob Verena
P
Gunningen
Hohenkarpfen
ehem. Burg
Whs.
Hohenkarpfen
P
912 m
Stettbach
Kirchberg
Seitingen
Seitingen- Oberflacht
Elta
Bruckmühle
0
0,5
2 km

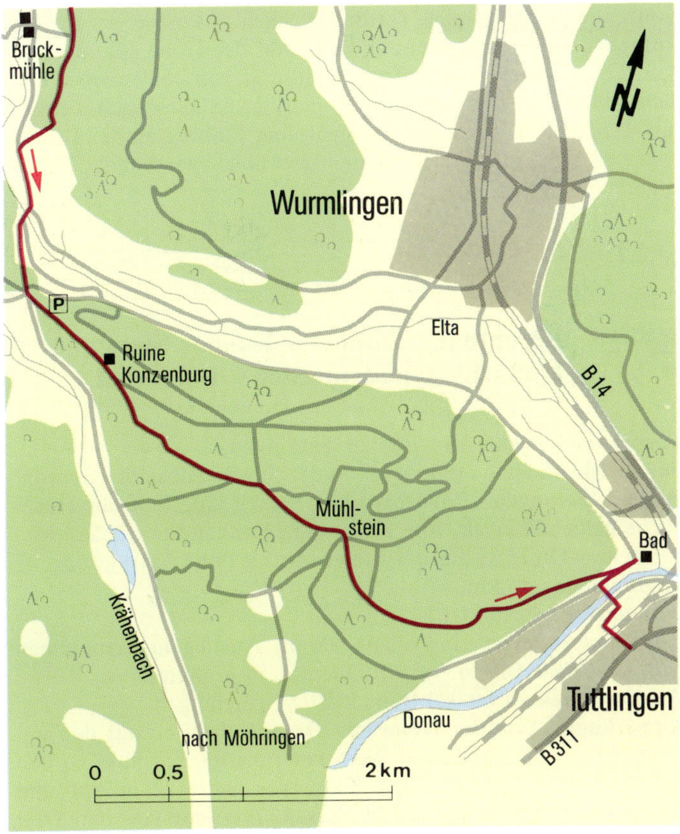

tung Seitingen. Nach etwa 400 Meter bei der Bank kommt man auf einen Teerweg, der dann zunächst steil abwärts und dann gemächlich nach *Seitingen* führt. Man wandert durch den Ort bis Ortsende und folgt hier halblinks dem roten Dreiblock und dem Wegzeiger Konzenberg–Tuttlingen. An der Gabelung kurz danach hält man der Markierung nach rechts und wandert den Hangweg auf halber Höhe geradeaus entlang. Am Waldende bei der Schonung zeigt Markierung und Aufschrift nach rechts abwärts über den 48. nördlichen Breitengrad auf die Straße.

Diese wandert man weiter über die Eltabrücke, hier halbrechts den Feldweg aufwärts am Hang, erreicht im Sattel wieder eine Straße und folgt der Straße nach Möhringen, dann halblinks über den Wanderparkplatz dem roten Dreiblock und Wegzeiger

Konzenberg–Mühlstein–Tuttlingen nach. Man steigt an der Ruine Konzenburg vorbei aufwärts. Auf der Höhe geht man an den Grenzsteinen entlang, am Mühlstein von 1829 vorbei und dann abwärts, teilweise steil, den markierten Weg nach Tuttlingen. Am Bad hält man rechts, geht vom Fußweg an der Donau über den Steg und wieder rechts, dann links zum Bahnhof Tuttlingen.

77 Bärenthal – Irndorf – Rauher Stein – Irndorf – Gnadenweiler – Bärenthal

Verkehrsmöglichkeiten Bus ab Tuttlingen.
Parkmöglichkeiten Bärenthal an der Straße Albstadt–Beuron.
Wegmarkierungen Zunächst ohne Markierung, auf der Hochfläche gelbes Dreieck, rote Raute zum Rauhen Stein, dann wieder gelbes Dreieck, auf der Steige zurück ohne Markierung.
Tourenlänge 15 km.
Wanderzeit 4 Stunden.
Höhenunterschiede Insgesamt 600 m; Anstieg in Serpentinen und Abstieg je 210 m, zum Rauhen Stein je 90 m.
Wanderkarten 1:50 000 Blatt L 7918 Spaichingen.
Anmerkung Von der Höhe aus, beim Auftreffen auf den mit gelbem Dreieck markierten Weg, kann man gleich links zu den Drei Kreuzen gehen und etwa 8 km Weg und je 90 m Auf- und Abstieg zum Rauhen Stein weglassen. Aussicht von den Drei Kreuzen umfassend bis zu den Alpen, vom Rauhen Stein ins romantische Donautal.
Wissenswertes Irndorf wurde 1796 von den Franzosen verbrannt bis auf die spätgotische Friedhofskapelle. Wanderheim des Albvereins auf dem Rauhen Stein mit Einkehr- und Übernachtungsmöglichkeit.
Tourenbeschreibung In *Bärenthal* führt die Gnadenweiler Steige zwischen dem Gasthof »Ochsen« und dem Haus mit dem Christophorus aus der Ortschaft heraus. Man folgt ihr bis zur ersten Haarnadelkurve und geht hier den Weg rechts in Serpentinen aufwärts. Auf der Höhe, wenn der Hauptweg nach rechts abbiegt, wandert man geradeaus den Feldweg immer weiter und folgt diesem bis vor die Hochspannungsleitung.

Hier trifft man im rechten Winkel bei einem gelben Vermessungspunkt im Boden auf einen Feldweg. Zum *Rauhen Stein*

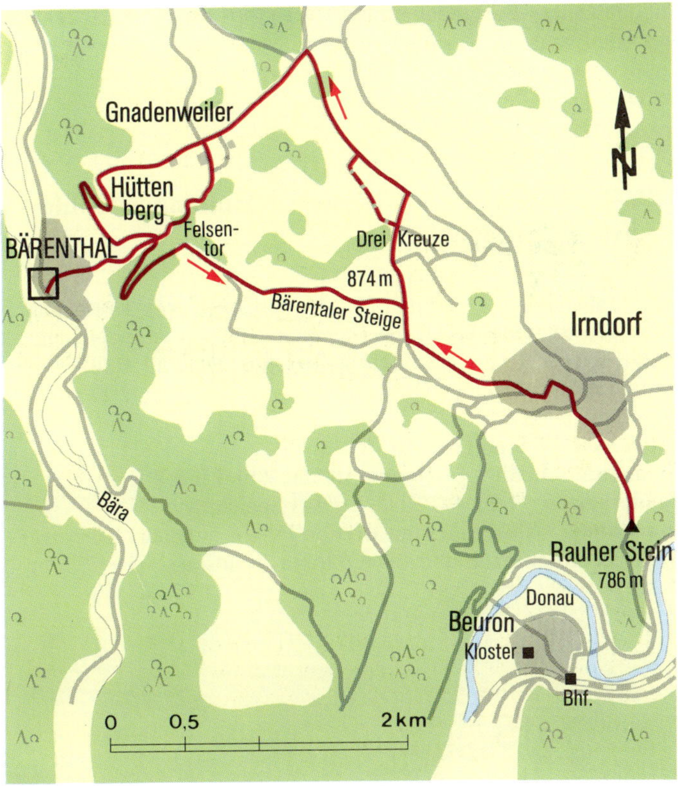

geht man nun den mit gelbem Dreieck markierten Weg rechts abwärts bis zum Feldkreuz am Teerweg. Der bezeichnete Wanderweg führt zunächst geradeaus und dann links in die Ortschaft *Irndorf*. Leichter zu finden ist es, wenn man auf dem Teerweg in die Ortschaft geht und von dort den Wegweisern zum Wanderheim Rauher Stein folgt.

Vom *Rauhen Stein* geht man wieder den gleichen Weg zurück bis zu dem Feldkreuz am Teerweg. Hier folgt man wieder dem mit gelben Dreieck markierten Weg aufwärts, am vorherigen Aufstiegsweg vorbei, geradeaus zu den *Drei Kreuzen*. Über der Höhe benützt man den Feldweg zunächst links, dann rechts abwärts. Der bezeichnete Weg führt dann wieder links über die Wiesen am Waldrand zur Straße nach Gnadenweiler (bei großer Nässe geht man gleich von den Drei Kreuzen geradeaus auf dem guten Feldweg zur Straße nach Irndorf). Auf der Straße nach

Gnadenweiler–Bärenthal wandert man zurück in die Ortschaft Bärenthal zum abgestellten Wagen. Man kann auch vor den Aussiedlunghöfen links mit gelber Raute durchs Felsentor steil absteigen.

78 Kolbingen – Gansnest – Kolbinger Höhle – Kolbingen

Parkmöglichkeiten Parkplatz »Kreutlebuche« bei Kolbingen. Kolbingen ist über die Straße Balingen–Beuron zu erreichen.
Wegmarkierung Bis Gansnest gelbes Dreieck und Raute, zur Kolbinger Höhle gelbes Dreieck.
Tourenlänge 8 km.
Wanderzeit 2 Stunden.
Höhenunterschiede Insgesamt 100 m, kaum merkbar.
Wanderkarten 1:50 000 Blatt L 7918 Spaichingen.
Anmerkung Abstecher zum Breiten Felsen möglich; Kolbinger Höhle geöffnet Frühjahr bis Oktober, samstags 13–17 Uhr,

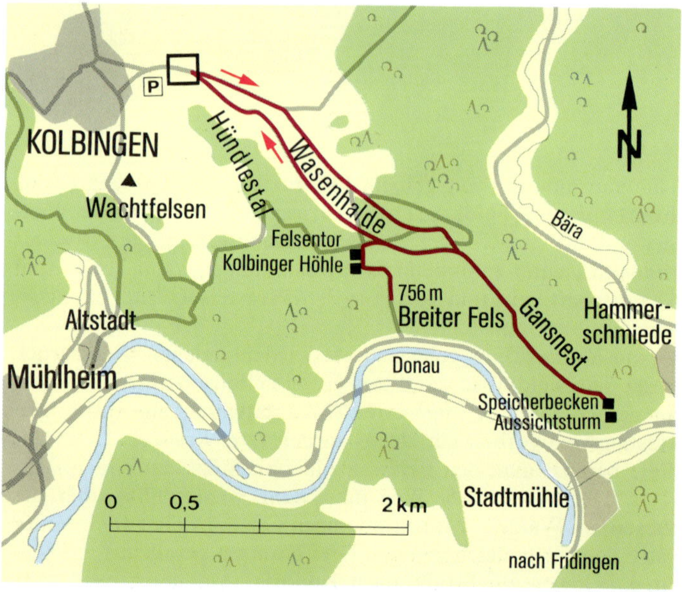

Zu Tour 75, 76, 80 **Luftkurort Möhringen**
(Foto: Verkehrsamt Tuttlingen-Möhringen)

sonntags 10–16 Uhr (bewirtschaftet); bei der Kolbinger Felshütte Grillstelle; bei der Kreutlebuche Kinderspielplatz und Grillstelle. Verlängerung der Wanderung auf dem Rückweg von der Höhle nach links mit gelber Raute um das Hintelestal, den Ekkersteig, den Wachtfelsen zurück nach Kolbingen (2 km mehr).

Wissenswertes Die Kolbinger Höhle ist eine 60 Meter lange Tropfsteinhöhle mit drei geräumigen Hallen. Das leere Staubekken auf dem Gansnest wurde 1921 gebaut, um nachts das Wasser für das Donaukraftwerk Fridingen aufzunehmen.

Tourenbeschreibung Vom Parkplatz aus folgt man zuerst dem gelben Dreieck. Bei der ersten Gabelung hält man rechts am Birkenhau (830 m) und am Grillplatz vorbei in Richtung *Kolbinger Höhle*. Bei der nächsten Wegteilung geht man links zum *Gansnest*. Man bleibt immer auf dem Forstweg (rechts Abstecher zum Breiten Stein) und geht geradeaus auf dem Bergrücken bis zum Aussichtsturm. Von der Plattform des Turmes sieht man ins Bären- und Donautal, über die Hochflächen der Alb, zum Hegau und die Schweizer Alpen.

Vom Aussichtsturm wandert man zunächst den gleichen Weg zurück, bis bei der Gabelung nach links der Fußpfad zur Kolbinger Höhle abzweigt; dann führt nochmals links ein bezeichneter Forstweg zur Höhle. Vom geräumigen Rastplatz neben der bewirtschafteten Hütte muß man einige Treppen absteigen, um zum Höhleneingang zu kommen. Vorher durchschreitet man ein Felstor. Nach der Höhlenbesichtigung und der Aussicht vom Kolbinger Fels geht man zurück bis zur Kreuzung mit dem mit gelber Raute markierten Fußweg zum Hintelestal (ab hier Variante über Wachtfelsen möglich). Hier schlägt man den mit gelbem Dreieck markierten Weg nach rechts in Richtung Kolbingen ein und bleibt auf dem Forstweg weiter, auch wenn der Wanderweg nachher wieder abzweigt. Man trifft dann direkt auf den Parkplatz an der Kreutlebuche.

79 Beuron – Alpenblick – Gallushof – Jägerhaus – Schwarzwagfels – Beuron

Verkehrsmöglichkeiten Bahn oder Bus bis Beuron.
Parkmöglichkeiten Parkplätze in Beuron.
Wegmarkierungen Roter Dreiblock bis Gallushof, rote Raute zum Jägerhaus, roter Dreiblock zum Stiegelefels, rote Raute bis Knopfmacherfels, roter Dreiblock zum Jägerhaus, rotes Dreieck bis Beuron.
Tourenlänge 16 km.
Wanderzeit 5 Stunden.
Höhenunterschiede Insgesamt 670 m, steiler Aufstieg zur Höhe 170 m, Abstieg zum Gallushof 90 m, steiler Abstieg zum Jägerhaus 100 m, Aufstieg zum Stiegelefels 160 m, Abstieg vom Knopfmacherfelsen 150 m.
Wanderkarten 1:50 000 Blatt L 7918 Spaichingen.
Anmerkung Nach fester Markierung sehen, Wegzeiger können verdreht sein! Abkürzung vom Gallushof dem roten Dreiblock nach durchs Liebfrauental direkt nach Beuron. Jägerhaus: Wirtschaft. Aussichtpunkte: Stiegelefels, Knopfmacherfels.
Wissenswertes Beuron: Im 11. Jahrhundert gegründetes Augustiner-Chorherrenstift, 1687 zur Abtei erhoben, jetzt Benedikti-

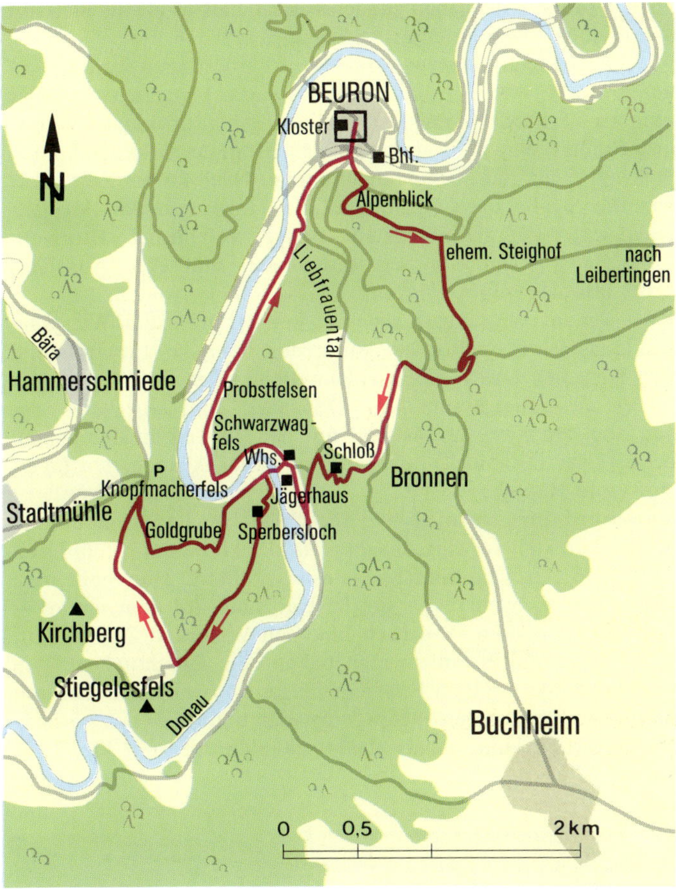

ner. Klosterbauten von Beer und Brix, Fresken in der Barockkirche von Weegschaider. Alte Holzbrücke über die Donau. Schloß Bronnen ist noch bewohnt und deshalb nicht zugänglich.

Tourenbeschreibung Man geht in *Beuron* über die Bahnlinie Sigmaringen–Tuttlingen bergauf. Nach der Brücke benützt man den zweiten Wanderweg am Anfang des Stationswegs links aufwärts. Wegzeiger »Alpenblick–Steighof–Wildenstein«. Der Weg ist mit rotem Dreiblock markiert. Zunächst führt er mit zwei weiteren Wegen am Waldrand links aufwärts, bei der Gabelung hält man dann rechts, kurz danach im scharfen Winkel wieder rechts und wandert um den Berg herum und später im steilen Zickzack zum *Alpenblick*. Auf der Höhe kommt man auf einen Holzweg, dem man zunächst geradeaus folgt, bis man auf einen Schotterweg an einer Kreuzung trifft.

Man geht rechts bis zur Straße von Leibertingen weiter. Auf dieser Straße wandert man rechts abwärts, bis gleich nach der scharfen Rechtskurve im spitzen Winkel ein mit rotem Dreiblock bezeichneter Weg links abzweigt. Er trifft in der Senke auf einen Holzweg, dem man rechts talwärts folgt. Nach kurzer Zeit quert man die Straße nach Buchheim. Man folgt nun der Asphaltstraße mit rotem Dreiblock, Wegzeiger »Gallushof–Bronnen–Jägerhaus«, dann vor Schloß Bronnen (hübscher Ausblick) rechts abwärts zum *Gallushof.*

Auf einem Wiesenweg abwärts, bei der nächsten Weggabel geradeaus (rechts führt die Abkürzung über das Liebfrauental nach Beuron). Durch einen Taleinschnitt führt der Weg an der *Jägerhöhle* vorbei hinunter ins Donautal. Zum *Jägerhaus* folgt man dem Hangweg abwärts bis auf den Talweg an der Donau rechts (roter Dreiblock) oder direkter steiler Abstieg zum *Jägerhaus* (rote Raute).

Von dort aus geht man über die Donaubrücke, am Sperbersloch vorbei, steil aufwärts bis man auf der Höhe mit rotem Dreiblock zum Abzweig zum Stiegelesfels kommt. Hier geht man wieder zurück nach rechts und zweigt dann auf dem mit roter Raute bezeichneten Weg nach links am Waldrand zum *Knopfmacherfelsen* ab. Nachdem man neben dem Berghotel auf den Aussichtspunkt auf dem Felsen gegangen ist, wählt man den mit rotem Dreiblock gezeichneten Weg, der unterhalb des vorherigen Wegs den Hang hinab über die Goldgrube zum Jägerhaus führt.

Wanderweg (Foto: Ulrich Schnabel, DWV-Archiv)

Talwärts führte früher kein Weg weiter, dieser wurde erst vom Albverein freigesprengt. Am Schwarzwagfelsen, der sich nach dem Jägerhaus erhebt, ist die Donau 8 Meter tief. Weiter donauabwärts kommt man an der Probstfelshöhle vorbei, die in der Alt- und Mittleren Steinzeit wohl bewohnt war. Gegenüber der Eisenbahnbrücke geht der Weg rechts aufwärts und trifft auf den durch das Liebfrauental vom Gallushof her kommenden Weg. Vor der Eisenbahnüberführung erreicht man wieder die Straße, auf der man zum Ausgangspunkt zurückkehrt.

80 Tuttlingen – Witthohsteige – Windegg – Goggental – Vorstadt

Verkehrsmöglichkeiten Bahn bis Tuttlingen; Vorstadt bis Tuttlingen/Bahnhof Bus-Ortsverkehr.
Parkmöglichkeiten Bahnhof Tuttlingen oder an der B 311.
Wegmarkierungen Roter Winkel bis Witthohsteige, dann ohne Markierung, von Windegg nach Vorstadt grüne Raute.
Tourenlänge Bis Vorstadt 11 km, bis Tuttlingen 13 km.
Wanderzeit Etwa 3 Stunden.
Höhenunterschiede Insgesamt 405 m, Aufstieg 205 m, Abstieg 200 m.
Wanderkarten 1:50 000 Blatt L 8118 Tuttlingen.
Anmerkung Ein mit rotem Winkel bezeichneter Wanderweg führt auch über das Tuttental auf den Witthoh, aber unser Wandervorschlag geht über die Steige. Wirtshaus Windegg, Aussichtsplatte vom Albverein.
Wissenswertes Der Witthoh gehört noch zum Jura der Alb, noch nicht zu den Hegaubergen. Die Aussicht reicht über die Alb zum Donautal und zum Feldberg im Schwarzwald, zu den Hegaubergen nach Süden, dem Untersee und Überlinger See; die Alpen sieht man von der Zugspitze bis in das Berner Oberland.
Tourenbeschreibung Vom Bahnhof *Tuttlingen* geht man zum Straßenrondell; hier findet man den Wegzeiger *»Witthoh«* mit dem roten Winkel, der nach rechts, Richtung Bodensee, weist.

Man geht dieser Straße nach bis zum Wegzeiger zum Witthoh in der *»Witthohsteige«*. Sonntags ist der Fahrweg für Autos gesperrt. Zunächst wandert man durch Wald aufwärts, bis man beim Lohhof auf die Wiesen kommt. Dieser Anstieg erfordert

Schloß Lichtenstein (Foto: Bürgermeisteramt, Lichtenstein)

einige Anstrengungen, man tut gut, sich zunächst Zeit zu lassen. Der Weg steigt dann vollends auf die Anhöhe (800 Meter). Die Tuttlinger Albvereins-Ortsgruppe hat dort neben einem kleinen Rastplatz eine halbrunde Orientierungstafel aufgestellt mit den Namen der markantesten Alpengipfel. Eine Silhouette erleichtert das Erkennen der einzelnen Berge. Oft hält sich in den tief eingeschnittenen Tälern und über dem Bodensee der Nebel, und man sieht von oben nur die Kuppen der Hegauberge und die Alpengipfen herausragen.

Man geht am *Windeggwirtshaus* vorbei bei der Gabelung den Weg rechts abwärts (gelegentlich grüne Raute) zum Riedhof. Der Abstecher zur Brunnenkapelle lohnt nicht, sie ist geschlossen. Unterhalb der Kapelle, beim Waldanfang, wechselt man vom Teerweg auf die rechte Talseite und geht den Spazierweg mit den Bänken talwärts. Am Reitercamp kommt man wieder auf den Teerweg, der bei der Bahnlinie Tuttlingen–Hattingen in die Hauptstraße mündet. Auf dem Gehweg geht man nun nach rechts zur Bushaltestelle oder vollends ganz zu Fuß nach Tuttlingen zum Bahnhof oder Parkplatz des Wagens.

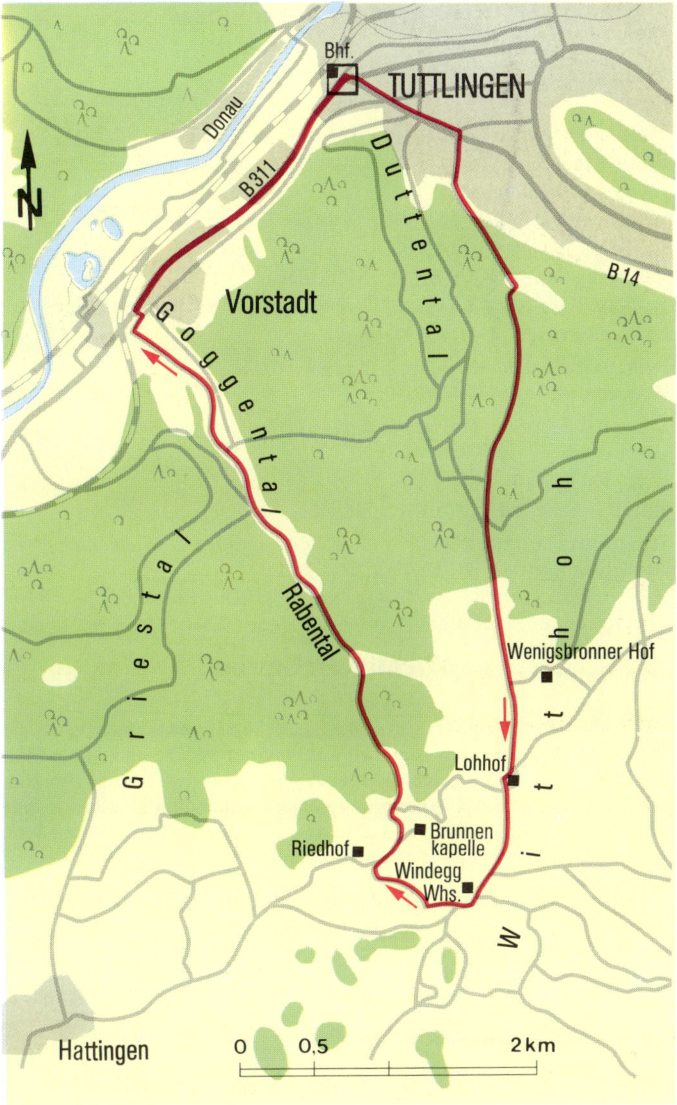

Bhf.
TUTTLINGEN
Donau
B311
Duttental
B14
Vorstadt
Goggental/
Griestal
Rabental
Witthoh
Wenigsbronner Hof
Lohhof
Brunnen
kapelle
Riedhof
Windegg
Whs.
Hattingen
0
0,5
2 km

Anschriften-Verzeichnis

Europäische Wandervereinigung e. V.
Reichsstraße 4, D-66111 Saarbrücken

Verband Deutscher Gebirgs- und Wandervereine e. V.
Reichsstraße 4, D-66111 Saarbrücken

Deutsche Wanderjugend
Wilhelmstraße 39, D-75378 Bad Liebenzell

Deutscher Alpenverein
Von-Kahr-Straße 2–4, D-80997 München

Deutsches Jugendherbergswerk
Bismarckstraße 8, D-32756 Detmold

Deutsches Jugendherbergswerk, Landesverband Baden e. V.
Weinweg 43, D-76137 Karlsruhe

Deutsches Jugendherbergswerk, Landesverband Schwaben e. V.
Urachstraße 37, D-70190 Stuttgart

Schwäbischer Albverein e. V.
Hospitalstraße 21B, D-70174 Stuttgart

Touristenverein »Die Naturfreunde«, Bundesgruppe Deutschland e. V.
Großglocknerstraße 28, D-70327 Stuttgart

Wichtiger Hinweis

Da Jugendherbergen, Naturfreundehäuser und die Wanderheime des Schwäbischen Albvereins zum Teil während der Woche und zu bestimmten Zeiten des Jahres geschlossen sind, empfiehlt der Verlag, sich frühzeitig vor Beginn einer Wanderung mit den genannten Häusern in Verbindung zu setzen und sich zum Planen – besonders einer längeren Wanderung – folgende Verzeichnisse zuzulegen:

1. Deutsches Jugendherbergsverzeichnis
2. Naturfreundehäuser in Deutschland
3. Verzeichnis der Wanderheime des Schwäbischen Albvereins.

Zu beziehen über den Buchhandel oder über eine der vorstehenden Adressen.

KOMPASS Wanderführer

Wanderführer Albrandweg

Die Nord- und Südrandlinie der Schwäbischen Alb als 570 km langer Rundweg in 23 Tagestouren. Beschrieben von *Helmut Dumler.*

Wanderführer Bodensee

Die schönsten Rund- und Streckenwanderungen. Mit Bodensee-Rundweg. Beschrieben von *Brigitte Schäfer.*

Wanderregion Stuttgart mit Schönbuch

Die schönsten Wanderungen: Rundwanderungen, Streckenwanderungen. Beschrieben von *Werner Sonntag.*

Auf den Spuren der Römer vom Main zur Rems

Der obergermanische Limes vom Main zur Rems.
44 Rundwanderungen zu den schönsten Limesstrecken und zu sehenswerten römischen Bauresten. Beschrieben von *Karlheinz Eckart.*

Wanderführer Schwarzwald-Höhenwege

Westweg / Mittelweg / Ostweg / Gäurandweg / Kandel-Höhenweg. Querwege: Gengenbach – Alpirsbach / Rottweil – Lahr / Donaueschingen – Kaiserstuhl / Freiburg – Bodensee / Hotzenwald / Hochrhein. Beschrieben von *Reinhard Distel* und *Bernd Matthes.*

Wanderführer Hohenlohe

Die schönsten Rundwanderungen und Streckenwanderungen. Beschrieben von *Andreas Dambacher.*

Wanderführer Schwäbischer Wald

Die schönsten Wanderungen: Rundwanderungen, Streckenwanderungen, Naturlehrpfade. Beschrieben von *Walter Pflüger* und *Helga Pflüger-Scholz.*

KOMPASS Radwanderführer

Radwanderführer Schwarzwald

Die schönsten Rund- und Streckentouren mit vielen Farbbildern und farbigen Karten. Beschrieben von *Wolfgang Benz.*

Radwanderführer Allgäu – Bodensee

Die schönsten Radtouren. Rund- und Streckentouren im Bodenseegebiet, im Oberland und im Allgäu. Beschrieben von *Julius* und *Brigitte Viel.*

Radwanderführer Schwäbische Alb

Die schönsten Rund- und Streckentouren, Rundfahrten auf der Ostalb, der Mittleren Alb, im oberen Donautal, Großer und Kleiner Heuberg, Jugendherbergs-Streckentour u. a. m. Beschrieben von *Bernhard Widmann.*